政治与社会哲学丛书 ｜ 主编 李建华 左高

U0680415

《第二性》的
伦理学解读

屈明珍 著

DI-ER XING DE
LUNLIXUE JIEDU

湖南大学出版社·长沙·

图书在版编目（CIP）数据

《第二性》的伦理学解读 / 屈明珍著. —长沙：湖南大学出版社，2021.5
（政治与社会哲学丛书）
ISBN 978-7-5667-2037-5

Ⅰ．①第… Ⅱ．①屈… Ⅲ．①妇女问题 — 研究 Ⅳ．①C913.68

中国版本图书馆CIP数据核字（2020）第176826号

《第二性》的伦理学解读

DI-ER XING DE LUNLIXUE JIEDU

著　者：屈明珍		
丛书策划：雷　鸣　祝世英		
责任编辑：祝世英		
印　装：广东虎彩云印刷有限公司		
开　本：710 mm×1 000 mm 1/16	**印　张**：13.75	**字　数**：239千
版　次：2021年5月第1版	**印　次**：2021年5月第1次印刷	
书　号：ISBN 978-7-5667-2037-5		
定　价：56.00元		

出　版　人：李文邦
出版发行：湖南大学出版社
社　址：湖南·长沙·岳麓山　　　**邮　编**：410082
电　话：0731-88822559（营销部）　88821691（编辑部）　88821006（出版部）
传　真：0731-88822264（总编室）
网　址：http://www.hnupress.com

前　言

　　哲学是时代精神的精华，是最高的智慧。它思常人之所不思，立凡夫之所不立，故有人云，哲学应该在远离"实在世界"的地方运作。西方认识论、逻辑学、形而上学多循此进路。但是，举凡哲学家，皆是凡人，哲学家与日常生活世界的关系，如鱼之与水，不可须臾离也。从哲学发展史而言，在苏格拉底、柏拉图、亚里士多德乃至康德的传统里，哲学家与现实世界的距离并非遥不可及；即使在维特根斯坦那里，哲学虽是由"语言游戏"汇流而成的大河，但"生活形式"正是"语言游戏"的河床；胡塞尔则直接指出，"生活世界"是包括科学在内的一切人类文化样式的意义之根源，欧洲科学与人性的危机，正植根于人们对"生活世界"的遗忘，因此，当代哲学应该回归"生活世界"，追寻生活的意义。

　　当代哲学，无论是伦理、政治，还是社会哲学，关注的焦点正是共同的人性和处理人类事务的普遍原则。罗尔斯、诺齐克、德沃金、柯恩诸公，致力于探寻潜藏于人类社会政治规则背后的普世原则，追索美德的普遍本质，乃是此一"面向生活世界"哲学路线的坚定实践者。然而，他们的主张预设了存在着可适用于不同社会类型的抽象原则，忽视了人类社会的历史传统与现实结构的差异，带有强烈的理想主义色彩，遭到了现实主义哲学家的激烈批评。哲学发展的这种曲折历程告诉我们，哲学家理应在理想主义与现实主义之间保持必要的张力，既要立足于时代潮头，又要关注社会发展的历史背景与现实语境，体悟时代之精神，反思人类之命运。

梁任公有言："凡'时代'非皆有'思潮'；有思潮之时代，必文化昂进之时代也。"弹指一挥间，21世纪的头十年已经成为历史。在新的世纪里，"民族复兴""大国崛起""文化软实力""核心价值观"等概念，滥觞于中华大地，成为时代的文化符号。我辈学人，聚焦于"政治与社会哲学"，自当深思其玄妙，力求"思"以成"潮"，为丰富我国哲学文化尽绵薄之力。"书不尽言，言不尽意"，我们既希冀丛书的出版能抛砖引玉，亦恳请学界先进不吝赐教，期待着中南哲学的进步，也憧憬着中国哲学的繁荣。

中南大学哲学系同仁谨识
2014 年 12 月于岳麓山下

目　次

导　论

　　法国存在主义哲学家、文学家西蒙娜·德·波伏瓦（Simone de Beauvoir，1908—1986）不仅是20世纪思想界重要的人物之一，而且是享誉世界的女性主义先驱和社会活动家。作为21世纪女性仰慕的知识分子典范，作为严谨而富有批判性的思想家，波伏瓦对全世界的女性主义哲学、文学以及其他人文科学的思想发展都有着深远而广泛的影响。

　　波伏瓦的著作颇丰，其中以《第二性》最具影响力，被奉为女性主义思想的经典之作。1949年，《第二性》这部极具开创性意义的研究女性境况之作在法国出版，第一周第一卷就创出22000本的惊人销量。这时的波伏瓦并未承认自己是"女性主义者"，直到1965年，她在与弗朗西斯·让松（Francis Jeanson）的访谈中，才称自己是"彻底的女性主义者"。这对于当时具有重大国际影响力的波伏瓦来说，是一个重要的政治声明。在这之后，她积极参与女性主义运动，比如争取堕胎合法化等为女性争取权益的活动，还担任一本重要的女性主义刊物《新女性问题》的编辑主管和"女性权利联盟"主席。

　　《第二性》写于20世纪40年代末，在第二次世界大战之后，当时虽然女权主义运动已有一百余年，但是女性仍然受到深重的歧视与限制，在大多数西方国家都没有选举权。《第二性》的出版确有振聋发聩的作用，但仍有不在少数的男性作家和评论家发表了诋毁的言论。1953年此书译成英文在美国出版，成为"最抢手的畅销书"，对当时在美国掀起的妇女解放运动产生了重大影响，被认为是使西方妇女女性意识觉醒的启蒙作品。由此也对其他国家产生了重大影响。德国的女性主义记者爱丽丝·史瓦兹（Alice Schwarzer）说："她的作品《第二性》从生理、心理、经济、历史各方面来探究女人置身于男人所控制的世界中所经历的内、外在的各种真实状况，是一部无出其右的划时代的巨著……新的妇女运动有其复杂的历史渊源，而且发生于西方国家，即使西蒙·波娃不出现，妇运仍然会存在。但我认为，没有她的话，妇运的基础还不会如此稳固，尤其在理论方面，恐怕仍然处在一步步摸索的阶段。"①

　　《第二性》一经问世在西方世界各国产生了深远的影响，然而，与此同时也产生了广泛的误读与误解。正如女性主义者玛丽·G.迪兹（Mary G. Dietz）所言："正像'圣经'一样，《第二性》好像已经备受推崇，常常被引用，却很少被读懂。"②有些人没有真正读懂过《第二性》，或者根本就没有读过这本书，就妄下结论，认为波伏瓦在《第二性》中只不过是应用了萨特（Jean-Paul Sartre）在《存在与虚无》中的思想，是一种男性逻各斯中心主义，是反母职、反婚姻的。《第二性》甚至一度被认为是一种在二元对立分析框架下对女性屈从地位的文化解读，这给人以女性主义理论仅关心自身受压迫而只是想争夺文化霸权的错觉，比如与波伏瓦同时代的波兰诗人切斯瓦夫·米沃什（Czeslaw Milosz）这样表达了他对波伏瓦的反感："在女权主义者中，波伏瓦的嗓门最大，败坏了女权主义。我尊重乃至崇拜那些出于对妇女命运的体认而捍卫女权的女性。但在波伏瓦这里，一切都是对下一场知识时尚的拿捏。"③

　　在中国，《第二性》的译介与接受更是一个艰难曲折的过程。④波伏瓦及其《第二性》在中国大陆的译介和接受迄今已历时三十多年，在此期间，《第二性》被翻译达十次之多。改革开放以来西方著作在如此短的时间里翻译和出版次数如此之多，这是少有的现象。《第二性》译介和接受的三十多年正是中国

---

① 爱丽丝·史瓦兹.拒绝做第二性的女人［M］.顾燕翎，梁双莲，译.北京：中国友谊出版公司，1989：15.

② Mary G. Dietz. Introduction：Debating Simone de Beauvoir［J］. Signs：Journal of Women in Culture & Society，1992，18（1）：74.

③ 切斯瓦夫·米沃什.米沃什词典：一部20世纪的回忆录［M］.西川，等，译.桂林：广西师范大学出版社，2014：93.

④ 关于波伏瓦及其《第二性》在中国的译介与接受的问题，可以参考论文：沈珂、许钧的《〈第二性〉在中国的译介历程》（《江海学刊》2009 年第 4 期）和成红舞的《〈第二性〉在中国大陆的译介——基于性别研究视角的考察》［《济南大学学报（社会科学版）》2013年第5 期］。沈文侧重从读者接受方面分析《第二性》在中国译介的历程。成文侧重从中国性别观念的转变与中国女性性别意识的发展这两方面分析《第二性》在中国译介中出现的一些特殊情况，比如《第二性》里第二部分被大量译介的情况其实恰恰与中国当时整个社会、文坛的性意识觉醒有很大关系等。

性别观念发生急剧变化的年代，作为中国女性解放的精神导师与理论资源的波伏瓦以及她的《第二性》在不同的时间内被反复介绍、翻译和传播，这在很大程度上也说明了波伏瓦与中国性别话语之间的相容相契关系。

20 世纪 80 年代以来波伏瓦被引介到中国的第一部著作就是《第二性》。中国大陆最早的《第二性》译本出现在 1986 年，由桑竹影和南珊翻译，湖南文艺出版社出版。这个版本是从中国台湾引入的。早在 1973 年，桑竹影、南珊翻译的这个版本已在台湾由晨钟出版公司出版，此版名为《第二性——女人》。此后，1988 年中国文联出版公司推出由王友琴等翻译的节译本，名为《女人是什么》。这两个版本都节译了《第二性》的第二部分。

中国大陆出现的第一个全译本是 1998 年陶铁柱翻译的《第二性》，但该译本实际上也并不能称之为真正的全译本，此译本是英文转译的，存在不少的问题，因为英译本本身就有漏译与误译的问题，但这毕竟是中国大陆出现的第一个所谓的全译本，其意义还是重大的。此译本发行量很大，销量很好，在 2004 年再版。2004 年还有一个由李强选译的版本，由北京的西苑出版社出版，书名还是《第二性》。该版本被收入"西方哲理精译文丛"。它按照原书的七个部分排列，省略了卷数，也省去了原书第二十四章——修女。李强的译本与其他译本相比有一个很有特色的地方，就是译本中插入了许多幅创作于 15 世纪末到 19 世纪中期的名画。此阶段正是欧洲文艺复兴，资产阶级兴起、发展，资产阶级的伦理秩序从酝酿到成熟的一段历史时期，波伏瓦在《第二性》中所讲述的法国大革命以来的妇女的历史也与这段历史有很大关系。李强翻译的版本与前面提到的桑竹影、王友琴和陶铁柱等版本的不同之处在于清晰地体现了对《第二性》哲理意义的强调。李强选译本被列入"西方哲理精译文丛"，译者对《第二性》的定位就是哲学论著。而在此之前，波伏瓦的《第二性》实际上只是被中国学者当作一个能够在现实层面教女性如何做的指导性书籍而已。在陶铁柱看来，中国妇女的现状需要《第二性》这样专门为了女性而创作的书："作为一个妇女理论研究者，我真诚地希望，本书的出版能对我国的妇女理论研究提供一个借鉴。当前我国正处在经济体制转轨的一个十分关键的时期，从某种意义上说，我国的妇女也正处在一个十分关键的时期，因为社会主义市场经济的建立和发展，一方面极大地提高了我国的生产力，另一个方面，也使我国妇女遇到了新中国成立以来所不曾遇到的新问题。在这种情况下，研究和采取切实措施保护妇女的合法权益……中国妇女在新中国成立后得到的经济地位、社会地位和政治地位，并使这些地位也能随着改革开放而不断提高，这无疑是十分重要的。而有深度的并可以指导实际工作的妇女研究，是完成这一使命的必要前提。"①

　　李强选译的版本明确地将波伏瓦的《第二性》定位为哲学理论书籍，这较陶铁柱的译本以及以前的译本来说是一个进步，说明中国学界对波伏瓦的定位在逐步发生变化，人们慢慢意识到波伏瓦不仅是一位女性主义理论家，更是一位哲学家。值得关注的是，在陶译本出现的 13 年后，2011 年中国大陆又出现了一个全新的译本，郑克鲁翻译的《第二性》，此全译本将《第二性》在中国的翻译和传播推到了一个新的高度。同一本外国理论书籍，在短短二十多年内被翻译和再版次数如此之多，这种现象在国内并不多见，尤其对女性主义的理论书籍来说，短时间里多版次的，就目前来看，可能只有波伏瓦的《第二性》了。

　　从某种意义上说，《第二性》翻译、出版的这几十年正是中国女性的性别意识发展转变的时期。中国女性的觉醒意识发展中的每一个步伐似乎都在寻找与波伏瓦的相遇，而波伏瓦《第二性》在中国的每一次翻译、出版和介绍传播都会与中国女性新的发展景观相合。也就是说，《第二性》的理论与中国女性的现实似乎存在某种契合。中国女性需要波伏瓦及其《第二性》，无论在理论层面还是实践方面，波伏瓦都不可或缺。

　　《第二性》在中国的译介过程尚且如此艰难，由此我们可以想象得到对书中蕴含的深刻思想意蕴的理解与接受可能更是一个非常困难、富有挑战性的过程。

　　《第二性》的渊源与哲学基础是什么？它的主要内容与原本意义是什么？在女性主义伦理思想史上又处在何种位置？对当代女性主义的理论与实践又有怎样的影响？这些问题的提出，正是本书写作的缘起。

　　女性主义伦理学是一种以女性视角批判与建构旨在女性解放的伦理学理论。它要批判的是贬低和歧视女性的伦理理论和道德实践，它要建构的是男女平等的伦理学说。美国当代著名女性主义伦理学家艾莉森·贾格尔（Alison

---

① 西蒙娜·德·波伏娃. 第二性［M］. 陶铁柱，译. 北京：中国书籍出版社，1998：5.

Jaggar）概括了女性主义伦理学的三大目标：①对压迫妇女的永久化的行为和实践做出道德批评；②对抵制这些行为和实践的道德上可证明是正当的途径提出建议；③对推动妇女解放的道德上的抉择进行展望。应当说，这三大目标基本上反映出当代女性主义伦理学的历史使命。①

在女性主义伦理学的研究中，西蒙娜·德·波伏瓦是绕不过去的人物，在女性主义伦理思想史上，波伏瓦有着承前启后的重要的理论意义与实践价值。20 世纪 40 年代，她就对达成女性主义伦理学的三大目标做出了较为全面与详尽的回答。

波伏瓦所处的时代，女性主义已经沸沸扬扬了一个多世纪。人们对于女性的处境提出了各种问题，如"女人是否正在失去自己的特征？""女人变成了什么？""她们在这个世界上的实际地位如何？""她们应该有什么样的位置？"波伏瓦不满意当时理论家们对于上述问题所给出的解答。她在《第二性》一书中，运用存在主义伦理学的方法，深入细致地分析了女性在男权制下沦为绝对他者处境的过程，深刻地批判了男权社会对于女性的压迫，为当代妇女摆脱绝对他者地位、走向自由存在指明了道路。波伏瓦的《第二性》奠定了"激进的女权运动的理论基础"，成为"其他作品要么明显地、要么含蓄地（因为所有女权主义作家必须读它）仿效的基准线"。②

平等与差异是当代女性主义道德论争的焦点问题，即女性是否应该争取与男性的平等，抑或保持与男性的差异。而在平等与差异的争论中，关键问题是男性与女性的生理差异的相关性问题。若干世纪以来，生理差异一直是导致男女社会分工的出发点，也是男性认为自己天生优于女性的理由。而波伏瓦却在《第二性》中提出了不同的观点，她认为女性的地位低下并非"自然"或性别之间的生理差异造成，而是社会文化建构的结果，是男权社会制造的"永恒女性气质"神话的结果。她提出了著名的论断——"女人并不是生就的，而宁可说是逐渐形成的"。她将生物学上的性别与社会制造的"永恒女性气质"进行区分，因此成为区分生理性别与社会性别的先驱之一。现在任何女性主义理论都对生理性别与社会性别做出区分，社会性别已经成为他们的分析工具。但是

---

① 肖巍.西方女性主义伦理学：访艾利森·贾格尔教授［J］.哲学动态，1997：2.

② 卡洛尔·阿希尔.论西蒙娜·德·波伏瓦：自由的生活［M］//李清安，金德全.西蒙娜·德·波伏瓦研究.北京：中国社会科学出版社，1992：640.

"社会性别"这一概念本身又遭到了后现代女性主义伦理思想家的质疑,他们试图解构自然与文化、生理与社会性别的区分。然而,所有这些论争都可能在波伏瓦的女性主义伦理思想中找到理论资源,而要参与这场论争,人们也不能不回到波伏瓦,寻求其理论的出发点与根基。因此,波伏瓦女性主义伦理思想可以为当代女性主义道德论争提供理论借鉴。

波伏瓦《第二性》的伦理学解读可以为当代女性主义实践运动提供理论参照。时至今日,一方面,妇女们的社会处境和地位有所改善,有的甚至在曾是男性创造、主宰的世界中日益彰显自己的作用与影响;另一方面,虽然波伏瓦自己也希望"自己的作品很快过时",但是妇女这场"人类最漫长的革命"却远远没有结束,女性解放这一任务也还远未完成。因此,《第二性》还远非过时,它对包括中国在内的全世界女性主义思想的影响不会消失,而只会更加广泛和深远。

总之,从伦理学视角对波伏瓦的《第二性》进行深入解读具有深刻的理论与实践价值,正如法国著名的女性主义学者雅克·策菲尔(Jacques Zephire)所说:"也许将来某一天,有人要撰著一部20世纪的妇女历史,他不能不把很大的篇幅用于阐述西蒙娜·德·波伏瓦的著作以及她为我们这个时代的妇女生存状况所做出的努力。就连她的对手们也承认她具有这样的地位。"①

波伏瓦《第二性》的写作开始于1946年,于1949年在法国正式出版。这时正处于女性主义运动的"休眠期"。第一次女性主义浪潮产生于18世纪末,在第一次世界大战期间达到高潮,而后逐渐沉寂,到20世纪30年代几近停滞。也就是说,女性运动在第二次女性主义浪潮掀起之前,大约有30年的休眠期。法国这样一个"休眠期",几乎贯穿两次世界大战之间并延续到二战后,直到1970年结束。然而,这并不意味着这段时期完全没有为妇女争取权利的斗争,只是这些斗争仅仅集中在一些特殊的问题上,没有全面反思关于女性的传统观念。

从19世纪70年代到第一次世界大战,法国的许多组织都敦促法律给予妇女选举权与其他一些公民权。社会主义者从19世纪初就开始呼吁给予女性权利。在20世纪初,有许多重要的妇女大会在巴黎召开。从1887年到1914年有多达35个女性主义出版物公开发行。然而,到第一次世界大战结束时,几

---

① 李清安,金德全.西蒙娜·德·波伏瓦研究[M].北京:中国社会科学出版社,1992:701.

乎所有这些出版活动都停止了。

第一次世界大战给妇女的生活带来了很大的影响。在许多国家，妇女取代男人到工厂上班。这种变化在法国特别明显，由于大多数男性服役，女子只好出来工作以养活自己。在战争期间，女性几乎参加了各种各样的工作。

然而，数据显示，1920 年工作的妇女并没有比 1900 年的多许多。战后，许多妇女在工厂受到残酷剥削后，又自愿选择回家操持家务了。并且，战后男人把工作岗位从女子手中夺回来了。尽管如此，战争的确带来了一个持续的变化：在商业、银行业、行政管理、保险业、教育业等领域中的工作，妇女们并没有放弃。

许多妇女在战争中学会了自给自足，她们渐渐养成一种独立自主的生活方式。这样就带来了道德观念上的改变。从 19 世纪 20 年代的妇女时尚革新可以看出这一点。妇女们开始穿着较为随意，甚至穿上了超短裙，年轻的职业女性留起了短发。由于战争中许多丈夫死亡，1920 年，25~30 岁这个年龄段的女性比男性多出 30%，这使得很少有妇女再想通过出嫁靠丈夫来养活自己。

这期间妇女也要求接受更高的教育，女学生的数量很快增加了。波伏瓦本人属于女性被允许比以往较大数量进入大中专学校的第一代女大学生。1919 年，法国女性才可以进入高中学习，到 1924 年女性才争取到与男性同等的受教育权，得以接受几乎所有层次的高等教育。

第一次世界大战后人们普遍认为法国妇女应该获得选举权，但实际上她们直到 1944 年才真正享有此项权利。大约在 1930 年，人们对待妇女的观念普遍有了一些变化。因为妇女加入了劳动大军的行列，她们成了经济危机的替罪羊，许多人要求禁止妇女工作。20 世纪 30 年代到处可以看到旨在让妇女回家重新操持家务的宣传。她们在劳动力市场的人数在 1931 年到 1936 年间戏剧性地减少了。

在两次世界大战之间，妇女为争取选举权的斗争尽管规模很小，但从来没有间断过。在此期间，强烈要求此项权利的人大多数是第一代受过较高等教育的女性，她们很多是教师、律师和商人。那时争取选举权的斗争也从来没有发展成为大规模的运动，无论共产党，还是人民阵线，都没有把让妇女获得投票权看作重要的问题。从 1919 年起，妇女选举权的诉求都会定期交与法国国会，但是同样也会被定期驳回。

在 19 世纪末 20 世纪初，法国的人口不断下降，这引起了保守派的关注。他们宣称女人的首要功能就是生儿育女。一个名为纳塔利斯特（Natalist）的组织成立，这个组织主要的目的就是促进人口的增长。他们也是法国捍卫家庭的大规模运动的一部分，他们希望给予生育多子女的家庭优厚的福利。甚至还有组织呼吁限制控制人口与避孕。1920 年禁止所有有关生育控制与除避孕套（避孕套被认为是为了防止性病的工具）以外的避孕工具的销售与宣传的法案获得通过。到 1923 年这一法案变得更为严酷，妇女甚至会因流产而获 3 年监禁。但是法国的生育率并未因此显著提高。这个法案直到 1967 年才被废除。

第一次世界大战前，为促进性教育与生育控制的斗争很活跃，但在 1920 年以后，因他们的领袖被带上法庭，他们的宣传册被禁止，不得不转入地下。他们的声音在 20 世纪 30 年代通过一些医生与专家稍稍活跃起来，但是直到 1956 年家庭计划运动成立后，才真正获得舆论的支持而变得有力起来。1920 年到 1967 年这个法案有效期间，大量的非法流产在法国进行，流产率与生育率几乎一样，许多妇女都有过一次以上的流产经历。

第二次世界大战期间，法国的男性服役人数比一战时少，因此，女性代替男性加入劳动大军的人数也就相应地减少。另一方面，妇女在抵抗运动中表现非常出色，她们参加了各种抵抗活动，包括武装行动。

在德军占领区，维希政权（the Vichy regime）限制妇女就业，认为妇女的位置是在家庭，他们视妇女工作为导致社会失序的缘由。1940 年 10 月，禁止已婚妇女就业的法律获得通过。然而由于法国急需劳动力，这一法律延迟到 1942 年的 9 月施行。但是，整个战争期间，女子失业人口比男子要高许多。

1942 年维希政权视流产为对国家的犯罪，甚至可以课以死刑。一位妇女就因此而上了断头台，更多的妇女被送入劳动营。在禁止生育控制的宣传上也更严厉。仅 1943 年一年，就有 4000 起因出版生育控制刊物的起诉案。战后，政府采取了很多措施提高生育率，其中包括增加儿童的福利与一系列免除多生育家庭税务的举措。

第二次世界大战后，法国妇女在要求与男性平等方面终于看到了曙光。1944 年因女性在抵抗运动中的卓越表现获得选举权。1945 年妇女第一次参加选举。1946 年宪法规定了性别平等。在接下来的 1946 年的第四共和国议会选举中，女性获得 5.4% 的席位。这个比例比当时的英国与美国高许多。

尽管 1946 年宪法规定了性别平等，但还是有许多法律与之相抵触。1938

年已婚妇女就被视为有法律上的行为能力，这意味着已婚妇女可以获得护照，不需要丈夫的许可也可以在银行开户。但是，丈夫仍然能阻止妻子获得有报酬的工作，除非他们有特别的契约，他还拥有对于孩子的监护权，并且拥有他们的财产权（尽管这些财产可能是妻子的）。到1965年妇女才获得不经丈夫允许而自由选择职业的权利。到1970年，"父权"原则才被"亲权"原则代替，这意味着母亲与父亲一样拥有对于孩子的同等权利。直到1967年，妇女才在法律上享有避孕权。

在《第二性》中，波伏瓦也总结了她所处时代的女性权利状况："我们所处的时期是一个过渡期。这个世界过去始终属于男人，现在仍然由他们掌握。父权文明的制度与价值大部分依然存在。抽象权利远非在各地都彻底给予了女人：在瑞士，她们尚未参加选举；在法国，1942年的法律仍然在某种程度上维护丈夫的特权。"①在这种时代背景下，波伏瓦的《第二性》一经出版，立即受到法国社会舆论的攻击就不足为奇了。1949年6月，《第二性》的第一卷出版受到了好评，销路也不错。但是当第二卷的节选在《现代》杂志上发表时，舆论就一片哗然了。人们指责她的胆大妄为，强加给她许多莫须有的罪名，如"女同性恋者""性欲冷淡""男性阳具崇拜者"等等，其中首要的罪名就是"下流"。甚至有人对她进行了人身攻击，指责她的私生活不检点。在公众场合，人们开始对她指指点点，讥笑议论她。如此强烈、如此广泛的反响让波伏瓦困惑不解。她认为，在各拉丁语国家中，天主教的信条鼓励男性的专横，甚至让这种专横变成了性虐待。意大利的男子们倾向于把这种专横寓于猥亵之中，西班牙的男子们把它寓于狂妄之中，而唯有法国的男子们才把专横与卑鄙结合起来。究其原因，波伏瓦认为主要是因为法国男性在经济上受到了女性的竞争威胁，还有他们的优越感正受到挑战，于是才会如此毁谤女性。②对波伏瓦进行攻击的不仅有陌生人，甚至还有她的男性朋友，加缪（Albert Camus）就是其中典型的一个。他责备波伏瓦使得法国男子显得滑稽可笑，甚至公开宣称"讨厌被一个女子掂量、评判"，他认为"女子乃客体，他（男子）才是眼睛，才是意识"。波伏瓦对此评论道："他笑着这么说的，但是他的确不愿意'礼尚往来'。"③

① Simone de Beauvoir. The Second Sex［M］.Translated by H M Parshley. London：Penguin，1972：133.
② 西蒙·波娃.时势的力量：西蒙·波娃回忆录［M］.谭健，等，译，南京：江苏文艺出版社，1992：231.
③ 西蒙·波娃.时势的力量：西蒙·波娃回忆录［M］.谭健，等，译，南京：江苏文艺出版社，1992：234.

连加缪这样的左翼知识分子都不能理解波伏瓦的观点，不肯承认男女平等的相互性，右派就更不用说了，他们对波伏瓦的书一味地厌恶，而罗马天主教则干脆把它当成禁书。教皇指出这本书及其作者是无神论与非道德的化身。令波伏瓦感到吃惊的是，她在该著作中"把许多东西归功于马克思主义"，但是共产党人对该书也不予接受，他们批评波伏瓦没有关注工人阶级，指责她的小资产阶级立场，并且认为女人问题只能依赖于社会主义革命的成功。

围绕《第二性》这本书，人们还有着不计其数的曲解，其中颇受歪曲的就是"母亲"这一章节。人们指责波伏瓦无权讨论母性，因为她没有生过孩子。还有她被指责拒绝给母亲的天性和母爱赋予任何价值。这里顺便提一下，波伏瓦在该书中有一章专门谈到流产问题，颇具讽刺意味的是，人们居然跑到波伏瓦所工作的《现代》杂志编辑部索要做人工流产的地址。①当时法国妇女合法流产的困难程度可从此事窥见一斑。

所有这些都说明了，波伏瓦的《第二性》对当时法国社会具有的革命性的挑战意义。她的确是冒天下之大不韪，对男权社会发出了猛烈的进攻，才会刺激到那些男性保守主义者的神经，引起他们强烈的反感。但是，当时法国妇女的反映让波伏瓦颇感欣慰。她们从这本书中受到了启发与帮助，开始明白自己面临的种种困难并不是自身卑贱的表现，这是社会的普遍处境所造成的。该书出版后，直到波伏瓦去世之前，不断有妇女写信给她，感谢波伏瓦使她们避免了自惭形秽，给予了她们与现实处境做斗争的力量。也正因此之故，妇女们把《第二性》与波伏瓦的回忆录第一卷《闺中淑女》放在一起，称为"妇女解放的新约与旧约圣经"。前者是波伏瓦通过分析妇女普遍性处境，给她们指出了寻求自身解放之路；后者是她通过自身亲身经历为妇女指明了一条寻求独立与解放之路。这两者在当时的历史背景之下，对深受男权社会与男性压迫的妇女们来说，的确都具有"圣经"一般的启示意义。总之，《第二性》具有深刻的现实意义，它引发了法国第二波女性主义运动，推动了全世界的女性走向自由与解放，波伏瓦的影响力正如伊丽莎白·巴丹泰（Elizabeth Badinter）在波伏瓦的墓志铭中所评论的一样："女人们，你们的一切都归功于她。"②

---

① 西蒙·波娃. 时势的力量：西蒙·波娃回忆录 [M]. 谭健，等，译. 南京：江苏文艺出版社，1992：235.
② 拉凯莱·迪尼. 解析西蒙娜·德·波伏瓦《第二性》[M]. 杨建玫，译. 上海：上海外文教育出版社，2020：69.

第一章

《第二性》的伦理思想渊源

　　《第二性》一书涉及的学科十分宽广，有社会学、人类学、哲学、历史、文学，甚至还有生物学。它的内涵丰富，篇幅较大，其中的实证材料很厚实，所以以往多被定性为描述女人处境的社会学著作，很少被当作哲学、伦理学著作。但是，我认为，在某种意义上，该书可以视作一部用女性视角探讨"女人是什么"和"女人应该是什么"这些问题的伦理学著作。

　　在该书序言中，波伏瓦开宗明义地指出：讨论"女人问题"，首先要回答"女人是什么"这样一个形而上的问题。接着波伏瓦表明了她研究此问题的方法与视角是存在主义伦理学。波伏瓦认为，凡是对人的问题的研究不可能与价值无涉，任何与人相关的问题的提出与所涉及的观点均以相对的利益为前提，每一种所谓的客观描述都隐含道德背景。她对女人问题的研究也不例外，她说："我们的观点是存在主义伦理学的观点。每个主体都要独特地通过开拓与谋划来扮演自己的角色，而这种开拓与谋划被视为一种超越模式。他只有不断地去追求其他的自由，才能赢得自由。我们没有理由为自己当下的存在进行辩护，除非它扩展到无限开放的未来。"①在序言的最后，波伏瓦阐明了自己的研究目的："我将先讨论生物学、精神分析学和历史唯物主义对女人的见解，然后再准确地去阐明'真正的女性'这个概念是怎么形成的，即为什么女人一直被界定为他者，以及从男人的观点出发会得出哪些结论。最后，我还要从女人的观点去描述女人所必需生活的那个世界。这样我们便可以在她们渴望加入人类共在、努力挣脱至今仍指定给她们的领域时，正视她们前进道路上的重重困

---

① Simone de Beauvoir. The Second Sex［M］.Translated by H M Parshley. London：Penguin，1972：xl. 中文版的《第二性》中的这句话没有把"伦理学"这一词翻译出来，这不能不说是一个瑕疵。参见：西蒙娜·德·波伏娃.第二性［M］.陶铁柱，译.北京：中国书籍出版社，1998：25.

难。"①这也就是说，波伏瓦试图从"女人是什么"这一问题出发，最终解决"女人应该是什么"的问题，旨在阐明她在"女人问题"上的伦理学观点。不过在具体阐述她的女性主义伦理思想之前，我要首先讨论她的这些伦理思想的来源。

第一节 ┊ 主奴辩证法与性别辩证法

波伏瓦与萨特一样是属于"3H"的一代，即属于深受三位名字以"H"开头的哲学大师黑格尔（Hegel）、胡塞尔（Husserl）与海德格尔（Heidegger）影响的一代。特别是 20 世纪 30 年代以后，黑格尔哲学在法国的兴起，成为存在主义的精神导师。在此之前，新康德主义的观念论哲学与柏格森的生命哲学主宰着法国哲学界。波伏瓦大学时代并未系统学过黑格尔哲学。波伏瓦在回忆录中记载："在索本大学时，我的教授们有计划地轻视黑格尔和马克思。"②

这种状况从 20 世纪 30 年代开始改变，1945 年黑格尔哲学在法国哲学界取代了新康德主义，成为主流思想。梅洛－庞蒂（Merleau-Ponty）把黑格尔的影响概括为："黑格尔是一个世纪以来所有伟大的哲学，例如马克思主义哲学、尼采哲学、德国现象学和存在主义、心理分析哲学的源泉。"③这种变化主要是由两个方面的原因带来的。首先是俄国十月革命使得法国知识界对马克思主义产生兴趣，而黑格尔哲学是马克思主义哲学的重要来源，这就使许多人感到

---

① 这里法语版的《第二性》中波伏瓦用的源自海德格尔的"mitsein human"被英文版译者译为"full membership in the human race"，我们认为不妥，它掩盖了波伏瓦的现象学渊源，所以直接从法语版翻译译为"人类共在"。参见：法语版 Simone de Beauvoir. Le Deuxième Sexe［M］.Paris：Gallimard，1976：32；英语版 Simone de Beauvoir. The Second Sex［M］.Translated by H M Parshley. Londen：Penguin，1972：xli.

② 西蒙·波娃. 时势的力量：西蒙·波娃回忆录［M］.谭健，等，译，南京：江苏文艺出版社，1992：227.

③ Merleau-Ponty. Existentialism and the Hegel，In Sense and Nonsense［M］.Translated by Hubert Dreyfus and Patricia Allen. Chicago：Northwestern University Press，1964：63.

黑格尔哲学的重要性。再者，法国以让·华尔（Jean Whal）、伊波利特（Jean Hyppolite）、科耶夫（Alexandre Kojeve）为代表的新黑格尔主义派的辛勤工作，使得黑格尔哲学在法国产生了十分重要的影响。①其中科耶夫对黑格尔思想的解读影响波伏瓦最深。②这一新黑格尔主义的复兴对于波伏瓦和她的同时代人来说，重要性体现在科耶夫将主体与自我意识以及与他者的关系的问题置于政治与历史的核心。科耶夫强调历史的辩证法和历史是通过斗争与抵抗而被创造的。主体性与自我，并不是像笛卡尔的体系所设想的那样孤立于他者和世界的，而是具有自我意识的主体遇到他者、社群与体制的产物。

以往人们把黑格尔对波伏瓦的影响看成是通过萨特间接形成的，但是她出版的《一个哲学学生的日记（1926—1927年）》说明了，她在认识萨特前就已经对黑格尔略有了解。③再者，根据波伏瓦的回忆录中记载，二战中萨特应征入伍后，她独自一人在巴黎的国家图书馆里，系统地研究了黑格尔的《精神现象学》。④1940年7月11日，波伏瓦在给当时在德国做战俘的萨特的信中写道："你知道，黑格尔是令人恐怖的难，但是又绝对让人感兴趣。你必须知道他——它与你自己的虚无哲学类似。我正在非常享受地读他，并且在想着如何详细地把他解释给你。"⑤这些都说明波伏瓦对黑格尔的研究绝大部分是独立完成的。更为重要的是，我从波伏瓦的《庇吕斯与西奈阿斯》《一种模棱两可的伦理学》和《第二性》等著作中发现，在对黑格尔的辩证法的批判与继承上，波伏瓦与萨特的确有相似的地方，但更多的是相异的方面。

如果说黑格尔哲学对于萨特的影响，主要是宏观意义上的，他从接受了黑格尔自在与自为的辩证思想开始，然后沿着现象学的思维路径，得出了与黑格尔完全不一致的结论，他不认为有一种所谓的绝对精神可以调和人与自然、人与他人、人与上帝、理性与情感的矛盾对立，也就是说，自在与自为不可能统

① 杜小真.萨特引论［M］.北京：商务印书馆，2007：36-37.

② Eva Lundgren-Gothlin. Sex and Existence：Simone de Beauvoir's The Second Sex［M］.Translated from the Swedish by Linda Schenck. London：Athlone，1996：56-65.

③ Simone de Beauvoir. Diary of a Philosophy Student［M］.Urbana：University of Illinois Press，2006：213.

④ 西蒙·波娃.盛年：西蒙·波娃回忆录［M］.谭健，等，译.南京：江苏文艺出版社，1992：509，511，522.

⑤ Simone de Beauvoir. Letters to Sartre［M］.New York：Norton，1991：314.

一，"人是无用的激情"。①那么波伏瓦受黑格尔哲学的影响主要是方法论意义上的。波伏瓦把黑格尔在《精神现象学》中的主奴辩证法改造成了她的性别辩证法，使之成为她批判男权②社会中男性对于女性结构性压迫的主要"武器"之一。③

黑格尔的主奴辩证法是自我对象（他者）化、对象（他者）自我化的自我否定辩证法，通过这种主奴辩证法，使我们看到自我意识不是自动自发产生的，它的发展是一个过程，而且自我与他者（对象）在这种确认的过程中是相互矛盾、相互依存的。黑格尔的主奴辩证法给萨特与波伏瓦的共同启示就是，自我意识不是既定的，不是一成不变的，而是在与他者的斗争与妥协中赢得的。而在自我与他者的关系上，萨特与波伏瓦的观点有了分歧，这点我在下文中详细讨论，这里我们先来看看黑格尔的主奴辩证法对波伏瓦的影响。

通观波伏瓦的《第二性》，我们可以看到波伏瓦对这种辩证法的运用贯穿始终。在该书的序言中，波伏瓦就指出了性别之间不平等与压迫的起源在于"意识之间的敌意"，她说："如果说人类实际上是基于团结和友谊的一种共在（mitsein）或者伙伴关系，那么这些现象就是无法解释的。反之，如果我们按照黑格尔的看法，在意识本身当中发现了对其他所有意识的敌意，那么事情就会变得一目了然。主体只能在对立中确立——他把自己树为主要者，以此同他者、次要者、客体相对立。"④接下来，她反驳恩格斯对女人受压迫的解释时，又说："如果人的意识不曾含有他者这个固有的范畴，以及支配他者这种固有的愿望，发明青铜工具便不会导致女人受压迫。"⑤她认为马克思主义者对于女人受压迫的解释不够充分，必须用黑格尔的理论作为补充。在"神话"这一部分，波伏瓦在分析男人试图把女人变为"他者"的原因时，再次提到

---

① 萨特.存在与虚无 [M].陈宣良，等，译.北京：生活·读书·新知三联书店，2007：744.

② 在《第二性》中，波伏瓦没有区分父权与男权，这个词在法文与英文中是同一个词，我们考虑到波伏瓦所批判的性别不公正现象不仅仅是存在于父家长时代，而且也出现在现代社会中，所以在更为宽泛的意义上用男权来概括那种男性对于女性的主宰权利（力）。

③ 最近有学者论证了波伏瓦受黑格尔的影响是全方位的，比如 Meryl Altman。参见：Meryl Altman. Beauvoir, Hegel, War [J].Hypatia, 2007, 22（3）：66–91。但我认为波伏瓦的哲学背景较为复杂，其中黑格尔的影响只是其中的一部分。

④ Simone de Beauvoir. The Second Sex [M].Translated by H M Parshley. London：Penguin, 1972：xxix.

⑤ Simone de Beauvoir. The Second Sex [M].Translated by H M Parshley. London：Penguin, 1972：58.

了这种辩证法。她说，"只要主体想确证自身，限制并否定他的他者就仍是
必要的：他只有通过他所不是的、有别于他自身的那个现实，才能实现他自
己。……但大自然不能满足他（男人）的需要"①。能满足男人需要的也不是
其他男人，因为男人之间的互相确证将是危险的，主奴辩证法使得男人自己可
能沦为奴隶。那么只有女人，才能让男人得到满足。"多亏了她，才有一种逃
避主奴间无情辩证关系的方法。"②在这里，有两点需要引起我们的注意。首
先，波伏瓦认为，意识之间的冲突可以通过互惠的方式解决，她说："若每个
人都能够坦率地承认他者，将自己和他者互相看成既是客体又是主体，那么
超越这种冲突便会成为可能。"③在这一点上，她与黑格尔还是有差异的。再
者，波伏瓦并不认为两性之间的关系简单地就是主奴辩证关系，男人是主人，
女人是奴隶。她认为女人是介于"自然"与"男人"之间的存在，"她是男人
想得到的，在自然、陌生者和他如同一人的同类之间的中介"。女人不是纯粹
"自然"的自在的对象性存在，也不具有"男人"那种要求相互性的意识，所
以女人不是奴隶，她根本没有参与生死斗争，因此，不存在两性之间的主奴辩
证关系，她只能是"一个根本不想成为主要者的次要者，是一个绝对的他者，
对女人来说无相互性可言"。④这说明波伏瓦对黑格尔的主奴辩证关系做了为
己所用的接受与改造，而不是生搬硬套。在《第二性》的最后一章中，波伏瓦
给女人解放指出的道路也有些"黑格尔"式，她认为女人必须参加生产劳动，
才有可能参与"生死斗争"，从而获得自我意识的确认，最终获得自由。

　　黑格尔对波伏瓦的这种影响，波伏瓦在晚年做出了深刻的自我批判，她
说："如果我现在写《第二性》的第一卷，我会采取更多的唯物主义的立场，
我就不会将把妇女视作'另一类'的观念以及由此观念产生的摩尼教的说教
建立在唯心主义的、先验的观念斗争的基础上，而将供求事实作为它们的基
础。"⑤所以说后来马克思主义的历史唯物主义对她的影响可能超过了黑格尔。

----

① Simone de Beauvoir. The Second Sex［M］. Translated by H M Parshley. London：Penguin，1972：139.

② Simone de Beauvoir. The Second Sex［M］. Translated by H M Parshley. London：Penguin，1972：141.

③ Simone de Beauvoir. The Second Sex［M］. Translated by H M Parshley. London：Penguin，1972：140.

④ Simone de Beauvoir. The Second Sex［M］. Translated by H M Parshley. London：Penguin，1972：141.

⑤ 西蒙娜·波娃. 时势的力量：西蒙·波娃回忆录［M］. 谭健，等，译. 南京：江苏文艺出版社，1992：
236.

第二节 ｜ 实践生成论与女人生成论

马克思与黑格尔一样在波伏瓦的大学课堂上受到教授们的轻视，甚至是歪曲。①但是这并不影响波伏瓦对马克思主义的兴趣，她在以后的文学、哲学生涯中认真研读过多本马克思主义的经典著作，如《资本论》《1844年经济学哲学手稿》等等。

波伏瓦之所以对马克思主义有浓厚的兴趣是与法国当时的历史背景有关联的。二战后期，法西斯主义的暴虐从根本上瓦解了许多人的传统信念，马克思主义的理论、苏联社会主义国家模式吸引了一部分法国左翼知识分子，波伏瓦就是其中之一。马克思主义的哲学思想，特别是马克思的早期著作——《1844年经济学哲学手稿》，在战后的法国知识界，成为与黑格尔主义、现象学存在主义并列的三大理论焦点之一。

马克思主义主要有两个方面的理论对波伏瓦产生了深远的影响，一是马克思主义的实践生成论人学观，另一个就是唯物主义的历史观。

马克思主义的实践生成论人学观认为人是社会实践活动的产物，人的社会实践活动造就了人本身，所以人是活动的存在；人的社会实践活动是一种自觉的、有目的的活动，因此人又是一种有意识的存在；人的社会实践活动不仅生产出生活资料，而且生产出人本身与人类社会，所以人还是社会的存在；人的社会实践活动是不断变化、发展的，人自身也是不断变化、发展的，因而人是历史的存在。概而言之，马克思主义认为人是在不断变化、发展的实践活动中生成的。马克思主义的实践生成论人学观实质上是对抽象的、不变的人性论的批判，是对本质主义的反叛。在反本质主义这一点上，存在主义与马克思主义是相融相通的。只不过马克思主义更注重讨论作为群体如阶级存在的人，从社会、历史和实践的角度来研究人的生成；而存在主义更侧重于对作为个体存在

①波伏瓦在回忆录中谈到这一点时说："在索本大学时，我的教授们有计划地轻视黑格尔和马克思。在那本《西方道德的进展》的厚书里，布兰斯维克才用了三页的篇幅来谈论马克思，把他和最卑微的反动思想家排列在一起。"参见：西蒙娜·波娃.闺中淑女：西蒙·波娃回忆录[M].谭健，等，译.南京：江苏文艺出版社，1992：227.

的人的研究，从个体存在的心理体验和生命活动的本能冲动等来探讨人的生成。所以有些学者把马克思主义人学称为"宏观人学"，而把存在主义人学称为"微观人学"，把它们都归属于现代生成论人学范畴。①

波伏瓦在人的生成问题上的基本立场是存在主义的，但是她也受到了早期马克思作品的影响，注重生产劳动对人的塑造作用，重视人生成的社会和历史维度。波伏瓦在《第二性》中，对本质主义人性论进行了批判，她说："一个生存者，除了是他的所作所为以外一无所是。可能不会超出现实，本质不会先于存在。在纯粹的主体性那里，人的存在不是任何事物，他只能由他的行动来评价。"②她一再强调存在主义的这种立场，即人是通过自由选择的行动来证成的存在。她把这种批判用在女性主义伦理思想上，尖锐地指出："在生理、心理或经济上，没有任何命运能决定人类女性在社会中的呈现。正是整个文明造就了这种介于男性与阉人之间的生物即所谓的女性。"在这个问题上，她得出的最为震撼人心的结论就是："女人不是天生的，而是逐渐变成的。"③这也就是说，波伏瓦同马克思一样，认为人没有先天的本质，人是社会的产物。女人"第二性"的卑下地位也不是先天就注定了的，而是由后天的社会文明造成的。波伏瓦在此强调社会境况对于人的自由的制约，而不是像萨特在《存在与虚无》中虽然也承认他人的存在，但他始终是以自为即绝对自由作为出发点。波伏瓦在谈到自己与萨特的区别时，特别提到了这一点，"在《存在与虚无》的第一版中，他谈到自由时，好像每个人都是自由的，或至少可以运用个人的自由，但我坚持有些情况下，无法运用自由，或自由只有迷失"④。在这里波伏瓦更多的是接受了马克思主义所强调的人不是单个人的抽象物而是社会的历史的产物这一思想。所以，与萨特的早期哲学观相比较而言，波伏瓦的哲学思想更注重社会与历史的维度。在《第二性》中波伏瓦说："人的物种却永远处在变化之中，永远是形成的。"⑤没有永恒的"男性气质"与"女性气质"，男人或者

① 武天林.实践生成论人学 [M].北京：中国社会科学出版社，2005：75.

② Simone de Beauvoir. The Second Sex [M]. Translated by H M Parshley. London：Penguin，1972：257.

③ Simone de Beauvoir. The Second Sex [M]. Translated by H M Parshley. London：Penguin，1972：267.

④ 爱丽丝·史瓦兹.拒绝做第二性的女人 [M].顾燕翎，等，译.北京：中国友谊出版社公司，1989：97.

⑤ Simone de Beauvoir. The Second Sex [M]. Translated by H M Parshley. London：Penguin，1972：34.

女人都是在社会历史中存在并形成的。波伏瓦承认男女两性之间生物学上、身体上的性别差异的事实，但是她并不认为这些事实就能解释女人的从属地位，因为这些事实并不是构成人的本质性存在，而是人应当超越的"境况"。社会如何去对待这种事实，赋予它怎样的价值，这才是问题的关键，所以波伏瓦认为要搞清女人为什么被当作"他者"，关键在于去"发现女人的本性在历史的整个过程中是怎样受影响的"，"人类是怎样对待女性的"。[①]波伏瓦是用一种辩证的眼光来看待人性，她认为人的本性不是永恒不变的，而是变化发展的。尽管两性之间生物学上、身体上的性别差异不能不考虑，但是这种差异对于女人地位的影响在不同的历史时期，或者同一个历史时期的不同形态的社会中却是千差万别的。这与马克思主义认为的人的意识、人性都是历史的产物的历史唯物主义人性观是有着共同之处的。

马克思主义理论影响波伏瓦的不仅是实践生成论人学观，还有历史唯物主义的分析方法。在《第二性》中，波伏瓦在批判马克思主义用经济一元论来解释女性压迫的起源之前，首先充分肯定了历史唯物主义理论。她说："历史唯物主义理论阐明了某些非常重要的真理。人类不是一种动物性的物种，而是一种历史现实。人类社会是一种非自然的生成物——在某种意义上它是与自然相对立的。它不是消极地服从自然的呈现，宁可说它是按照自身的意愿接管了自然的控制权。这种僭越不是一种内在的主观的行为，它是在实践活动中客观地完成的。"[②]

虽然波伏瓦不认同恩格斯在《家庭、私有制和国家的起源》里对于两性不平等起源于私有制的出现这一论断，她说："不可能从私有制推导出女人受压迫的结论。"[③]如前所述，波伏瓦认为妇女受压迫的根源并非仅仅是经济上的原因导致，还有本体论上的原因，也就是人的意识之间本质上是互相冲突的、相互有敌意的。所以她认为两性之间的冲突是从人类诞生之日起就有的，并不如恩格斯所言："母权制的被推翻"构成了"女性具有世界历史意义的失败"，[④]而认为人类社会中男人始终占有优势地位，因为波伏瓦认为女

① Simone de Beauvoir. The Second Sex ［M］. Translated by H M Parshley. London：Penguin，1972：37.

② Simone de Beauvoir. The Second Sex ［M］. Translated by H M Parshley. London：Penguin，1972：53.

③ Simone de Beauvoir. The Second Sex ［M］. Translated by H M Parshley. London：Penguin，1972：58.

④马克思恩格斯选集：第4卷［M］.北京：人民出版社，1972：52.

人在人类脱离动物世界的过程中本身就存在先天的不足，"生殖的束缚在任何情况下都是一种可怕的障碍。怀孕、分娩和月经削弱了她们的劳动能力，使她们往往完全依附于男人，以得到保护与食物"①。所以在男性与女性之间的冲突中，女性始终占下风。

　　但是这些分歧并不妨碍波伏瓦对恩格斯在《家庭、私有制和国家的起源》的其他研究成果的分享。比如她认同人类有一个"原始共产主义"的阶段，在这个阶段人们共同劳动，共同享有生产资料，没有私有财产，没有阶级压迫。还有她也认同，在人类历史上，曾经存在过没有男权文化统治的阶段，那就是由巴霍芬（Johann Jakob Bachofen）提出并被恩格斯采纳的所谓的母系社会。再有她同恩格斯一样认为男权制的确立、女人被排除在生产劳动之外以及私有制的产生等等这些因素对于女人沦为"绝对他者"所起到的至关重要的作用。

　　在《第二性》命名为"历史"的第二部分中，波伏瓦运用历史唯物主义的方法把人类原始时期分为三个阶段：游牧时代、早期农耕时代与农业时代。前两个阶段是史前期，农业时代是成文史的开始，也是私有制和男权制产生的时期。波伏瓦运用历史与逻辑一致的分析方法，考察了这些不同的历史时期中性别差异的不同特征以及女人受压迫的不同特点，也分析了其中的原因。波伏瓦认为，游牧时代虽然没有阶级、没有法律、没有国家，但是一样存在性别的不平等。只不过这一时期没有所有制，没有继承制，也没有法律制度，所以也不存在对于压迫女性的制度性保护。早期农耕时代，女人比游牧时代常常更有尊严，这种尊严是由于女子生育带来的，因为孩子在以耕地为基础的文明中具有新的重要性。土地这种财产要求所有者提供后代，所以母性成为一种神圣的功能。但是波伏瓦并不像恩格斯一样，认为这就是女人的黄金时期。因为"大地、母亲、女神——在男人心目中她根本不是他的同类。她的力量被认定是超出人类范围的，所以她在人类的范围之外。社会始终是男性的，政权始终掌握在男人的手中"②。也就是说，波伏瓦认为在这个时期，男人既然没有把女人看成同类，他们之间就没有相互性，女人的力量被男人神化了，她们被看成与大地、神一样是超出人类社会的，所以女人在这个时期是站在人类社会之外的。

---

① Simone de Beauvoir. The Second Sex［M］. Translated by H M Parshley. London：Penguin，1972：62.

② Simone de Beauvoir. The Second Sex［M］. Translated by H M Parshley. London：Penguin，1972：70.

所以所谓女人的黄金时期就只能是一个神话，社会还是掌控在男人的手中。从农业时代开始，波伏瓦与恩格斯同样认为，私有制和男权制产生对于妇女的压迫成了制度性的，这种压迫比以往任何时候更深、更多样化。"只要家庭和世袭财产仍无可争辩是社会的基础，女人就会处于社会的最底层。"①但是波伏瓦认为"恩格斯对她的贬值只是做了不充分的解释：仅说青铜器和铁器的发明极大地干扰了生产力平衡，因而导致了女人处于劣等地位"。她认为更重要的是"女人的不幸在于，她没有和那个劳动者一起变成同类的工人"②。也就是说，波伏瓦认为女人没有像男人一样分享技术进步带来的好处，参与到生产劳动中，获得与男人同等的发展与进步，而是停留在"内在性、重复性"的活动如家务劳动与生儿育女的活动之中，停留在动物性的活动水平，所以没有获得人性的充分完全的发展。这实质也是波伏瓦接受了马克思主义对于人的定义，即人区别于动物的地方就在于创造性的生产活动。女人没有参加生产实践活动就不能发展成为真正的人。

在《第二性》的最后，波伏瓦指出的妇女解放之路也和恩格斯在《家庭、私有制和国家的起源》中的观点类似，即妇女只有参与社会性的生产劳动或其他的创造性的活动才能获得经济上的独立与人格上的自主。并且，她引用了马克思在《1844年经济学哲学手稿》中的一段话作为《第二性》一书的结尾，这段话是："人和人之间的直接的、自然的、必然的关系是男女之间的关系。……从这种关系的性质就可以看出，人在何种程度上成为并把自己理解为类存在物、人；男女之间的关系是人和人之间最自然的关系。因此，这种关系表明人的自然的行为在何种程度上成了人的行为，或人的本质在何种程度上对他来说成了自然。"波伏瓦对马克思的这段阐述给予了极高的评价："对这种情况不可能有更透彻的阐述了。"③从这里也可以看出波伏瓦对马克思主义理论的重视程度。

波伏瓦充分肯定了马克思主义的历史唯物主义在解释妇女压迫方面的正确性，但是她认为这并不全面，还需要辅之以黑格尔的主奴辩证法，还要加上存在主义现象学，才能完整解释这个问题。

---

① Simone de Beauvoir. The Second Sex［M］. Translated by H M Parshley. London：Penguin，1972：84.

② Simone de Beauvoir. The Second Sex［M］. Translated by H M Parshley. London：Penguin，1972：77.

③ Simone de Beauvoir. The Second Sex［M］. Translated by H M Parshley. London：Penguin，1972：732.

第三节 ┊ 身体现象学与性别现象学

现象学肇始于胡塞尔，但在法国影响最大的现象学家是胡塞尔的学生海德格尔。海德格尔在《存在与时间》一书中对传统的形而上学做了更进一步的批判，他认为胡塞尔虽然在反主客对立二元论上做出了贡献，但胡塞尔以先验主体为其哲学的起点，遵循的原则仍是主体性的。海德格尔认为传统的形而上学的关键问题在于只关心"存在者"，而不追问"存在"本身，这是"存在的遗忘"。①而能追问"存在"本身的只有人。海德格尔称"人"的存在为"Dasein"，不是一般的存在"Sein"，人的存在是"在世界之中"的，也就是不把"世界"当成对象，而是与世界浑然一体的一种存在。这种人（Dasein）是"在世的人"，是体验于世界之中，与世界同在的。若胡塞尔重在关注人的内在性，围绕自我意识内向地追问人自身存在的根据，那么，海德格尔则关注人的生存性，强调人是在世界的处境中存在的，试图为人及其生存寻求当下根据。海德格尔认为人所存在的处境之中就有他者存在，自我与他者是一种存在性的"共在"关系。如果说胡塞尔视域中的人是"没有窗户的单子"（莱布尼茨语），那么海德格尔视野中的人（Dasein）就是"处境中的人"。

海德格尔这种关于人是处境中的存在的思想对包括波伏瓦在内的许多法国存在主义哲学家都有不同程度的影响，这与法国哲学家更注重具体而非抽象的精神气质是相吻合的。萨特深受德国现象学的影响，他的哲学既体现了胡塞尔的纯粹意识理论的痕迹，又有海德格尔在世学说的印记。萨特在《存在与虚无》中，以虚无界定意识，进而把意识与自为等同，再展开自为与自在、自为与为他关系的讨论。萨特的虚无意识比胡塞尔的意识概念更纯化，他不满胡塞尔的"唯我论"倾向②，肯定了黑格尔的"主奴辩证法"对自我与他者的相互依存关系的论点，指出通过身体的相互注视产生的"羞耻感"可以证明他者的存在。这说明在萨特看来，人是在处境中存在的，人的处境最直接的是通过

---

① 考夫曼.存在主义：从陀思妥耶夫斯基到沙特［M］.北京：商务出版社，1987：217.
② 萨特.存在与虚无［M］.北京：生活·读书·新知三联书店，2007：298.

这种身体的体验来表征。所以有学者认为萨特的哲学已经初见"身体现象学"的端倪。[①]萨特认为这种相互注视把对方对象化，从而他者的自由对自我的自由是一种限制，因此自我与他者之间根本上是相互冲突的关系。正如杨大春教授指出的：萨特"看到了身体的某种意义，但没有把它上升到主体地位"；而真正意义上的"身体现象学"是梅洛－庞蒂建构的。只有梅洛－庞蒂才真正确立了身体的主体地位。梅洛－庞蒂的身体意味着在世存在的模棱两可性（ambiguity），体现了身心的互动与交织。[②]梅洛－庞蒂试图以海德格尔式的此在"在世"概念引出肉身化主体或者说肉身化的心灵，用身体主体替代胡塞尔、萨特的意识主体，来克服主客对立的二元论。否定单纯而强调混杂，否定分析而强调综合，不管是主体还是客体，都处于关系之中，或者说主体有其所处的情景，而客体对象有其出现的背景。"之所以主体在处境之中，之所以主体不过是处境的一种可能性，是因为只有当主体实际上是身体，并通过这个身体进入世界，才能实现自我性。"[③]试图通过自我与他者的身体共生在同一个世界来解决自我与他者之间的问题，也就是说，他认为自我与他者更多的是共生关系。无论是萨特的作为自我与他人中介的身体还是梅洛－庞蒂主体化了的身体，都集中体现了海德格尔处境意识对他们的影响，波伏瓦在这个问题上也同样受到海德格尔的启发。

波伏瓦对现象学的熟悉与兴趣可以从她的回忆录中找到痕迹。仅在她的回忆录的第二卷上册中，她就七次详细记叙了她与萨特接触并研究现象学的过程。[④]1933年，他们通过巴黎高等师范学院的老同学雷蒙·阿隆（R. Aron）了解这一学派，当时阿隆正在柏林法兰西学院学习胡塞尔现象学。在此之前，虽然1929年胡塞尔曾在巴黎大学举行了现象学的讲座，但波伏瓦与萨特都没有参加，所以对德国现象学几乎一无所知。回到巴黎的阿隆与萨特和波伏瓦一起吃饭时，指着鸡尾酒杯说："老伙计，你是一个现象学家的话，你就能谈这鸡尾酒，就能从酒中搞出哲学来。"当时波伏瓦对此兴趣不大，但是萨特激动

---

①杨大春.语言 身体 他者［M］.北京：生活·读书·新知三联书店，2007：141.

②杨大春.语言 身体 他者［M］.北京：生活·读书·新知三联书店，2007：145.

③梅洛－庞蒂.知觉现象学［M］.姜志辉，译.北京：商务印书馆，2001：511.

④西蒙·波娃.盛年：西蒙·波娃回忆录［M］.谭健，等，译.南京：江苏文艺出版社，1992：149，201，206，221，243，286，390.

不已，大有相见恨晚之感，因为这是他梦寐以求的哲学——按照自己的所见所闻得到的感觉来描述事物，并从中抽象出来的哲学。这可以让他避开唯心主义与实体主义的分歧。①1934年，波伏瓦在萨特的推荐下读完了德文版胡塞尔的《现代内心意识课程》一书，才对现象学发生浓厚的兴趣，她说："现象学的独创性与丰富性使我兴味盎然；我感到从未如此靠近真正的现实。"②玛格丽特·A.西蒙斯（Margaret A. Simons）通过研究波伏瓦在学生时代的日记，认为波伏瓦在更早的时候就接触并对现象学的一些问题感兴趣。③但我认为，波伏瓦真正意义上了解现象学还是从1934年对胡塞尔的著作的研读开始的。

胡塞尔对波伏瓦最大的影响首先是他的"生活世界"的概念。在自己的作品中，波伏瓦直接地描述与分析最为基本的"生活"，最为基本的"体验"，比如女性的生活状况（1949年，《第二性》，迦利玛出版社），老年人的境况（1964年，《极缓慢的死亡》，迦利玛出版社；1970年，《老年》，迦利玛出版社），二战中她自己在法国的生活经历（1963年，《时势的力量》，迦利玛出版社），等等，都体现了波伏瓦对于现象学"第一个哲学活动就是返回到实际经验的世界"（梅洛－庞蒂语）即"回到事物本身"的现象学方法的理解。正如她自己在《老年》一书中所说，她不仅是在描述个人的内在的生活体验，更是要考察这些生活的社会意义。④而对生活世界做出与科学全然不同的解释，在其中寻找人的价值与意义的根基，正是胡塞尔探讨生活世界的主旨。再者，胡塞尔对他者问题的提出与试图用"主体间性"来解决他者问题，也引起了波伏瓦对这一问题的兴趣。波伏瓦在一次访谈中指出"意识中的他者是我的问题"。⑤1938年10月，波伏瓦开始以小说的方式探讨她断断续续思考了四年的"他者问题"，这就是她后来出版的第一本小说《女宾》。波伏瓦说这个问题与死亡问题一样令她震撼，她在回忆录中用现象学的语言描述了此种体验，"他人的'理

① 西蒙·波娃.盛年：西蒙·波娃回忆录［M］.谭健，等，译.南京：江苏文艺出版社，1992：149.

② 西蒙·波娃.盛年：西蒙·波娃回忆录［M］.谭健，等，译.南京：江苏文艺出版社，1992：221.

③ Wendy, O'Brien, Lester Embree.The Existential Phenomenology of Simone de Beauvoir［M］. Boston：Kluwer Academic，2001：17-39.

④ Simone de Beauvoir. Old Age［M］.Translated by Patrick O'Brian. New York：Pantheon Books，1984：313.

⑤ Simons Margaret A. Beauvoir and The Second Sex：Feminism，Race，and the Origins of Existentialism［M］. New York：Rowman & Littlefield，1999：10.

性感觉'对我来说也只是一种假设，当我去理解它的现实性时，我感到，我所钻研的问题同死亡一样令人震惊、不可接受"。①1940年，波伏瓦才第一次读黑格尔的《精神现象学》（用了其中的一句话"每一种意识都在追求另一种意识的死亡"做了《女宾》这本书的卷首题词来点出主题），可见她并不是受黑格尔主奴辩证法的影响才开始思考他者问题。玛格丽特·A.西蒙斯的研究表明，波伏瓦在索本大学时就对德国现象学有所了解。她曾与她的老师琼·巴吕齐（Jean Baruzi）探讨过德国现象学的相关问题，而后者的研究方向正是德国哲学，对胡塞尔的思想相当了解。②这说明在哲学上，波伏瓦与其同时代的其他法国哲学家一样受到了德国现象学的影响，并且一直关注当时现象学的前沿问题如"他者"问题。波伏瓦出版的第二部小说《他人的血》仍然在探讨"他者"的问题。1941年夏，她完成了《女宾》的创作以后，迫不及待地想继续创作，想讨论萦绕在她脑海里的问题，即她所说的"最主要的仍是我与他人的关系问题"③。1945年该书出版后，被人们冠上"抵抗主义小说"之名，波伏瓦解释道："这本书的主题是说，依我的体验，我的存在就是我的自由，而依与我接触的他人的体验，我的存在是一个客体；这是一个悖论。"④

波伏瓦对德国现象学其他代表人物也相当熟悉，战前她曾帮助萨特翻译了海德格尔的《存在与时间》中的大部分章节。⑤在《第二性》中，波伏瓦用了许多海德格尔的术语，比如"共在（Mitsein）""此在（Dasein）""本真性（Authenticity）"等等，而且是反复多次使用，仅"共在（Mitsein）"就用了5次。⑥只是英文译者的翻译错误遮蔽了波伏瓦著作的海德格尔现象学的痕迹，使得其著作的现象学维度一度被忽视。比如在《第二性》中的"此在（Dasein）"被翻译成了"人的本质（human nature）"。波伏瓦对此很不满，有一次在访谈

① 西蒙·波娃.盛年：西蒙·波娃回忆录［M］.谭健，等，译.南京：江苏文艺出版社，1992：348.

② Simons A. Margaret. Beauvoir and The Second Sex：Feminism，Race，and the Origins of Existentialism［M］. New York：Rowman & Littlefield，1999：197-199.

③ 西蒙·波娃.盛年：西蒙·波娃回忆录［M］.谭健，等，译.南京：江苏文艺出版社，1992：601.

④ 西蒙·波娃.时势的力量：西蒙·波娃回忆录［M］.谭健，等，译.南京：江苏文艺出版社，1992：44.

⑤ Simone de Beauvoir. Adieux：A Farewell to Sartre［M］.Translated by Patrick O' Brian. New York：Pantheon Books，1984：172.

⑥ Simone de Beauvoir. The Second Sex［M］.Translated by H M Parshley. London：Penguin，1972：xxix, xxxi，xli，35，47.

中说："我与萨特一样不相信有什么人的本质之类的东西存在，把海德格尔的术语'此在'翻译为'人的本质'是一个严重的错误。我心中充满了海德格尔的哲学，当我在谈到人的存在时，我是指人在世界中的呈现，根本不是指人的本质，这是完全不同的。"①像这种翻译错误模糊了《第二性》的现象学意蕴的还有很多，比如这本书第二部的标题法文"L'expérience vécue"应该是"lived experience"（生活经验），却被译成了"women's life today"（女人今天的生活）。②海德格尔对波伏瓦影响最深的应该是他的"共在（Mitsein）"思想与"解蔽（Disclose）"概念。波伏瓦试图用"共在（Mitsein）"来解决性别之间的冲突与对立，通过考察女性的境况来解释其在历史上的从属地位，这些都或多或少受到海德格尔现象学的影响，这使得波伏瓦的哲学较之萨特的哲学更具体、更现实，多了一种历史维度。"解蔽（Disclose）"概念在波伏瓦的伦理学中也是一个很重要的概念，这一概念在她的《一种模棱两可的伦理学》一书中成为人与他者共在的本体论基础；而在萨特的《存在与虚无》中，这一概念也是源自海德格尔，但它只是作为一个纯粹存在论上的概念，并没有任何伦理上的旨意。

　　法国本土的现象学对波伏瓦也有影响，比如梅洛－庞蒂的"身体现象学"。梅洛－庞蒂是波伏瓦19岁在索本大学读书时就认识的朋友。梅洛－庞蒂甚至在某些方面比萨特的思想让她更感兴趣。1945年波伏瓦在《现代》杂志上发表了对梅洛－庞蒂《知觉现象学》的评论，她说："现象学的一个最大的优点就在于取消了主体与客体的两元对立。客体不可能撇开主体来谈，客体必须借助主体，也是以主体作为目的的；主体也是要在与之相关的客体境遇中来呈现的。"然后她指出梅洛－庞蒂用身体主体替代萨特的意识主体更能克服主客对立的二元论，并且暗示："只有以它（现象学）作为基础，才能建构人们能完全地真正地遵从的伦理学。"③1945年2月，波伏瓦试图为她与萨特的存在主义被指责为"虚无主义哲学"做出辩护时说："依我看，要是一个人把毫无希望的欲求变成存在的一种假设的话，他可以以《存在与虚无》为基础

① Margaret A. Simons. The Philosophy of Simone de Beauvoir［M］.Bloomington：Indiana University Press，2006：88.

② Margaret A. Simons. The Silencing of Simone de Beauvoir：Guess What's Missing from The Second Sex［J］.Woman's Studies International Forum，1983，6（5）：559–564.

③ Simone de Beauvoir. Philosophical Writings［M］.Chicago：University of Illinois Press，2004：160.

建立一种伦理观。"①于是她写作了《一种模棱两可的伦理学》一书。她对于伦理学基础的前后两种看似迥异的说法实际上是一致的。关于这点，她在这本书中解释得很清楚：人是为了存在而使自身虚无的存在。这里"为了"实质就是胡塞尔的意识"意向性"。正是这种意识的"意向性"使得人在世界中解蔽自身的存在，世界也向人敞开。而人的存在是虚无，也就是"欠缺"，这种欠缺恰恰是存在得以显现的方式。人使自身成为欠缺，但是又能拒绝作为欠缺的欠缺，确证自身成为积极的存在。那么这其中就隐含失败的可能。为了避免失败，存在主义寻求的不是黑格尔的超越（surpassing）行动，毋宁是一种转化（conversion）。而这种存在主义的转化实质就是胡塞尔的"还原"，即给人的意志（will）加上"括弧"，拒绝绝对目标，让人的存在与通过自身谋划（project）的自由联系起来，这样人才能意识到自身的真实境况。②这就是说，波伏瓦认为存在主义伦理学的起点是人企图成为自在与自为统一的一种欲求（desire），而这种欲求要获得实现，需要通过现象学的还原，悬置一切外在的绝对目的，通过人的自由谋划来获得超越，从而获得自身存在的证成。也只有通过现象学的还原，才能使得人觉悟到自己的真实存在境况，即我们与世界、与他者的真实关系。通过这种"转化"，自我与他者可以互相承认对方的自由与超越，不把对方当成自在的存在来占有，建构一种共同朝向世界、解蔽其中的意义的共在关系。只有这样，在现象学的基础上建构起的存在主义伦理学才能得到普遍遵从。1947 年，笛卡尔主义者阿尔吉埃因梅洛－庞蒂的身体意味着物质与意识、心灵与肉体的含混（ambiguity 又译为模棱两可或暧昧，我在此文中译为模棱两可），贬称其哲学为"含混的哲学"。1949 年，梅洛－庞蒂本人认可这种称呼，他在《行为的结构》一书再版时，干脆把瓦朗斯写的《含混的哲学》作为其序言。③而早在 1947 年波伏瓦出版自己的伦理学专著时，就直接命名为《一种模棱两可的伦理学》，并认为这种伦理学的起点是人的存在的模棱两可性。从这个意义上说，波伏瓦比梅洛－庞蒂更明确地表示了自己哲学的基础

---

① 西蒙·波娃.时势的力量：西蒙·波娃回忆录 [M].谭健，等，译.南京：江苏文艺出版社，1992：82.

② Simone de Beauvoir. The Ethics of Ambiguity [M].Translated by Bernard Frechtman. Secaucus，NJ：Citadel Press，1948：11-14.

③ 杨大春.感性的诗学：梅洛－庞蒂与法国哲学主流 [M].北京：人民出版社，2005：69-71.

是主客一体的，从而是"模棱两可的"。所以哲学家埃德西克认为"含混一词无疑更适合于波伏瓦的姿态"。①从某种意义上，这说明波伏瓦在现象学的立场上更为激进。

在《第二性》中，波伏瓦受梅洛－庞蒂的影响更深，以至于女性主义哲学家萨哈·艾娜玛（Heinämaa Sara）把她的哲学语境归结为"由胡塞尔开创、梅洛－庞蒂发展的身体现象学"，而反对其受萨特与海德格尔的哲学影响。②显然这种说法有些偏颇，但是，的确除了萨特以外，梅洛－庞蒂的身体现象学对波伏瓦影响非同一般，她的《第二性》第二卷的大部分就是通过描述女性的种种身体体验来批判男性对于她们的歧视造成的身心上的伤害。

在萨特与梅洛－庞蒂两者对波伏瓦的影响上，我认为佩内洛普·德切尔（Penelope Deustcher）教授的观点比较准确："梅洛－庞蒂提供的关于身体主体的最为成功的论述对于波伏瓦着重于女性缘身化非常重要。萨特提供了一个更为深入的作为一种谋划的性态（sexuality）思想的阐述，并且这种谋划一旦被政治化就对波伏瓦的女性性态政治化的阐述十分有用。"③而莎拉·海拉玛教授在同一篇文章中，强调现象学于波伏瓦的方法论意义倒是十分中肯，她说："在《第二性》的例子中，我认为波伏瓦主要兴趣不是解释妇女的从属地位，也不是为她们的权利做出辩护。波伏瓦不是在提供社会历史学或文学作品，而是呈现一种现象学的描述。在这种现象学中，她描述了一种名为'女人'的现实（reality），她的目的是分析这种现实的意义。她的作品包含一种对我们以下观念的质疑：女性、女性气质、妇女的从属性以及她们的性态（sexuality）、缘身性［embodiment 又译作具身性，embodiment 的基本内涵可以表述为处境中的身体塑成心灵（the situated body shapes the mind）］，还有自我与他者的关系等等观念。"④的确，波伏瓦深刻理解梅洛－庞蒂对现象学方法的定义："问题

---

① 杨大春. 感性的诗学：梅洛－庞蒂与法国哲学主流［M］. 北京：人民出版社，2005：77.

② Heinämaa Sara. Simone de Beauvoir's Phenomenology of Sexual Difference［R］. Academic Research Library，1999：114.

③ Penelope Deutscher. The Philosophy of Simone de Beauvoir：Ambiguity，Conversion，Resistance［M］. New York：Cambridge University Press，2008：12.

④ Heinämaa Sara. Simone de Beauvoir's Phenomenology of Sexual Difference［R］. Academic Research Library，1999：115.

在于描述，而不在于解释和分析。"①这里的"描述"意味着直接呈现"生活世界"的种种经验、体验，而"解释与分析"则是传统哲学的逻辑分析、推理判断。波伏瓦在《第二性》的序言中交代了她的写作目的之一就是："从女人的观点去描述女人所必需生活的那个世界。"②在《第二性》的第二部《生活体验（lived experience）》中波伏瓦也正是用的这样一种方法来描述女性在实际生活中的各种体验，以寻求这种生活体验背后的意义。

梅洛－庞蒂在《知觉现象学》中专门有一章研究了"作为性存在的身体"，但他主要是探讨身体的性欲，或者说是身体的欲望，他没有区分两性在这种欲望中的差异，没有分析两性在这种欲望的满足过程中的体验上的不同，以及由于这种差异带来的对两性身份认同上的不同影响。换言之，他没有质疑过两性身体体验上的差异及这种差异背后的意义。而波伏瓦却认为男女两性的身体塑成心灵即缘身性的过程中是有着性别差异的。并且这种差异是导致女性的绝对他者地位的原因之一。也正因为这一点，莎拉·海拉玛教授把波伏瓦的《第二性》看成是"性别差异现象学"。③

美国圣路易斯大学迈克尔·D.巴佰（Michael D. Barber）教授如是总结现象学于波伏瓦的意义："现象学渗透了她的生活、观察与体验方式，成为她朝向世界之路。"④从波伏瓦具有的批判质疑的精神与她的哲学注重生活世界的描述的角度看，这种说法有一定的合理性。但是我认为，波伏瓦的现象学与其存在主义哲学是不可分的，正如波伏瓦所处时代的法国哲学既接受了胡塞尔哲学的影响，又受到了雅思贝斯、海德格尔哲学的启发，是现象学与存在主义的联姻。我们不能为了某种方便，把她的哲学简单地强行拆解，更不能把它归结为两者中的任意一种。我认为波伏瓦的哲学立场是存在主义的，现象学于她来说只是具有方法论的意义，只有存在主义才真正符合波伏瓦的哲学与个性气质，成为她的存在方式。迈克尔·D.巴佰教授对她的哲学思想的来源与她的哲学

① 梅洛－庞蒂. 知觉现象学［M］.姜志辉，译.北京：商务印书馆，2001：2.

② Simone de Beauvoir. The Second Sex［M］.Translated by H M Parshley. London：Penguin，1972：xli.

③ Heinämaa Sara. Simone de Beauvoir's Phenomenology of Sexual Difference［R］. Academic Res-earch Library, 1999：114.

④ Michael D. Barber. Wendy O'Brien and Lester Embree. The Existential Phenomenology of Simone de Beauvoir ［M］.Boston：Kluwer Academic，2001：172.

旨趣有一个比较贴切的说法，认为波伏瓦的哲学"聚焦于伦理学，方法是现象学的，信奉的是存在主义"。①

第四节　｜　存在主义本体论与存在主义伦理学

尼采说，一个人"自身会显示认识工具和认识方式的价值"，费希特认为，"一个人选择当什么样的哲学家取决于他本身是个什么样的人"。②这些话放在波伏瓦身上是再恰当不过的。波伏瓦自己也说她选择了做一个存在主义者是很自然的事情，因为存在主义哲学很符合她的性格特质，她说，"假如说我接受克尔凯郭尔和萨特的思想，成为一个存在主义者，是完全自然的事……从孩童时代起，我的气质使我尊重自己的希望和欲望……我已经确信：人，只有人才能对他的生活的方向负起责任，并能充分地把握这一方向"。③所以存在主义对于波伏瓦来说不仅仅是一种思潮、一种哲学，更是她的一种存在方式。在保守的男权文化占统治地位的 20 世纪初的法国社会中，她敢于冲破家庭与世俗传统的枷锁，义无反顾地追求自由的生活，成为那个时代杰出女性的代表，这本身就是存在主义追求个人自由的精神的彰显。存在主义哲学家们在学术上对波伏瓦的影响也不仅仅局限于萨特，比如前面提到的梅洛 - 庞蒂，还有存在主义的鼻祖克尔凯郭尔（Kierkegaard）等都对波伏瓦的思想有启发意义。④因为萨特与波伏瓦的特殊关系，不仅仅是生活上的 50 年无婚姻的特殊情侣关

---

① Debra B. Bergoffen. The Philosophy of Simone de Beauvoir：Gendered Phenomenologies，Erotic Generosities［M］. Albany：State University of New York Press，1997：11.

② 雅克·科莱特.存在主义［M］.李焰明，译.北京：商务印书馆，2004：9.

③ 西蒙·波娃.盛年：西蒙·波娃回忆录［M］.谭健，等，译.南京：江苏文艺出版社，1992：611.

④ Heinämaa Sara 教授认为克尔凯郭尔对波伏瓦的影响重大以至于形成她的哲学方法即反体系重个人体验描述的哲学方法。参见：Heinämaa Sara. Toward a Phenomenology of Sexual Difference Husserl，Merleau-Ponty，Simone de Beauvoir［M］. Lanham：Rowman and Littlefield，2003：6-11.我们认为这种观点有些偏颇，毕竟克尔凯郭尔的思想只是波伏瓦思想的源头之一，而且其分量并没有超过其同时代的存在主义现象学思想家。

系，更因为思想上错综复杂、相互影响的交错关系①，我这里只讨论萨特的存在主义与波伏瓦哲学、伦理学思想的渊源关系。法国哲学的专家高宣扬先生说："在她（波伏瓦）的身上和在她的作品中，人们可以清楚地看到萨特的思想和精神所投射的'影子'。…… 要深入了解萨特的思想，阅读和分析西蒙娜·波伏瓦的著作是很必要的。"②"影子"一说我是不能接受的，因为波伏瓦绝不是被动地反映萨特的思想，而是主动地发展了萨特的思想，并且在哲学上有自己的原创性。当然高先生是从研究波伏瓦的作品有助于理解萨特思想的意义上说的。高先生的话只说了一半，我可以在后面再补充一句"反之亦然"，即要深入了解波伏瓦的思想，阅读和分析萨特的著作也是很有必要的。

萨特的著作比较多，但由于《存在与虚无》（1943 年）一书写在波伏瓦的《一种模棱两可的伦理学》（1947 年）与《第二性》（1949 年）前面，这部著作是系统地表达了萨特存在主义思想的最重要的理论著作，所以，我这里主要讨论这部著作中萨特的思想对波伏瓦的影响。

《存在与虚无》一书的副标题是"对存在的研究"，这一副标题呈现了他的基本的本体论范畴。他的理论出发点是从批判胡塞尔的"现象"这一概念开始。他高度评价了胡塞尔对存在问题的贡献，认为胡塞尔的现象学从事情本身也就是从现象本身入手是近代思想的一个重大成就。但是，萨特认为胡塞尔通过"现象学还原"的方法找到的哲学的起点"先验自我"仍然蕴含意识主体（先验自我）与意识对象（其他存在物）的两元对立。并且这种作为实体性意识主体的"先验自我"与其他意识主体之间仍然无法沟通，从而没有走出"唯我论"的泥潭。萨特认为只有把作为哲学的起点的"意识"更进一步纯化，不仅把事物从意识中清除，而且还要把作为"反思的我思"的"先验自我"清除，最后从"反思前的我思"出发。这种"反思前的我思"是先于作为对象性意识的认识前的意识，是一种纯心理状态，它是纯粹意识，是排除了一切存在的虚无。由于"一切意识总是对某物的意识"的意向性，对作为虚无存在的意

---

① 波伏瓦与萨特之间思想上错综复杂、相互影响的关系让萨特研究的专家也不得不承认："一旦萨特与波伏瓦开始了他们学术上的合作共事，他们各自观点上的差异就很难察觉了。"没有理由去怀疑萨特确实从波伏瓦那里借用过观点。……萨特是一个高明的借用者。"参见：理查德·坎伯.萨特[M].李智，译.北京：中华书局，2002：5.

② 高宣扬.当代法国思想五十年[M].北京：中国人民大学出版社，2005：15.

识显现的物就是"存在的现象",而不是"现象的存在"。"现象的存在"是未被揭示的存在,它超出了人们对它的认识,只为这种认识提供基础。萨特认为作为虚无的意识是一种"自为的存在",而与之对应的"现象的存在"是一种"自在的存在"。前者具有"超越性""否定性",它是一种"是其所不是,不是其所是"的存在;而后者没有任何否定性,是一种"是其所是,非其所非"的存在。①萨特说自己的《存在与虚无》,正是为了回答"自在"与"自为"两分的意味以及解决这样两分的可能性问题。

萨特认为人是唯一能"提问"并且能做出否定性回答,使"虚无"来到世界的存在,所以人即"自为"即"虚无"。意识之所以能够把虚无投射于世界,是因为意识结构本身包含着三重根本性的否定:关于外界的否定、关于自身的否定和对这些否定的否定。而正是这种"否定已经把我们推到自由"。②作为"虚无"存在的人即是自由。"人的自由先于人的本质并且使人的本质成为可能,人的存在的本质悬置在人的自由之中。……人并不是首先存在以便后来成为自由的,人的存在和他'是自由的'这两者之间没有区别。"③这就是萨特著名的论断"人是存在先于本质"的哲学内涵。人的存在与物的存在不同,物是被动的、消极的,没有自由的,不能自己造就自己,所以是"本质先于存在"的;而人一开始来到这个世界是"虚无",是空无所有的存在,人通过"存在起来",通过自己的意愿、自己的行动来造就自身,所以是"存在先于本质"的。正因为如此,所以人要不断自我否定、自我设计、自我筹划,在世界中揭示自身与世界的意义。

在这种自由地创造自身的过程中,人要面临选择,承担起自由选择带来的责任。所以人就会体验到"焦虑"。焦虑是人无法逃避的,或者说人就是焦虑。"我们不可能消除焦虑,因为我们就是焦虑。"④而在现实生活中人们为了逃避焦虑,而选择了"自欺"(bad faith,又译作"坏的信念")。"自欺"的实质是人们为了逃避自由带来的责任与焦虑,否定自身的超越性,把自己的"是其所

---

① 萨特.存在与虚无[M].陈宣良,译.北京:生活·读书·新知三联书店,2007:21-27.
② 萨特.存在与虚无[M].陈宣良,译.北京:生活·读书·新知三联书店,2007:107.
③ 萨特.存在与虚无[M].陈宣良,译.北京:生活·读书·新知三联书店,2007:53-54.
④ 萨特.存在与虚无[M].陈宣良,译.北京:生活·读书·新知三联书店,2007:75.

不是，不是其所是"的自为存在当成"是其所是，不是其所不是"的自在存在或物的存在。萨特认为这里的悖论就是人在否认自身的自由的同时又自由地利用了自己的自由。"自欺"和与之相反对的"本真"（authenticity）这两个概念都是波伏瓦在《第二性》中经常用到的概念。比如，波伏瓦认为，女人通过"自恋"即把自我当成绝对目的或把情人当成绝对目的企图来获得自我实现就是一种"自欺"的自我证成的方式。她认为，人只有在自由的超越性的谋划中才可能本真地获得自我实现、为自己的生活做道德上的辩护。

自为的虚无性、否定性、超越性是人之为人的根本，而自为的"事实性"是人的外在结构，它是人"在世"存在的偶然性，因为这种自为存在首先要有身体的存在，然后是在一定的时空中的存在，身体与一定的时空都是自为存在的处境，"它被抛入一个世界之中，弃置在一种'处境'之中"①。但是人是一种"是其所不是，不是其所是"的否定性存在，他不会让"事实性"阻抑他的自由，他要通过虚无化存在来实现其"超越"。"虚无化既是存在的虚无化，它便代表着自为的存在与自在的存在的原始关系。"②而这种可以虚无化存在的自为存在是一种"欠缺"，人的实在本身就是一种"欠缺"，而这种"欠缺"所欠缺的是"自在存在的自我确定性"，那么人就会不断企图要实现"自为与自在之间的不可能实现的合题"。③这种企图成为自为与自在综合的整体的欲求，萨特称之为"成为上帝的欲求"，是人的"存在的欲望（英文为'desire to be'或'desire of being'）"。这种欲望是不可能实现的，但是人又永远面对这个整体，向着这个整体不断存在，萨特称之为"一种痛苦意识，是不能超越的痛苦状态"。这种存在的欲望是一种激情，但是这种激情又是徒劳的，所以在《存在与虚无》的最后，他得出结论说："人是无用的激情。"正因为如此，人们认为萨特对人的看法较为悲观，而把他的存在主义误解为一种虚无主义。波伏瓦也承认，"存在的欲望"是人作为自由的生存者的基本欲望，要满足这样一种欲望是人的原初的谋划。但是，与萨特不同的是，在《一种模棱两可的伦理学》中，波伏瓦认为，可以把这种欲望用现象学的方式"悬置"起来，放入

---

① 萨特.存在与虚无［M］.陈宣良，译.北京：生活·读书·新知三联书店，2007：115.
② 萨特.存在与虚无［M］.陈宣良，译.北京：生活·读书·新知三联书店，2007：122.
③ 萨特.存在与虚无［M］.陈宣良，译.北京：生活·读书·新知三联书店，2007：127.

"括弧"中，通过"转化"来接受这样一种不可能性，即接受人自身不可能成为"上帝"的现实，通过自身的超越性的自由谋划活动来证成自身。在《第二性》中，波伏瓦也反复提到人有一种"存在的欲望"，"人的根本的谋划是生存者超越自身朝向存在（être）"。（法文版第 104 页）。她认为，从本体论上来说，男人通常希望通过在女人身上非本真地实现这种欲望，而女人总是顺从男人的要求，导致了性别之间的压迫。

萨特讨论了自在的存在与自为的存在两种范畴之后，接着对自为的存在与其他的自为存在的关系问题，也就是他者问题进行了探讨。萨特认为对他者存在的感知首先是不同身体之间的感知，所以他首先用现象学的方法讨论了身体的存在问题。萨特认为人的身体是人的存在的处境，意识不可能像认识其他存在物一样认识身体，"身体是活生生的，不可能被认识的"，也就是说，意识与身体只能是存在性的关系，而不能是对象性的认识关系。他认为身体具有三个维度，一是作为自为的存在的身体，这意味着我使我的身体存在，这时我是主体；再者是"他为"的身体，我的身体被他人认识和利用，我此时对他人来说是客体；最后是我的为他人的身体，我的身体是为我存在的，但是对于他人是为他的客体，我通过作为客体的身体来追求自我的存在。萨特对身体的现象学分析对波伏瓦的启发还是很大，她把这种两性之间的身体关系作为剖析两性之间其他关系的基础。

波伏瓦没有创作过像萨特《存在与虚无》这样的系统阐述哲学本体论思想的著作，再加上她在自己与萨特的思想关系上的谦逊①，所以她生前作为存在主义哲学家、伦理学家的身份，在现代西方思想史上没有得到应有的客观的、

---

① 比如当萨特称赞波伏瓦能更快、更准确地把握一种哲学理论时，波伏瓦将之归因于萨特在哲学方面有自己的观点，而她却完全屈从于她试图把握的论点，完全缺乏创造力。她说"我并不把自己看作哲学家"。（参见：西蒙·波娃.盛年：西蒙·波娃回忆录 [M].谭健，等，译.南京：江苏文艺出版社，1992：243.）而她对"哲学家"的定义是"建立了一个伟大的体系"，如斯宾诺莎、黑格尔和萨特，而她自己却没有，所以她不认为自己够得上哲学家的标准。但是，与此同时，波伏瓦也不允许人们忽略其作品中的哲学意蕴，她在批评《第二性》的英文译者 H M Parshley 时说道："在某种意义上，我仍然是一个哲学家，我研究哲学、有哲学教师资格证书、教授哲学，我的头脑中充满了哲学。我把哲学放入我的书中，这是我看世界的方式，我不允许他们抹杀我这种看世界的方式、探讨妇女问题的维度，如 Parshley 先生所做的那样。"（转引自：Simons Margaret A. Beauvoir and the Second Sex: Feminism, Race, and the Origins of Existentialism [M]. New York: Rowman & Littlefield, 1999: 93.）

公正的评价，①人们往往只承认她在文学上的成就，而在哲学上把她看成萨特的"随从与门徒"，或者所谓的"萨特的明星学生"。

诚然，波伏瓦热爱文学，也倾向于用文学形式来呈现自己的思想。她说比起写哲学著作来，自己更喜欢写文学作品，因为她认为哲学是一种"抽象的声音"，而文学则"可以传播我的经验"。②更重要的是，她认为好的文学作品同样能启发人们深入思考哲学命题，她在《文学与形而上学》一文中说："一部好小说能够激发想象的经验，这些想象的经验像生活着的经验一样完整，一样使人不安。"③我们可以从波伏瓦的文学作品中解读出深刻的哲学意境。比如她的第一部小说《女宾》，由于其浓郁的哲学意蕴甚至让女性主义学者凯特（Kate）与爱德华·富布鲁克（Edward Fullbrook）认为是萨特《存在与虚无》的摹本。④我同意萨特研究专家理查德·坎伯（Richard Campo）的观点，凯特与爱德华·富布鲁克对波伏瓦的这种解读的确有些为过。⑤但这部小说通过讲述一个男子与两个女子的三角关系，来讨论"自我与他者"的问题，的确具有很强的形而上学意味。著名存在主义哲学家梅洛－庞蒂在《形而上学和小说》一文中对该小说做出的评价颇为中肯，他认为波伏瓦把小说当作形而上学的探讨，并且是"一种形而上学文学的发展，一种'道义'文学的终结"⑥。而波伏瓦

① 20世纪50年代介绍存在主义思想的经典著作，美国普林斯顿大学考夫曼（Walter Kaufmann）教授的《存在主义——从陀思妥耶夫斯基到萨特》一书中就没有把波伏瓦收录进去。而在西方有很大影响的另一本介绍存在主义思想的专著《非理性的人：存在主义哲学研究》中，作者威廉·巴雷特（Willian Barrett）也没有提到波伏瓦。美国1967年版的《哲学百科全书》中，波伏瓦也是榜上无名。令人欣慰的是，1998年版的《哲学百科全书》已经把她加入存在主义哲学家的名册了。这种变化首先是由美国女性主义学者M.A.西蒙斯（Simons Margaret A.）带来的。西蒙斯指出了英文版的《第二性》中哲学术语翻译上的错误；研究了1927年波伏瓦的日记，发现波伏瓦在认识萨特之前就有了存在主义哲学上的思考，如自欺的诱惑、遭遇虚无、人的存在证成的外部绝对证据的缺失等等。（参见：Simons Margaret A. Beauvoir and The Second Sex：Feminism，Race，and the Origins of Existentialism［M］．New York：Rowman & Littlefield，1999：185.）

② 西蒙·波娃.闺中淑女：西蒙·波娃回忆录［M］.谭健，等，译.南京：江苏文艺出版社，1992：205.

③ Simone de Beauvoir. Philosophical Writings［M］. Chicago：University of Illinois Press，2004：270.

④ Edward Fullbrook，Kate Fullbrook. Simone de Beauvoir and Jean-Paul Sartre：The Remaking of a Twentieth Century Legend［M］. New York：Basic Books，1994：28.

⑤ 理查德·坎伯.萨特［M］.李智，译，北京：中华书局，2002：4.

⑥ Merleau-Ponty. Metaphysics and the Novel：In Sense and Nonsense［M］. Translated by Hubert Dreyfus and Patricia Allen. Chicago：Northwestern University Press，1964：32.

写的第二部小说《他人的血》，哲学家莫里斯·克兰斯顿（Maurice Cranston）
也将之看成是一部哲理小说，并把其中主要讨论的哲学论题概括为两点："第
一，自由是生活中至高无上的价值；第二，做一个自由的人需要很大的勇
气。"这部小说的卷首题词是陀思妥耶夫斯基的名言："每一个人在所有的人
面前都负有责任。"女性主义哲学家约瑟夫·马翁（Joseph Mahon）认为波
伏瓦的这部小说可以视作"存在主义伦理的预告，它通过赞成一种责任伦理
（an ethics of responsibility）来反对一种本真伦理（an ethics of authenticity）"。
[1]波伏瓦的另一部小说《人都是要死的》试图探索死亡与生命的关系，阐明生
活的意义问题。这个问题也是存在主义的中心论题，所以这部小说与前面两部
小说一起被女性主义学者埃文斯·玛丽（Evans Mary）归纳为波伏瓦的存在主
义小说。[2]波伏瓦的其他文学作品也不同程度地涉及哲学问题，例如她的四卷
本自传。在这部自传中，波伏瓦用优美的散文语言记叙了一个追求独立、崇
尚自由的女性的成长经历。其中谈论了许多哲学问题，如死亡、爱情、友谊
等等，还用哲学的语言分析了她的一些心路历程。所以，哲学家皮拉迪·乔-
安（Pilardi Jo-Ann）认为波伏瓦把哲学变成了自传。皮拉迪认为波伏瓦的自
传是对其著作《一种模棱两可的伦理学》的图解，生动地表现了她在伦理上
的三个观点：第一，自由必须靠赢得，而不是被既定；第二，正是在青少年
阶段，"意向性（intentional）"使得这种靠赢得的自由得以实现；第三，自由
总是被具体实现（比如她自己对资产阶级出身的拒斥与写作的行动）。[3]而托
丽尔·莫伊（Toril Moi）对波伏瓦的自传富含哲理性的评价更高，她认为波伏
瓦的自传是哲学生活化与生活哲学化的典型，它"打破了哲学与生活之间的
区分，以便赋予生活哲学真理和必然性，赋予哲学生活刺激和热情"。[4]事实
上，这也是波伏瓦本人对哲学的看法："哲学与生活不可分。活着的每一步都

---

① Joseph Mahon. Existentialism, Feminism and Simone de Beauvoir [M]. London：Macmillan Press LTD，
   1997：34.

② Evans Mary. Simone de Beauvoir：A Feminist Mandarin [M].London：Tavistock，1985：79.

③ Pilardi Jo-Ann. Philosophy Becomes autobiography，In Writing the Politics of Difference [M].Albany：
   SUNY Press，1991：112.

④ 加里·古廷 .20 世纪法国哲学 [M].辛岩，译.南京：江苏人民出版社，2005：200.

是一种哲学上的选择，一种名副其实的哲学理想应该是能够证成生活本身的生活方式。"①

波伏瓦与萨特是同时代的哲学家，受到的是基本相似的哲学教育，他们的思想同样置于当时的法国现实与西方哲学的传统之中，只是两者的理论侧重点不一样。萨特热衷于哲学本体论的研究，而波伏瓦的兴趣却在哲学伦理学之上。萨特在《存在与虚无》一书的最后许诺要写一部伦理学著作，出于某些原因他一生都未完成此项承诺。1983年，他逝世以后出版的《伦理学笔记》也只是一些零散的有关道德的哲学思考。而波伏瓦在战后就开始对道德问题产生兴趣，在《现代》杂志上发表的四篇理论文章中，有三篇对现实生活中的道德问题做出了理论上的探讨。1947年，波伏瓦出版的《一种模棱两可的伦理学》是当时法国唯一一部存在主义伦理学的专著。在《第二性》中，波伏瓦开宗明义地交代自己是从存在主义伦理学的视角来谈女人问题，可见她的关注点还是在伦理学上。可以说她的哲学的原创性与其在哲学史上的贡献也正是在此。

萨特对波伏瓦的最主要的影响表现在，他的存在主义哲学为波伏瓦的伦理学思想与女性主义思想提供了一个本体论基础。如上所述，虽然波伏瓦用文学的形式就某些哲学论题做了形而上学的探究，但她没有对自己的哲学思想做过系统的论述，她在自己的著作中直接把萨特的本体论思想作为引申，形成自己伦理思想的哲学基础。在《一种模棱两可的伦理学》中，波伏瓦把萨特的存在主义本体论思想概括为一句话，即"萨特告诉我们，人是'一种为了可能存在的存在而使自身欠缺存在的存在'"。②在《第二性》中，她反复表明自己的存在主义的立场。也就是说，波伏瓦赞同萨特的人学本体论观点，认为人是没有确定本质的欠缺性的存在，正是这种欠缺把人这种自为存在与其他属于完满存在的自在存在区分开来，人能通过自为的意识的意向性的活动，通过自身的谋划，也就是通过自由选择的行动，来证成自身，揭示人与世界存在的意义。也正因为，人是欠缺，是虚无，人才是自由的，而人有自由，也意味着必须承担这种自由带来的责任。这样，波伏瓦就把人的自由作为存在主义伦理学的绝对起点。她把存在主义伦理学命名为"一种模棱两可的伦理学"，这

---

① Simone de Beauvoir. Philosophical Writings [M]. Chicago：University of Illinois Press，2004：217-218.

② Simone de Beauvoir. The Ethics of Ambiguity [M]. Translated by Bernard Frechtman. Secaucus：Citadel Press，1948：11.

种"模棱两可性"既是指萨特认为的人的实在（human reality）是"自在"与"自为""事实性"与"超越性"的不稳定的综合的模棱两可之蕴，也是指因为人的存在的这种本体论上的模棱两可性。所以人在道德选择上没有确定的答案，没有绝对的标准可供参考。当然萨特存在主义哲学的模棱两可性不仅仅体现在这两个方面，还体现在他的其他哲学范畴如"存在与本质""认识与意识""人的存在的暂时性（一个稳定的两分体：存在与虚无）"等等的含混性上。正如我国萨特哲学研究专家杜小真教授指出的，"实际上可以说萨特的整个哲学论述的都是人的实在的模棱两可性"①。

波伏瓦与萨特一样认为人没有先天的、现成的本质，人需要通过不断地超越，不断地自由选择的行动，来赢得自身存在的价值与意义。但是，波伏瓦与萨特在人的本体论上的观点还是有细微的差异。萨特把存在分为"自在存在"与"自为存在"这样两个绝对独立的领域，前者指人的意识之外的客观的、现实的存在，后者指意识的存在，萨特认为这两个领域具有"不可交流"的特征。②并且认为人的存在之所以能从其他存在中脱颖而出，正是人的自为存在的否定性与虚无性，这是人与其他存在物的区别所在。这一方面反映了萨特接受了法国新黑格尔学派的影响，把人与自然界看成是对立的存在的思想；另一方面，萨特把人看成本质上是否定性的、可以虚无一切存在的自为存在，是为了突出人的自由，突出人的意识的超越性与创造性，彰显人的价值与尊严，这反映他的思想的理想主义的特质。正因为如此，美国哲学家威廉·巴雷特（William Barrett）才会对萨特做出这样的评论："萨特关于自由的理论并不能真正包括具体的人，那是同时由肉体与心灵组成的不可分割的整体，既是自在的，又是自为的；而是这一完整情况的一个孤立的方面，永远处在存在的边缘的人的方面。"③波伏瓦在某种程度上比萨特更现实，她认为人根植于地球上，人通过意识可以超越自身的自然存在，却永远无法逃避这种自然的、物质性的存在，"他（人）作为一种意识的存在仍然是这一世界的一部分"④。也就是

---

① 杜小真.萨特引论［M］.北京：商务印书馆，2007：160.

② 萨特.存在与虚无［M］.陈宣良，译.北京：生活·读书·新知三联书店，2007：23.

③ 威廉·巴雷特.非理性的人［M］.段德智，译.北京：商务印书馆，1995：256.

④ Simone de Beauvoir. The Ethics of Ambiguity［M］. Translated by Bernard Frechtman. Secaucus：Citadel Press，1948：7.

说，她认为人是一种物质性的存在与意识性的存在的模棱两可的二重性存在。正如前文我讨论过的，在某种意义上，在人学本体论上，波伏瓦其实更接近梅洛 - 庞蒂的思想。在《现代》杂志上发表的对梅洛 - 庞蒂《知觉现象学》的评论的一文中，波伏瓦赞同梅洛 - 庞蒂的身体现象学，认为梅洛 - 庞蒂把身体灵性化、心灵肉身化，这意味着他认为人是物质与意识、心灵与肉体的模棱两可的双重的存在。她认为梅洛 - 庞蒂的意识"不是一种纯粹的自为存在，即后来被萨特采用的黑格尔的术语，是一个'存在中的孔洞（hole in being）'，毋宁是'一个空洞，一种折叠（a hollow，a fold ）'"[①]。这说明波伏瓦看到了梅洛 - 庞蒂与萨特在本体论上的关键差异，即前者通过身体的知觉来沟通主客体，而后者建立在纯粹虚无的意识之上，无法打通自在存在与自为存在的通道，最后自在与自为的综合就只能是"无用的激情"。而波伏瓦认为人是模棱两可的在世存在。换言之，她的主体不是萨特那种纯粹的意识存在，而是缘身化的意识存在。这说明她比萨特更加具有人的在世存在的处境意识，并且更重视人在世存在的有限性这一层面。她在自传中也强调了自己在这一方面与萨特的区别，比如她在说到自己与萨特一样相信"只有人才对他生活的方向负起责任，并能充分地把握这一方向"以后，又特意补充道："但我从未忽略那令人头晕目眩的空虚，从未忽略潜伏在人的所有冲动之中的那一片黑暗。"[②]

　　基于这种本体论上的差异，波伏瓦与萨特相反，认为人虽然是自为的意识存在，人可以超越却不能完全逃离自身作为肉体的存在或物质性的存在，那么有时候这种物质性的存在就会对人的自由造成一定的限制，比如人的肉体上所遭受的伤害与死亡。这样一来，波伏瓦由于比萨特更加具有人在世存在的处境意识，所以她更重视外在的客观条件对主体自由的影响，比如她认为男权制社会条件下的妇女就没有完全的自由。而萨特在早期的哲学中，并不承认人的自为存在的自由会受到任何客观外在条件的限制，他要论证的是作为主体的人的绝对自由。在他看来，无论是人的身体上的残疾，还是人的死亡，都不能构成对主体自由的伤害，甚至他认为监狱中的囚徒都有谋划越狱的自由。早在萨特的《存在与虚无》出版之前，与波伏瓦讨论"境况与自由"的关系时，波伏瓦就反对他的这种绝对自由观，后来，某种程度上，萨特受到

① Simone de Beauvoir. Philosophical Writings［M］. Chicago：University of Illinois Press，2004：163.
② 西蒙·波娃. 盛年：西蒙·波娃回忆录［M］. 谭健，等，译. 南京：江苏文艺出版社，1992：611.

了波伏瓦的影响，他对自己的这种绝对自由观做出了修正，在《辩证理性批判》中，开始考虑某些境况对自由的限制。在自由的问题上，波伏瓦与萨特的不同还不仅限于此。再比如在《一种模棱两可的伦理学》中，波伏瓦论证了自我与他者的自由并不必然是冲突的。她认为，由于人是在世存在的，人要与世界和他者发生关系，解蔽自身与世界的意义，而他人的自由提供与扩大了这种解蔽的可能性，所以为了促进自我的自由，我们不仅必须而且应该维护他人的自由。由于萨特在《存在与虚无》中把人的意识界定为"虚无"或"否定性"，那么自我的意识必定要虚无化或否定任何存在，这其中就包括他者的存在，所以他得出自我与他者的关系必定是冲突的、相互否定的。在萨特看来，构成对自我的自由威胁的就只有他者的自由。他后来在《存在主义是一种人道主义》的演讲中，提出用"牵涉自由"来修正这种主体绝对自由的观点，他说："只要牵涉存在，我们就不得不在我要求我自己的自由的时候，同时也要求他人的自由。"①但这只能说明其自由理论的矛盾性，并不能从根本上消除其自由理论中对他人自由的否定色彩。而波伏瓦在这个问题上所做的努力，不仅给存在主义解决"他人问题"引入了一个新的视角，也为人们对存在主义哲学的责难做出了很好的辩护。更重要的是，这反映了波伏瓦在哲学上的创新能力。

因此，我认为，波伏瓦在萨特的存在主义哲学的框架中，建构了自己的存在主义伦理学的理论，但是她绝不是简单地套用萨特的哲学，她做了自己的创造性的转化与发展。这种转化与发展不仅表现在《一种模棱两可的伦理学》一书中，更表现在她的力作《第二性》中。在《第二性》中，波伏瓦在用萨特的哲学概念时做了很大的创造性转换。也正因为波伏瓦对萨特存在主义哲学概念的这种转换，使得她对于存在主义哲学做出了卓越的贡献，正如当代美国哲学教授加里·古廷（Gary Gutting）所评价的："波伏瓦是为存在哲学做出重要贡献的人，这些贡献是在她的小说、回忆录和关于社会问题的论文中。虽然基本上出自萨特存在主义的框架结构，可她提供了关于自由与个人之间关系的与众不同的观点；而且最重要的是，在《第二性》中，她以一种非常有力的和有独创性的男女平等主义的表述展开和改写了存在主义的范畴。"②

①万俊人. 萨特伦理思想研究［M］. 北京：北京大学出版社，1988：75.

②加里·古廷. 20 世纪法国哲学［M］. 辛岩，译. 南京：江苏人民出版社，2005：197.

如前所述，萨特把存在分为"自在存在"与"自为存在"，他把人看成是"自为存在"，而人之外的所有存在都是"自在存在"，人由于其意识的意向性，可以超越任何其他存在，所以具有"超越性"。而"自在存在"是有惰性的，只能通过作为"自为存在"的意向性活动才能显现出来。萨特并没有把"内在性"作为"自在存在"的特性。①而在《第二性》中，波伏瓦把"内在性"与"超越性"用作一对相对的范畴，用它们来指称人的意识的两种截然相反的状态。波伏瓦的"超越性"概念与萨特所描述的人的意识的特性基本相似，指人的意识的创造性、开放性。而"内在性"则刚好相反，是指人（意识）的这样一种对待生活的态度，即拒绝把自身当成历史生成的存在，拒绝把自身看成是朝向未来的开放性存在，拒绝自己的自由存在，概而言之，是一种把自己当成物的存在、自在的存在的生活态度。"超越性"在萨特那里是一个描述性的概念，但是，在波伏瓦这里，它与"内在性"一起构成了一对规范性的概念。也就是说，波伏瓦认为只有实现自身的"超越性"，人才能为自己的生活做出道德上的辩护。如前所述，与萨特不同的是，波伏瓦不认为人只有超越的一面，人应该是既具有"超越性"又存在"内在性"的模棱两可的存在。但是，在男权社会中，女性被当成"内在性"的化身，而男性成为"超越性"的化身，这样就使得女性没有超越的可能，从而造成她们的"第二性"的地位。波伏瓦认为这样的社会制度是不合理的，对于女性来说是不公正的。男性为了自身的"超越"而把女性限制在"内在性"的活动中，是对女性的压迫；与此同时，女性若自愿成为男性的同谋，甘愿成为男性的附属物，成为只具有"内在性"的存在，则自身应当承担道德责任。

而且，波伏瓦将存在做出这种"超越性"与"内在性"的两分，不仅仅是来源于萨特的本体论，实际上也是根源于西方哲学传统的两元思维，这种两元代表文化与自然、身体与灵魂、超越生命的自由创造性与纯粹生命的重复性等等的对立两分。

总而言之，《第二性》的女性主义伦理思想深深根植于西方哲学历史传统的土壤之中，它的思想的哲学背景比较复杂。它不仅受到上面提到的这些思想家的影响，还受到卢梭、弗洛伊德、列维-施特劳斯等人的启发，所以我们在分析其思想的时候，不仅应把它放在当代法国哲学的语境之中，也应将之置于西方思想史的大背景之下，这样才能既找到其思想的源头，又发掘出波伏瓦在哲学上的创新点。

---

①萨特.存在与虚无［M］.陈宣良，译.北京：生活·读书·新知三联书店，2007：24.

第二章

《第二性》的哲学基础

在《第二性》中，波伏瓦虽然没有像萨特的《存在与虚无》那样，做抽象的纯哲学理论的分析，她的视角是全方位的，有社会历史的、文化史的，甚至还有文学批评的，但是从整个《第二性》中所表现出来的女性主义伦理思想来看，这些都是建立在波伏瓦的存在主义哲学思想的基础之上的。换言之，波伏瓦的哲学思想既是她的女性主义伦理思想的理论基础，也是其对女性所受的压迫进行道德分析与伦理批判的思想武器。因此，辨明波伏瓦哲学思想的实质及其与她的女性主义伦理思想的内在联系，是我们对《第二性》做出伦理学解读的基本理论前提。

第一节 ┊ 自由超越性与模棱两可性

波伏瓦虽然没有像萨特一样做过关于人的本体论研究，但是她在其哲学论著及其他著作中也表达了她对于人的存在的基本看法。梳理她在人的问题上的基本观点是理解其伦理思想的起点。以时间为顺序，从她最早的哲学论著开始考察，一直追寻到《第二性》这部波伏瓦女性主义伦理思想集中体现的著作，我们可以发现虽然她在不同的阶段用了不同哲学术语，但是，其实她的人学观还是一以贯之的，即人既是一种自由超越性的存在，人的存在条件又具有一种模棱两可性。

与萨特一样，波伏瓦认为人是一种自为的、意识的、自由的、超越性的存在，这是人区别于其他存在的根本点。人的生活有两种存在方式，一种是永远不变的保存自我的存在方式；另一种是超越自我的方式。波伏瓦认为倘若人的所有活动都仅仅是保存自我，那么活着就只是不死，而"人的生存是有别于荒诞的植物的，一个生命只能通过在保存自身的同时超越自身，而且这种超越除了主体自身给的限制以外没有其他限制"。若人为地限制他人的这种超越就是对他人的一种压迫。①人是自由的存在，或者说人就是自由，"他不能决然地意愿自己不自由，因为这种意愿将会导致自我毁灭"②。而自由就是一种自己设定目标的谋划的自由，就是一种自我超越。也正是这种不断自由的谋划揭示人的存在意义。波伏瓦认为人的重复性的无意义的活动没有体现人的特性，不是一种超越，若强迫他人做这样的事情也是对他人的压迫，比如强迫别人先挖沟再填沟，或要求一个小学生反复地抄写等等。

波伏瓦又指出人的存在条件是模棱两可的。她从各个层面描述了人的存在的模棱两可的矛盾性：生与死，主体与客体，意识存在的超越性与身体存在的事实性，人的存在在时间上的永恒性与暂时性，人存在的个体性与群体性，还有人既是在世的存在又能与世界保持距离并对世界提出问题、给予其意义，等等。这样，波伏瓦用"模棱两可性"揭示了人在世界中存在，与世界不可分的"在世"存在的一面，还有人与他者不可分的"共在"的一面，充分显示了她在人的问题上的处境意识与辩证眼光。她认为大多数哲学家都试图逃避这种人在存在上的紧张关系，用人两级存在中的一极反对另一极，比如唯物主义哲学家把人归于物质性的存在，而唯心主义哲学家把人归于精神性的存在。她特别批驳了黑格尔很机巧地企图调和精神与自然的两极，认为黑格尔"拒绝人的条件的任何一极并调和所有这一切"的这种"伟大的乐观主义"是荒谬的。③波伏瓦认为在现代哲学中只有克尔凯郭尔才开始承认人的存在的模棱两可性。波伏瓦认为人的存在的这种模棱两可性是悲剧性的，它是不可克服、永恒存在的，并且这种人在存在上的矛盾性在现代社会凸显得更为尖锐。现代社会的技术与

---

① Simone de Beauvoir. The Ethics of Ambiguity [M]. Translated by Bernard Frechtman. Secaucus: Citadel Press, 1948: 83.

② Simone de Beauvoir. The Ethics of Ambiguity [M]. Translated by Bernard Frechtman. Secaucus: Citadel Press, 1948: 33.

③ Simone de Beauvoir. The Ethics of Ambiguity [M]. Translated by Bernard Frechtman. Secaucus: Citadel Press, 1948: 3.

工业导致人与自然的对立日益突出，"人越是广泛地掌控了世界，也越是发现自身被不可控制的力量撞击。尽管人们掌握了原子弹，但是它的创造只是为了毁灭他们"①。面对这种境况，现代哲学却失去了古代哲学向人们揭示人的存在意义与价值的功能，在此种情况下，波伏瓦认为存在主义伦理学就更凸显其必要性与现实意义。因为波伏瓦认为存在主义伦理学是唯一建构在人的存在的模棱两可性的基础之上的伦理学，它既能直面人的有限性、自然性的一面，又能尊重人的价值与尊严。波伏瓦这种对现代哲学的批判与海德格尔对于现代技术"遗忘"自身存在的"真实根基"，追求对"自然"的普遍化控制的批判是一脉相承的，在某种意义上，海德格尔哲学的真谛也是"两难境地下的伦理学"。②

人的存在的模棱两可性实质上就是人的存在的不完美性。1960 年，波伏瓦在回忆录中坦率地承认了自身存在的这种不完美给她带来的痛苦与不安，表达了从自身经验中领悟到的人类存在的两重性的观点。波伏瓦认为自己是一个自制力很强的人，但是她不得不承认她在年轻时无法抑制的身体上的欲望像一种疾病一般，让她既感到苦闷又感到羞耻。她说："从我自己的实际情况判断，精神从来不孤立地存在于肉体之外，而我的肉体却大大地损害了我自己。……我的理智无法屈服于我那强烈的欲望。我全身心地领悟到人类并不是完美无缺、尽善尽美地生存着。人遭受着他那动物性的暗算和残忍不堪的戕害。"③

波伏瓦认为正是人的存在的不完美性使得道德不仅可能而且必要。因为人有意识，能超越现实，构建理想性的存在，所以人可能有道德；而人又有脆弱的一面，或者说是不完美的一面，如人的意识依赖于身体，并可能受制于外力的侵害，个人的存在依赖于他人的存在，等等，所以人又需要道德来保证个人与社会的生存与延续。波伏瓦还特别指出上帝是不需要道德的，因为上帝的"是"与"应该"之间没有间距，他是自因的完美的存在；而若把人仅仅看成自然的存在物也不可能有道德，因为自然的存在物的本性是"既定（given）"的，没有从"是"走向"应该"的可能。只有人这种既区别于神又能超越自然

---

① Simone de Beauvoir. The Ethics of Ambiguity [M]. Translated by Bernard Frechtman. Secaucus: Citadel Press, 1948: 9.

② 佘碧平. 现代性的意义与局限 [M]. 上海：上海三联书店，2000: 38.

③ 西蒙·波娃. 盛年：西蒙·波娃回忆录 [M]. 谭健，等，译. 南京：江苏文艺出版社，1992: 70.

存在的存在才可能并且必须有道德。并且存在主义认为人是追求"自在"与"自为"统一的存在,而这种统一的理想是永远也不可能实现的,所以在这种追求中又隐含了失败,正是这种失败使得道德成为必要,"没有失败就没有道德"①。因此,存在主义为伦理学提供了哲学基础,这种伦理学就是模棱两可的伦理学,它是建立在人的存在的模棱两可性之上的,也就是建立在人的自由的基础之上,因为模棱两可意味着没有确定的本性,人的存在的理由是"由存在本身创造的"②,即人是靠自身的自由行动来证成自身的存在。模棱两可绝不是荒谬,因为荒谬是不相信任何意义与价值,而模棱两可是指意义不是确定的,不是有着外在的绝对来保障的,而是要"靠持续不断的行动来赢得"。③在波伏瓦看来,模棱两可的伦理学比建立在某种固定的人性之基础上的其他伦理学理论更具合理性,只有这种模棱两可的伦理学才能使得"关于生命与死亡、隔绝与联系、自由与奴役、卑微与高尚的真理最终澄明出来"。④波伏瓦认为对于人的存在的模棱两可性的否定可能造成对他人的压迫,成为道德上的恶,比如暴君。"暴君把自身确立为一种超越性的存在,把他人视为纯粹的内在性的存在,这样他就可以傲慢地认为他有权把他人当作牲口处置。我认为他对于自己行为的诡辩是以此为基础的:所有人的存在都是模棱两可的,但他为自身仅保留超越性的一面来证成自身;另一方面,他认为他人是偶然的、不能证成自身的内在性存在。"⑤

在《第二性》中,波伏瓦对"人是什么"这一问题做出了同样的回答,这些回答也成为她对于父权社会中女性受压迫的道德批判的理论根据。在该书的

① Simone de Beauvoir. The Ethics of Ambiguity [M]. Translated by Bernard Frechtman. Secaucus: Citadel Press, 1948: 10.

② Simone de Beauvoir. The Ethics of Ambiguity [M]. Translated by Bernard Frechtman. Secaucus: Citadel Press, 1948: 43.

③ Simone de Beauvoir. The Ethics of Ambiguity [M]. Translated by Bernard Frechtman. Secaucus: Citadel Press, 1948: 129.

④ Simone de Beauvoir. The Ethics of Ambiguity [M]. Translated by Bernard Frechtman. Secaucus: Citadel Press, 1948: 9.

⑤ Simone de Beauvoir. The Ethics of Ambiguity [M]. Translated by Bernard Frechtman. Secaucus: Citadel Press, 1948: 102.

序言中，她清楚地表明自己是存在主义伦理学的立场，认为每一个主体都应该通过谋划来具体地确证自身的作为超越性的存在。也就是说，她再次表达了人是自由的、超越的存在的观点。她认为人的自由选择具有无限性的特征，人只有不断地去追求别的自由，才能获得自由。只有这样才能为自身的存在进行辩护。与此相反，超越若是陷入内在或停滞，人就会退化为"自在"，即受既定（given）环境支配的野蛮生命，而退化的自由也会成为强制与偶然。若主体同意这种退化，那就是他自身的道德过错；若这种退化是强加于他的，那就是对他的压迫。这两种情况都是绝对的恶。①在父权制社会中，波伏瓦认为这两种"绝对的恶"在女性身上都存在，前者是女性在无知或者是为逃避自身责任的情况下，同意了自身退化为自在的存在；后者是男性为了自身的超越，强迫女性成为自在的存在。在某种意义上来说，波伏瓦的《第二性》从头到尾，都是在批判存在于女性身上的这两种道德上的恶。

在《第二性》一书中，波伏瓦把人是"模棱两可"的存在这一观点也一以贯之。她认为男女两性都既有超越性的一面，又有内在性的一面；既是肉体性的存在，又是精神性的存在；既是有限的存在，又是能超越有限存在的存在，总之，人是模棱两可的二重性存在。"在两性中上演着同样的肉体与精神、有限与超越的戏剧；两性同样受着时间的侵蚀，都在等待死亡。"②在父权制背景下，问题在于男权社会把女性禁锢在内在性的、肉体性的层面，没有提供给她们与男性同等的超越自我的机会，这就是社会对于女性的制度性的不公正；在个体层面，男性仅仅把女性当成肉体性的存在，忽视她的超越性的一面，就是男性对于女性的不道德。在波伏瓦看来，这种不公正与不道德对男性最终也是没有好处的，因为女性会想方设法反抗强加在她身上的命运，要么把男人也拖入内在性的牢笼，要么自己成为超越者、站在男性的对立面来支配他。这样一来，男女两性的关系就成为"面对面的斗争；自由的一方都不想承认对方，并都想支配对方"③。波伏瓦认为解决问题的方法，除了社会制度的安排上公平分配两性的权利与义务外，两性本身应该承认双方都是模棱两可的双重性存在，

① Simone de Beauvoir. The Second Sex［M］. Translated by H M Parshley. London：Penguin，1972：xl-xli.

② Simone de Beauvoir. The Second Sex［M］. Translated by H M Parshley. London：Penguin，1972：728.

③ Simone de Beauvoir. The Second Sex［M］. Translated by H M Parshley. London：Penguin，1972：717-718.

既不把对方仅仅归于肉体的、自在的、内在性的存在，也不是仅仅只看到其超越性的一面，"若双方都以清楚明白的谦逊态度去接受这种模棱两可性，双方都保持本真的自豪的相关性，他们会将彼此视为平等的人，就会和睦地演出他们的性爱戏剧"①。只有这样才能使双方都获得自由，使得平等、友爱的两性关系得以实现。

在《第二性》中，波伏瓦的人学观除了上面这两个维度以外，还增加了一个历史的维度，也就是说，她除了认为人是超越性的存在与人的存在条件是模棱两可的，还把人看成是历史的存在。这样一种用历史的眼光来审视人的存在的思维方式，在她的早期哲学论著中很少见到，她的早期哲学论著大多都写得较为抽象，缺乏历史的厚重感。事实上，波伏瓦自己也意识到了这个问题，她尖锐地批评自己的《一种模棱两可的伦理学》一书，说这是她的"所有的书中最令她丧气的"，因为写得过于抽象、脱离社会与现实。她认为自己在该书中的描述"明显地受了黑格尔观念的影响，而且，甚至比他的描述更武断、更抽象，因为它们没有同历史发展相联系……我错误地认为，我能脱离一个社会的氛围来界定一种伦理观"②。因此，在写《第二性》一书时，波伏瓦除了从哲学层面来考察女性，还从历史的、社会的视角去分析女人问题。正如托丽尔·莫伊教授正确指出的，"没有从萨特的本体论转向到社会学和政治学，《第二性》不可能写成"③。由此可见，波伏瓦的哲学思想既有连续性的一面，又有不断自我更新、发展的一面。相比之下，历史的、社会的维度在萨特的《存在与虚无》中也是没有的，而在他的《辩证理性批判》中倒是可以找得到，前者是他的抽象的个人自我本体论，后者才是他的社会本体论，但是后一部作品是在 1956 年至 1962 年之间完成的。万俊人教授指出萨特的人学本体论向"历史人学"的最初转化是在 1952 年发表的《共产党人与和平》一书中。当时，在梅洛-庞蒂的批评下，萨特对自己早期的个人绝对自由的观点做了修正，认为历史的总体性规定着个人自由的可能性。但是万教授同时指出这种转化并不充分，只能算

---

① Simone de Beauvoir. The Second Sex [M]. Translated by H M Parshley. London：Penguin，1972：728.

② 西蒙·波娃. 时势的力量：西蒙·波娃回忆录 [M].谭健，等，译.南京：江苏文艺出版社，1992：83.

③ Toril Moi，Simone de Beauvoir. The Making of an Intellectual Woman [M].Cambridge：Blackwell，1994：15.

是他在《辩证理性批判》完成其辩证的历史人学的铺垫。①而波伏瓦的《第二性》1949 年就出版了。这说明波伏瓦在这一点上的转化并不是与萨特同步的，她比萨特更早接受了马克思主义的历史唯物主义影响。

前文中我已经指出，由于马克思主义的这种影响，波伏瓦在《第二性》中对人做出了这样的论断，人既是自我造就的，也是社会与历史的产物。社会与历史是不断发展变化的，因此人也是不断发展变化的。没有永恒不变的人性，女人与男人一样都是在历史中造就的，没有"永恒的女性气质"。由于增加了这样一种视角，波伏瓦对男性用生物学理论来论证女性屈从地位的合理性的观点的批判，就显得更为充分、合理和有力度。"除了有意识的个体通过行动在社会内部所呈现的现实，没有任何真正活生生的现实。生物学不可能回答我们的这个问题：为什么女人是他者？我们的任务是发现女人的本性在历史的整个过程中是怎样受影响的；我们很想搞清楚，人类是怎样造就女人的。"①通过这种历史考察，波伏瓦认为整个一部人类文明史，从某种意义上说，同时也是男人与男权社会造就作为"第二性"的女人的历史。这种状况在工业革命以后有所改善，但并没有从根本上得到改变。正因为如此，波伏瓦期望为女性指出一条改变这种历史的妇女解放之路。

在《第二性》中的历史维度，除了表现在用历史分析方法来分析人的生成过程这样的方法论上的意义以外，还体现在波伏瓦对马克思主义历史观的认同上。马克思主义认为人类历史首先是生产劳动实践的历史，在生产劳动实践中，人改造自然与人本身，劳动创造了人。人区别于动物的地方就在于能从事创造性的生产活动。如前所述，在《第二性》中，波伏瓦接受了马克思主义这样一种人性论与历史观，并用它来分析女人问题。波伏瓦认为由于女人没有像男人一样参与社会性的生产劳动，而是停留在"内在性、重复性"的活动如家务劳动与生儿育女的活动之中，停留在动物性的活动水平，所以没有获得人性的充分、完全的发展，这是造成她们的屈从地位的主要原因。

综上所述，在《第二性》中，波伏瓦既有存在主义视角，又具备马克思主义历史唯物主义的维度，全面、深刻地描述与分析了女性在男权社会成为"第二性"的问题。在《第二性》第一卷的第二部"历史"中，波伏瓦主要是用马

①万俊人. 萨特伦理思想研究［M］. 北京：北京大学出版社，1988：192-194.
② Simone de Beauvoir. The Second Sex［M］. Translated by H M Parshley. London：Penguin，1972：37.

克思主义的人学观作为分析女性问题的哲学基础。她通过考察游牧时期一直到
19 世纪 40 年代即波伏瓦所生活的时代，这一段漫长的人类社会历史，来分析
不同历史时期女性的不同处境。而在《第二性》整个第二卷"生活经验"中，
波伏瓦都是在分析不同类型、不同年龄、不同处境中女性的个人的生活经验如
何造就"第二性"的具体过程，显然这是用存在主义现象学的方法来研究女人
问题，主要以存在主义人学观作为其哲学基础。因此，一方面，波伏瓦的存在
主义视角使她注意到两性存在的个性心理层面；另一方面，历史唯物主义的维
度又使她超越个人层面，而从社会历史背景中分析两性关系中存在的问题。即
是说，她既用存在主义现象学的方法来看待两性关系，又把这种关系放在历史
中考察。这样就使得她从"女人是什么"这一问题出发，得出"女人应该是什
么"的结论更具有全面性与合理性。但是，这样一种用两种不同的哲学人学观
作为其理论基础并不是没有问题，因为毕竟马克思主义哲学与存在主义哲学的
出发点与理论进路是不一致的。所以我们在分析波伏瓦的女性主义伦理思想时
要注意到，由于她的伦理思想融合了两种哲学基础，那么一些基本哲学概念在
她那里就有不同指称，比如"处境"，有时是存在主义现象学上的"个人境
遇"的意义，有时又是马克思主义哲学中的"社会存在"的意旨。再者，我们
还要注意她用这样两种哲学作为基础来解释女性的从属地位的问题是否有不相
容之处，比如到底是女性个人逃避自由，选择"自欺"，造成了自身的"第二
性"的附庸地位，还是完全是父权制的社会境况造成了女性的压迫？若是两种
情况兼而有之，那么具体的道德过错又如何来责成？萨哈·艾娜玛教授认为，
波伏瓦这一著作中隐含的一些矛盾可以通过对其作品做现象学解读来解释，特
别是通过把波伏瓦理论的起点看成胡塞尔的"活生生的身体"，而这一身体本
身就是矛盾的存在物：它既是生物科学的对象，又是一种意志的工具；它既是
一种物质，又是灵魂的表达，这样就可以理解波伏瓦思想内部的冲突性了。[①]
我认为，这只能解释波伏瓦思想中的部分矛盾，因为这些矛盾的根源还在于波
伏瓦女性主义伦理思想建立的本体论基础的不一致，如前所述，由于波伏瓦的
哲学背景较为复杂，还不仅仅是马克思主义与存在主义现象学的交织，她还吸

---

① Heinämaa Sara. Toward a Phenomenology of Sexual Difference Husserl，Merleau-Ponty，Simone de Beauvoir
　［M］.Lanham：Rowman and Littlefield，2003：xii-xvi.

收了黑格尔理论中的一些元素，正如伊娃·隆格伦－约特林（Eva Lundgren-Gothlin）教授所指出的："在《第二性》中包含的一些矛盾可以用基于不同本体论之间的冲突来解释。"①

<h2>第二节 ┊ 境况与自由</h2>

　　波伏瓦把人看成自为的、自由的、超越性的存在，与此同时，又认为人的存在条件是模棱两可的，这里是否存在着她的人学观上的矛盾或不一致呢？我认为答案是否定的。人是自为的、自由的、超越性的存在，这是波伏瓦与萨特共同的观点，是从人这种存在与其他存在的根本区别这一视角得出的结论；而人的存在条件是模棱两可的，是她从人的在世存在的整体性这一角度来描述人的存在的状况与特征。这个特征既有区别于其他存在的地方，如人的主体性、意识性等，又有人与其他存在相同之处，如人的客体性、自然性等。对于后者，伊娃·隆格伦－约特林认为其是波伏瓦与萨特不一致的地方，并且认为也正是这一点说明，在哲学本体论上，"海德格尔对波伏瓦的影响强过萨特对她的影响"。②我认为，虽然海德格尔的影响于波伏瓦来说意义重大，但是还不至于超过萨特对她的影响。在人的存在的模棱两可性上，波伏瓦的确与萨特那种从纯粹的意识出发，把自在与自为、人与自然对立起来的哲学不完全一致，但是萨特的人学本体论本身也包含这样一种模棱两可，如人的存在特性上的超越性与事实性的模棱两可，人"是其所非、非其所是"的模棱两可等等。只是萨特更强调人的超越性、自为性的一面，即人的自由的绝对性的一面；而波伏瓦更注重这种超越性受事实性的制约的一面，即人的自由受境况制约的一面。波伏瓦

① Eva Lundgren-Gothlin，Wendy O'Brien，Lester Embree. Simone de Beauvoir's Existentialist Phenomenology and Philosophy of The Second Sex，The Existential Phenomenology of Simone de Beauvoir［M］.Boston：Kluwer Academic，2001：247.

② Eva Lundgren-Gothlin，Wendy O'Brien，Lester Embree. Simone de Beauvoir's Existentialist Phenomenology and Philosophy of The Second Sex，The Existential Phenomenology of Simone de Beauvoir［M］.Boston：Kluwer Academic，2001：45.

与萨特在本体论上的这种差异与联系，美国当代著名的基督教伦理学家约瑟夫·弗莱彻（Joseph Fletcher）看得很清楚，他中肯地评价道："在《一种模棱两可的伦理学》中，S.德·波伏瓦不可能使自己完全接受'间断的偶然荒谬性'或'连续的理性主义必然'，从而证明自己是一个不如萨特坚定的存在主义者。但她承认真实世界毕竟是'空荡荡的和无条理的'。她从坦率的反律法主义后退了。但明显的事实是，她的本体论——关于基本现实的思想——同萨特一样，是根本间断性的本体论……"①

从这种人学本体论上的差异出发，在境况与自由的关系问题上，波伏瓦与萨特就有着不同的观点。这个问题上的分歧，在萨特写作《存在与虚无》之始就产生了。据波伏瓦的回忆录中记载，早在 1940 年，他们就开始了对这个问题持续不断的讨论，当时波伏瓦就不同意萨特对自由的定义即自由是对境况的超越，而不是对它的顺从。她认为这种超越并不是对每一种境况都同等有效，她质疑道："一个关在闺房里的女人能获得什么样的超越呢？"萨特却坚持："甚至是隐居生活也可有许多不同的生活方式。"②后来，波伏瓦一直坚持自己的这种观点，即人不是在任何情况下都是自由的，自由在某些境况中是会受到限制的。虽然萨特也讨论境况中的自由，但是他是通过境况来烘托人的自由的力量与价值，凸显人的自由的绝对性。

波伏瓦虽然重视境况对于自由的限制，但是，如上所述，在某种程度上，她还是赞成萨特的自由本体论的，即她也认为人从根本上来说是一种自由的存在。这里存在着矛盾之处，她试图通过区分本体论上的绝对自由与境况中的相对自由来解决这个矛盾，并通过这个矛盾的解决发展萨特的自由理论。正如万俊人教授所分析的，萨特自由理论本身是存在着矛盾的双重性品格的，即萨特既强调人的自由的绝对性，又不得不承认现实处境中自由的相对性。③早在 1943 年，波伏瓦写《庇吕斯和西奈阿斯》一书时就注意到这个问题。她同意萨特的"自由是一切价值的基础"的观点，也被萨特绝对自由理论所吸引。但是她提出了这样的疑问："如果这种自由是一种既定基础，我们怎么能把它看作

① 约瑟夫·弗莱彻.境遇伦理学［M］.程立显，译.北京：中国社会科学出版社，1989：16.

② 西蒙·波娃.盛年：西蒙·波娃回忆录［M］.谭健，等，译.南京：江苏文艺出版社，1992：487.

③ 万俊人.萨特伦理思想研究［M］.北京：北京大学出版社，1988：79-80.

是一种目标呢？"即是说，若是如萨特所说人即是自由，这是人无法选择的既定条件的话，那么在现实中我们为什么会把争取各种自由作为目标呢？即为什么现实生活中人们往往如卢梭所言"人生而自由却无往不在枷锁之中"呢？波伏瓦于是把自由分为两个独立的方面："一方面，自由是存在的形式实体，不管愿意与否，无论以这种方式还是那种方式，都把所有的外界影响纳入自身之中，这种内部运动是不可分割的，从而对每个人来说是一种整体；另一方面，现实中具体可能发生的事件总是因人而异的，整个人类能够获得的机会，有些人只能得到其中的一小部分……"她希望通过这样的区分使萨特的观点与她自己的观点一致起来。①实质上，波伏瓦这里自由的两个独立方面就是人在本体论上具有的绝对自由与在现实境况中的相对自由。

在《一种模棱两可的伦理学》一书中，波伏瓦又提出"道德自由或伦理上的自由（moral freedom or ethical freedom）"这一与"本体论上的自由（natural freedom or ontological freedom）"相对的概念，从而发展了这样一种自由理论。本体论上的自由，与萨特《存在与虚无》中论及的自由一致。萨特说人是"虚无"，是"欠缺"，人没有固定的本性，只有靠人的不断的选择行动，才能造就自身，所以人"被判定为自由的"；与之相似，波伏瓦同样认为人的存在"原初是自由的"，人存在于一个荒谬的世界，需要靠自己的自由选择行动来给自身与世界赋予意义，所以"自由是所有价值与意义得以产生的源泉，是所有存在得以证成的原初条件。人要为其生存做出辩护就绝对需要自由本身并要把它看成是高于一切之上"②。即是说，波伏瓦与萨特一样，认为在本体论上人的存在注定是自由的，或者说，作为人的存在就不能不是自由的。在自由面前，没有选择与不选择之分，不选择也是一种选择，也是人的自由的体现。否认自身是自由的存在，只会导致自我的毁灭，她说："我们也通过对自我的坚守来规定道德。这就是为什么我们说人无法在否弃与设定他的自由之间做出决然选择，因为一旦他做出选择，就是假定了它的存在。他不能决然地选择不去成就自由，否则，只会导致自我毁灭。"③但是，波伏瓦认为我们原初是自由自主

① 西蒙·波娃. 时势的力量：西蒙·波娃回忆录［M］. 谭健，等，译. 南京：江苏文艺出版社，1992：610.

② Simone de Beauvoir. The Ethics of Ambiguity［M］. Translated by Bernard Frechtman. Secaucus：Citadel Press，1948：24.

③ Simone de Beauvoir. The Ethics of Ambiguity［M］. Translated by Bernard Frechtman. Secaucus：Citadel Press，1948：33.

的，并不一定我们注定就是道德的，只有我们意愿自己是自由的，才能证明我们是道德的，才能完成人的自然存在向道德存在的转化，"意愿我们是道德的与意愿我们是自由的是同样的决定"。"通过在存在的原初涌现上确立一种真正的自由，才能意愿自身的自由，有效实现从自然向道德的转化。"①这说明波伏瓦把自由看成是一种道德价值，并且是最高的道德价值，这种道德价值取决于人的意愿或者说是意志（will）。人本来就是自由的，那么为什么还要去意愿自身的自由呢？在波伏瓦看来，存在主义不像康德伦理学把人看成纯粹是积极的存在，只有善良意志，否则就无法解释人作恶的可能。存在主义承认人还可能有"邪恶意志（evil will）"，即人从本体上具有逃避自由的意愿。因为"他（人）最初被规定为一种否定。他最初是与自我有距离的存在。他只能靠认同自身无法与自身重合而达成与自身的一致。在人存在的内部就有一种永恒的否定性在捉弄他，因此他会逃避自我，逃避他的自由"②。即是说，存在主义认为人是一种否定性的存在，人通过否定自我来超越自我，人永远都是在对自我的否定之中，所以人与他所追求的自我之间总是存在一些间距。也正是人认同了自身的这种永恒否定性，即认同自身是永恒的自由存在，才能达至人的本真性存在。但是，也正是人总是被自身这种否定性纠缠，使得人总是处在焦虑之中，所以他有可能会选择逃避自我，逃避自由。也正是在人自身之内有产生这种"邪恶意志"的可能，才使得"意愿自身自由"有意义，否则人总是自由的，就不存在意愿自由了。

"意愿自身自由"即要获得道德自由还需要不断地进行具体的谋划，达成自己设定的特定目标，对自己的选择负起责任，在这样意愿自由的态度下，人才能实现自身的证成，并解蔽自身与世界的意义。"若人希望拯救自己的存在，也仅仅只有他自己才能拯救自身，那么他的原初的自主性必须把自身当成一个目标通过有特定内容的解蔽才能被提升到道德自由的水平。"③与此相反，

---

① Simone de Beauvoir. The Ethics of Ambiguity [M].Translated by Bernard Frechtman. Secaucus：Citadel Press，1948：24-25.

② Simone de Beauvoir. The Ethics of Ambiguity [M].Translated by Bernard Frechtman. Secaucus：Citadel Press，1948：33.

③ Simone de Beauvoir. The Ethics of Ambiguity [M].Translated by Bernard Frechtman. Secaucus：Citadel Press，1948：32.

为避免自由选择带来的焦虑，而试图逃避到自身作为物的存在即自在存在之中的人，他的努力是徒劳的，而且"它（注：指这样一种逃避自由的态度）没有实现自身的道德自由"①。在这本著作中，波伏瓦只有这两处提到了"道德自由"这个概念，但它们从正反两方面已经很清楚地说明了这一概念的内涵，即在现实境况中，对于自身本体论上的自由，人应该采取一种积极的态度，承受自由引出的焦虑与承担自由带来的责任，并通过具体的行动与谋划来证明自身存在的价值与意义，这样一种在具体的境况中通过具体的谋划不断地实现自身作为人的存在的价值与意义的能力，就是道德自由。与之相反，逃避自由，逃避焦虑，逃避责任，就是把自己当成不自由的物的存在，就没有实现自身作为人的存在的价值，没有获得道德自由。实质上，如果说"本体论上的自由"是人作为人这种存在物与生俱来的"自主"能力，即能自主选择自己的生活，创造自己的生活的能力，那么"道德自由"就是基于人的这种"先天"的"自主性"之上的，后天用自身的行动去证明自身是"自主"的存在，实现自己的目标，证成自身的能力。这种"道德自由"是对待自身本体上作为自由的存在的一种态度，是人对自己负责的态度；相反就是不把自己当成人，而是当成物的存在的态度，即萨特所说的"自欺"。波伏瓦认为，要实现这种道德自由，在主观上要求人积极地自主选择特定的目标，不断超越自我；在时间上要求人的超越具有连续性，把当下与未来连接起来，成为永远朝向未来的可能性存在；在自我与他人的关系上，为实现自身的道德自由，人还有承担促进他者自由的责任；在人与境况的关系上，人应该在有可能的情况下，打破既定的境况或反抗被强加的境况，这样才能使人不至于陷入荒谬的事实性（facticity），把"既定"转化为"可能"。波伏瓦注重分析人的行动对于各种不同的具体境况超越的可能性，而不仅仅强调一种抽象的意志自由。比如，在这本书中，同样是举出监狱里囚徒的例子，波伏瓦不赞同萨特的观点。萨特认为只要囚徒做出越狱的决定就是在选择自己的未来，就没有丧失自由的可能性，无论成功与否，都是在表明他存在的自由；波伏瓦认为仅停留于此，自由还只是抽象的，人还要有真正逃脱这种困境的手段，才能真正实现自身的自由。波伏瓦认为有些境况把

① Simone de Beauvoir. The Ethics of Ambiguity［M］.Translated by Bernard Frechtman. Secaucus：Citadel Press，1948：26.

人的未来的可能性都堵死了，人除了自杀没有别的反抗手段，就不可能真正实现自由。[1]波伏瓦把这种境况叫作受限的境况（limited situation），而那种可以实现人的无限可能性的境况叫有特权的境况（privileged situation）。

波伏瓦认为，受限的境况的典型例证是儿童所处的境况。她说，正如笛卡尔所言，人的不幸是不得不首先成为一个孩子。而真正不幸的是大多数人的自由选择行动还停留在孩子的水平。儿童的境况有如下特征：孩子一出生就发现自己被抛在一个自己无力建构的，已经被塑形好了的外在于他的世界。这种境况对孩子来说，是一种只能服从的绝对。[2]即是说，儿童所处的境况是他自己无法选择又不得不接受的既定的环境。在孩子眼里，哪怕是人所创造出来的语言、习俗、价值等等都如同树木、天空这样的物质世界一样是不可避免的既定事实。这意味着，儿童所处的世界是一个严肃的世界，既然严肃精神的特征就是视价值为已经制定好的事物。这并不意味着儿童本身是严肃的。恰恰相反，儿童被允许自由玩耍。在自己的圈子里，他感到能热烈地、高兴地追逐自己所设定的目标。他幸福地感到自己不需要负责任。真实的世界是属于成年人的，在那里他只有尊重与服从。作为为他人存在的幻影天真的牺牲品，他相信自己的家长与老师，视他们为他将来试图成为的神性存在。有这些成年人为他撑起一片天空，他感到自己可以避免生存的风险，逃脱自由的焦虑。只要他喜欢，他可以为所欲为，无论是调皮捣蛋，还是异想天开，他发现自己的错误仅仅关涉自己，绝不会旁及他人与周围世界。他知道自己对他人与周围世界无力影响，对于他来说，一切都是预备好了的，他的行为无法给任何事物哪怕是他自身造成任何影响。生活中不幸的是，有些成年人的生活也陷入了儿童这样的世界，他们不得不在被奴役与无知中度过，无法打破撑在自己头顶的这样一片挡板。像孩子一样，他们也有一定的自由，但这种自由是在他们没有参与建构的已经设定好的范围之内才有的。比如没有意识到自己被奴役的黑奴，南方种植园主就把这些黑奴看成是顺从于家长制下的"长大了的孩子"。还有那些只能屈从于男人创造的法律、神、习俗和真理的妇女。这些妇女仍然生活在男人的

---

① Simone de Beauvoir. The Ethics of Ambiguity［M］.Translated by Bernard Frechtman. Secaucus：Citadel Press，1948：31-32.

② Simone de Beauvoir. The Ethics of Ambiguity［M］.Translated by Bernard Frechtman. Secaucus：Citadel Press，1948：35.

荫蔽下，接受丈夫或情人为她们确立的价值观，养成了一种不负责任的孩子气的品质。这些妇女已经深深成为男人的同谋，这一点也不令人惊讶，若去除对她们的这种荫蔽，这些毫无头脑的妇女会比她们的主人更为狂怒。这些妇女的处境与孩子们的处境不同的是，后者的处境是被强加的，而前者却是自己选择的或至少是自己同意了的。无知与错误如同监狱的墙一样是无法逃避的事实。波伏瓦为他们做出了道德上的辩护，"他们的行为是受到限定的，只有在这种既定的境况中才能对他们的行为做出评价。像在任何一种受到限制的人类境况中一样，在此种境况中，他们可能实现了对自身自由的完美确认"。同时也指出了他们应当在何种情况下承担道德责任："但是一旦出现了解放的可能性，若不去挖掘这种可能性，就是对自由的放弃，而这种放弃就是一种不诚（dishonesty），是一种极大的错误。"①

波伏瓦认为给他人造成受限境况是不道德的，我们应给他人提供实现自由的机会，这也是实现我们自身自由的途径；而人自身也应该不断超越境况，争取自由，若放弃超越，就是一种不诚的态度，是对自身不负责任的表现，应该受到道德上的谴责。在《第二性》中，波伏瓦有力地批判了给女性造成这种受限境况的社会制度与个人，他们使得女性被迫生活在没有超越的机会、只能作为"他者"、作为"第二性"存在的境况之中。她认为在这种境况之中的女性拥有的只是一种抽象的空洞的自由，"她只能在反抗中运用自由，这是没有机会做任何建设性事情的人们所面临的唯一出路"。相对而言，男人在社会历史中取得了更多更大的成就，并不是他们有先天优越于女性的本性，而是"男人的处境十分有利，也就是说，他在世界上有更多的机会去运用他的自由"。波伏瓦也批评了妇女自身宁愿受奴役，逃避自由，逃避焦虑，逃避对自己的责任，不去把握做一个独立自主的人的机会，不去尽力打破男性与男权社会给她们造成的受压迫的境况。她指出："他们必须抵制处境的种种限制，努力开创未来之路。听天由命只能意味着退让与逃避。对于女人来说，除了谋求自身解放，别无选择。"②

---

① Simone de Beauvoir. The Ethics of Ambiguity［M］.Translated by Bernard Frechtman. Secaucus：Citadel Press，1948：38.

② Simone de Beauvoir. The Second Sex［M］.Translated by H M Parshley. London：Penguin，1972：67.

综上所述，波伏瓦通过区分两种不同层面的自由来试图解决萨特自由理论的矛盾，即她把人的自由做本体论上的自由与道德自由的区分，并且认为，在现实境况中，人应该去意愿而不是去逃避自身的本体上的自由，并通过设定具体目标用不断的超越行动来证明自身的存在价值并揭示世界存在的意义，才能证明自身是一种道德存在，从而获得道德自由。她从早期的哲学著作到《第二性》，一直在探讨不同的境况中的自由及其限度问题，这也是她对萨特自由理论的一个很大的发展与贡献，正如索尼娅·库克斯（Sonia Kruks）所正确评论的："波伏瓦是第一个深化并充实了萨特的境况概念的人，她把这一概念发展成一个分析社会与个人存在的工具，分析自由的社会方面与本体论方面的工具。"①如前所述，在自由与境况的关系上，萨特与波伏瓦一开始就存在理论上的分歧。萨特强调人的本体论层面上的自由，他认为这是人之为人的根本所在，这是一种绝对自由，是一种无论碰到何种境况人都要将之进行到底的自由，它彰显着人的价值与尊严。萨特的自由观带有浓厚的理想主义色彩，这种自由有时候在残酷的现实境况中，最后只能成为一种抽象的意志自由、思想自由，没有任何实现的可能。波伏瓦所关注的是在现实境况中的相对自由，是一种相对于境况的自由，她关心现实生活中人们对待自身自由的主观上的态度，以及在客观上自由所能获得真正实现的具体的手段与实际能实现的程度。她对这种境况中的自由的考察，既考虑到人们的主观意愿，又把自由放在客观的社会境况中具体分析，比萨特的自由观更全面更有说服力，所以，莎莉·J.肖尔茨（Sally J. Scholz）教授对波伏瓦的自由观做出了很高的评价，对境况中自由的分析"是波伏瓦对存在主义伦理学和本体论的富有挑战性的贡献"。②我认为，这种评价是比较准确的。

在波伏瓦的"境况"概念中，除了人存在的外在物质条件以外，他者的存在也是人存在的境况。萨特认为自由只能由自由来限制，只有他者的自由才能对自我自由真正构成威胁。恰恰相反，波伏瓦却认为他者的存在不是构成自我自由的限制，而是自我实现自由的前提条件。在《一种模棱两可的伦理学》中，她说："他者作为自由的存在规定了我的境况，甚至是我的自由的条

---

① Sonia Kruks. Situation and Human Existence: Freedom, Subjectivity, and Society [M]. London: Unwin Hyman, 1990: 84.

② 肖尔茨. 波伏瓦 [M]. 龚晓京，译. 北京：中华书局，2002: 45.

件。"①所以，"意欲自身的自由也是意欲他者的自由"②。这样，我就由此引出了波伏瓦的另一个哲学观点，他者与自我是相互依存的关系，有一种"相互性"。这就是波伏瓦对"他者问题"的解答。

第三节 ┊ 自我与他者

波伏瓦从她的学术、文学生涯一开始就很关注"他者问题"，几乎她的所有的文学、哲学作品都对这一问题进行了不同角度、不同方式的探讨。波伏瓦如此重视他者问题，我认为是有着她个人学术兴趣与当时的法国哲学背景等几个方面的原因。早在索本大学生活与学习时，波伏瓦就十分重视莱布尼茨（G. W. Leibniz）的哲学思想，受莱布尼茨的"单子论"的影响，她认为"每一个个体都拥有它自己的规律，这个规律就像无上命令一样严格。虽然它不是普遍性的。一个人只有按照这种个人规范的缩影才能有权赞成或是反对他人的行为"③。莱布尼茨的"单子论"引发了波伏瓦对"他者问题"的思考，因为在莱布尼茨这里没有窗户的"单子"即独立自圆的意识之间的沟通是一个悬而未决的问题。再者，波伏瓦时代的法国哲学深受德国现象学的影响。企图对传统哲学进行彻底反叛的德国现象学从胡塞尔开始就受到"他者问题"的纠缠，他们试图要解决而又显得有些力不从心，而这在认为有着人类普遍理性保证或者有着超验的上帝承诺的传统哲学家那里是不成其为问题的。"他者问题"与"语言问题"还有"身体问题"一起构成了当代法国哲学的三大主题。这样看来，波伏瓦作为活跃在当代法国哲学界的思想家，对"他者问题"的持续关注就不足为奇了。

"他者问题"实质上就是"自我"与"他者"的关系问题，波伏瓦对于这一

---

① Simone de Beauvoir. The Ethics of Ambiguity［M］.Translated by Bernard Frechtman. Secaucus：Citadel Press，1948：91.

② Simone de Beauvoir. The Ethics of Ambiguity［M］.Translated by Bernard Frechtman. Secaucus：Citadel Press，1948：73.

③ 西蒙·波娃.闺中淑女——西蒙·波娃回忆录［M］.谭健，等，译.南京：江苏文艺出版社，1992：323–324.

问题的解答是随着她思考的深入与境遇的变化而不断发展的。1938 年 10 月，波伏瓦开始第一次在自己的小说《女宾》中探讨困扰了她四年之久的"他者问题"。这本小说反映了波伏瓦与萨特后来在《存在与虚无》中同样的观点：在本体论的意义上，自我与他人是冲突性的关系。

《女宾》这部小说的故事情节并不复杂，里面的四个主人公分别是作家弗朗索瓦兹、戏剧导演兼演员皮埃尔、年轻的女演员格扎维埃尔、弗朗索瓦兹的年轻男助手热尔贝，故事通过弗朗索瓦兹的叙述展开。弗朗索瓦兹与皮埃尔是有着八年情侣关系的事业与生活的伙伴。弗朗索瓦兹不是一个普通的、嫉妒心很强的女子，她深爱皮埃尔，为此放弃了于自己有魅力的助手热尔贝的交欢，但宽容皮埃尔的艳遇。他们无视世俗的情爱道德，认为一切关系都是可能，喜欢自由自在的生活。而这一切却由于一个叫格扎维埃尔的来自外省的"女宾"而打乱了。格扎维埃尔是一个与家庭关系不好，从卢昂逃到巴黎来的年轻的、任性的、富有诱惑力的姑娘，她性格暴烈，富于激情，跳舞可以跳到直至晕倒。出于义气，在皮埃尔的提议下，他们收留了她。由于弗朗索瓦兹与皮埃尔都对这个喜怒无常、令人琢磨不透的"小魔鬼"感兴趣，他们决定尝试一种互相爱恋的"三人行"的新型关系。这种关系开始还让他们感到既新鲜又刺激，但由于格扎维埃尔桀骜不驯的性格，更为主要的是，她崇尚自我意识的绝对自由，拒绝人与人之间认识的相互性，她说"我讨厌这种交易，如果不能按自己的愿望生活，不如不要生活"①，所以这种关系很快就让弗朗索瓦兹感到"心都碎了"，她不懂为什么他们的全部爱情只是用来互相折磨，"现在等待他们的是一个黑洞洞的地狱"②。这个"地狱"不是普通的感情纠葛的"地狱"，而是"他者"意欲摧毁"自我"而构筑的"地狱"。在这个"他者"构筑的地狱中，自我的主体性将被埋葬或禁闭。当格扎维埃尔这个"他者"的主体性将要吞没弗朗索瓦兹"自我"的主体性时，弗朗索瓦兹感到了极度的恐惧与不安。面对格扎维埃尔，弗朗索瓦兹感到："一个陌生的意识伫立着，它自由、绝对、不可制服。像死亡一样，这是一种全面的否定，一种永恒的无有，然而存在着一个惊人的矛盾，这种虚无的深渊对其自身来说可能具有现实性，可能为了自己而充实地存在着，整个宇宙淹没于它之中。"弗朗索

①西蒙娜·德·波伏娃.女宾［M］.周以光，译.北京：中国书籍出版社，1999：33.

②西蒙娜·德·波伏娃.女宾［M］.周以光，译.北京：中国书籍出版社，1999：379.

瓦兹想反抗时，却"无计可施，她任凭它们腐蚀自己，她把自己变成了猎物。她心甘情愿地在反抗和叛逆中尽力摧毁自己，她像一个无动于衷的见证人目睹自己的历史，却永远不敢肯定自己；而格扎维埃尔却彻头彻尾地显示出对自我的活生生的肯定。她以一种十分有把握的威力使自己存在着，以至被慑服的弗朗索瓦兹不由自主地爱她胜过爱自己，而终于自我消亡"①。这活脱脱就是"每一种意识都在追求另一种意识的死亡"的图解，生动形象地表现了自我与他人的矛盾冲突：自我与他人关系的本质就是各自的"主体性"的对峙，结果是相互间的客体化、对象化、物化。

不可否认这里存在着嫉妒这样一种爱情的排他心理。当皮埃尔告诉弗朗索瓦兹，说格扎维埃尔已经爱上他时，她感到了双重嫉妒。一是嫉妒皮埃尔，因为她希望独占格扎维埃尔；再者是嫉妒格扎维埃尔夺走了属于自己的皮埃尔。但是正如梅洛-庞蒂认为的，只看到嫉妒这一点是"肤浅的"，他评价道，"这一戏剧不是心理的而是形而上学的：弗朗索瓦兹认为她可能被皮埃尔束缚，但自己却可以使他自由；通过选择他来选择自己，就像每个人在康德的王国里选择他人一样。格扎维埃尔的出现不仅揭示了他们的价值观是互相排斥的，而且还揭示了他们之间是互相封闭的……在这本书中，角色体现的是固有的个体性，也就是黑格尔的自我要寻找他人的死亡"②。

故事发展到结尾时，这种意识之间的冲突凸显得更为尖锐，最后以格扎维埃尔的消亡为终结。随着这几个主人公之间交往的深入发展，格扎维埃尔又委身于热尔贝，控制了热尔贝。这点弗朗索瓦兹并不知情，她后来与热尔贝也在一次旅行中相爱并且同居了。为了不让格扎维埃尔控制热尔贝，她与皮埃尔和热尔贝达成一致，隐瞒了格扎维埃尔，但是后来还是被格扎维埃尔发现了这个秘密。在此之前，皮埃尔又无意中在格扎维埃尔的门外锁孔里看到格扎维埃尔与热尔贝的亲吻，这使皮埃尔妒火中烧。这样，格扎维埃尔既失去了皮埃尔，又失去了热尔贝。开始弗朗索瓦兹自以为战胜了格扎维埃尔而感到无比高兴，她说"我胜利了"。但是当她试图向格扎维埃尔解释这一切时，格扎维埃尔又一

① 西蒙娜·德·波伏娃. 女宾 [M]. 周以光，译. 北京：中国书籍出版社，1999：346、347.

② Merleau-Ponty. Metaphysics and the Novel: In Sense and Nonsense [M] .Translated by Hubert Dreyfus and Patricia Allen. Chicago: Northwestern University Press, 1964: 32.

次用自己的意识控制了她。格扎维埃尔对她怒吼道："您嫉妒我，因为拉博鲁斯（皮埃尔）爱我。您使他厌恶我，为了更好地报仇，您从我这儿夺走了热尔贝。留着他吧，他属于您。我不和您争这个漂亮的宝贝。"①弗朗索瓦兹不能忍受格扎维埃尔将她描述成这样恶毒的形象，她终于明白与格扎维埃尔这个"暴君"交往是不可能的，她感到这样一种"他者"意识无法战胜，她只好选择"消灭它"，她说"不是她便是我"，于是扳下了格扎维埃尔房间煤气罐的手柄，杀死了她。

　　这一结局是深刻的、意味深长的：自我需要他者作为自我意识的确认，他者如同镜子一样让自我形象得到反映。但是作为他者的镜子却可能是哈哈镜，不但不能真实反映自我，反而可能使得自我变形，甚至妖魔化，吞没自我的形象。这样自我就如同猎物一般被他者捕获，从而失去主体性，失去超越性，失去可能性。一句话，自我被他者剥夺了自由。人是自由的存在，每个人都不会甘心这种沦为他者猎物的命运，而要寻求自我解脱，逃离他者的魔掌，找回自我，找回自由。于是，这里的唯一出路就是"撕破情面"与他者展开"你死我活"的生死争斗，在被客体化中寻回自身即将失落的主体性。

　　对这样一个结局，波伏瓦在回忆录中解释道："格扎维埃尔在大发雷霆、发泄怨气之时，毁损了弗朗索瓦兹的内在自我；弗朗索瓦兹越是挣扎，就越是绝望地在那个圈套中不可自拔。在弗朗索瓦兹看来，她的自我面貌变得如此恶心，她因此面对着两种抉择，或者一生都憎恨自我，或者消除魔力，而这就必须消除那个带来魔力的'她'。她选择了后者。""梦想杀人与真正杀人有巨大的差别，杀人并不是一桩平常小事。就我描写的弗朗索瓦兹看，她和我一样都不可能杀人。"②我认为波伏瓦的这种自我辩护是合理的，也是深刻的。当时有人指责波伏瓦这部小说的非道德性，即认为弗朗索瓦兹的这种谋杀是不道德的。我认为法国作家热内维埃芙·热那利的解读是正确的，她认为弗朗索瓦兹对格扎维埃尔犯下的"并不是情杀罪，而是哲理罪"。③即是说，波伏瓦笔下的谋杀只是一种哲学上的隐喻，并不是现实生活中真正的谋杀，所以与道德无

---

① 西蒙娜·德·波伏娃.女宾［M］.周以光，译.北京：中国书籍出版社，1999：476.

② 西蒙·波娃.盛年：西蒙·波娃回忆录［M］.谭健，等，译.南京：江苏文艺出版社，1992：373.

③ 李清安，金德全.西蒙娜·德·波伏瓦研究［M］.北京：中国社会科学出版社，1992：614.

涉。而梅洛－庞蒂为波伏瓦所做的辩护就更为深入，他认为哲学发展到现象学以后，它的任务就不再是解释世界，而是呈现世界，形成世界经验的图景，这样哲学与文学的任务就不再分离，哲学表达与文学一样具有了同样的含混性。再者，"从某种意义上说，形而上学的文学将必然是非道德的（amoral），因为它不再有任何人性可以依赖"。①所以，他把波伏瓦的这部小说看成"形而上学文学"开端和"道义文学"终结的典型范例。这一范例实质是存在主义哲学的文学体现。他还正确地指出，波伏瓦这部小说中的角色表现的并不是一种绝对的道德虚无主义，要说表现道德虚无主义的小说可能是伏尔泰（Voltaire）的 Microm è gas 中的技术，即剥离语言与行为的所有意义，展现一个荒谬的世界。而波伏瓦的这部小说只是呈现了人的存在的两种极端（limits），一是当下存在的，超出任何语言与责任的存在（格扎维埃尔）；另一是绝对相信语言与理性，希望超越当下虚无的存在（弗朗索瓦兹）。这两种存在方式孰是孰非，波伏瓦的确没有在小说中给出答案，她没有义务也不可能给出，因为"真正的道德不在于外在的规范或客观价值中，那里并没有可以证成与拯救之路"②。这样，梅洛－庞蒂既替存在主义被指责为道德虚无主义做出了辩护，又为波伏瓦的这部小说做出了解释，从而充分肯定了波伏瓦小说形而上学的意义。

在《女宾》这本书里，波伏瓦主要想表现的是自我与他人之间相互承认的艰难性，同时也对这种关系建构一种"相互性"的可能性做出了文学讨论。在该书中，当皮埃尔对弗朗索瓦兹解释他们之间没有意识之间的冲突性时说道："我们之间存在相互性……当你在我身上觉察到一种意识时，你知道我也在你身上觉察到一种意识。"③但是，这毕竟不是该书的主旋律，再加上后来他们两者的关系也出现了冲突，所以，波伏瓦哲学研究专家莎莉·J.肖尔茨教授虽然肯定自我与他人之间的"互惠互利的概念是波伏瓦对存在主义最重要的贡献"，但她认为波伏瓦小说中的"这段话不再具有哲学上的意义"。④我认为这种评价有

① Merleau-Ponty.Metaphysics and the Novel：In Sense and Nonsense［M］.Translated by Hubert Dreyfus and Patricia Allen. Chicago：Northwestern university Press，1964：30.

② Merleau-Ponty.Metaphysics and the Novel：In Sense and Nonsense［M］.Translated by Hubert Dreyfus and Patricia Allen. Chicago：Northwestern university Press，1964：33.

③西蒙娜·德·波伏娃.女宾［M］.周以光，译，北京：中国书籍出版社，1999：358-359.

④莎莉·J.肖尔茨.波伏瓦［M］.北京：中华书局，2002：36.

些苛刻了，波伏瓦在该书中虽然没有展开意识之间"相互性"的详细探讨，并且该书的整个故事情节也的确不是主要表现自我与他人关系的"相互性"，这些都是事实。但是，这并不能抹杀她在此提出这样一个哲学问题的意义，有时候在哲学上提出问题比解决问题更具有挑战性。所以，我们把它看成是，波伏瓦探讨在自我与他人关系上建构"相互性"是否具有可能性这一问题的哲学开端。

波伏瓦的《女宾》是在二战前创作的，即她称其为自己的"个人主义"时期所写的，那时她只关注形而上学问题而不太在意道德问题。1939年后，法国以及世界的战争的混乱破败局势教育了她，她开始"了解到人类是一个整体"，懂得了"个人的职责"，从而开始了她文学生涯中的"道德倡导阶段"。1941年夏，她开始写第二本小说《他人的血》。这本小说同《女宾》一样表现自我与他人意识之间的冲突，但她已经开始注意到自我与他人相互之间的责任问题，所以她用了陀思妥耶夫斯基的名言"每一个人在所有的人面前都负有责任"作为卷首题词。但是，这部小说与《女宾》一样，更多的是呈现人的存在的现实状态，而不是提出论证哲学观点。我认为，波伏瓦在小说中的这种呈现是有着积极意义的，这种意义正如法国作家布朗肖在评论《他人的血》时说的："生活的每个方面都提出许多丰富的设想，但它们从不结论性地证实什么。作家的目标是通过文学的再创造使人们看到世界。如果她不尊重必要的模棱两可性，那她就背叛了生活，使生活贫困化了。"①然而，要了解波伏瓦的哲学观点还必须从她的哲学论著着手，才能清楚地分辨出她真正主张什么和反对什么，正如她自己所说："我的论文所反映的是我的实际选择和我在理智上的信念。我的小说所反映的是由包围着我的人类处境的全部以及细部使我陷入的惊愕。"②

在波伏瓦的第一部哲学论著《庇吕斯和西奈阿斯》中，她认为他者如同自我一样，是一种朝向自身永恒的自我构成目标运动的意识存在，她说："这是因为自我的主体性不是惰性的、封闭的或分离的，而是朝向他者的一种运动，在这种运动中自我与他人的差异不再存在，我把它称之为'我的他者'；它建立在这样一种基础之上，即自我不是一种物的存在，毋宁是自我朝向着他者的谋

①西蒙·波娃.盛年：西蒙·波娃回忆录［M］.谭健，等，译.南京：江苏文艺出版社，1992：605.
②西蒙·波娃.时势的力量：西蒙·波娃回忆录［M］.谭健，等，译.南京：江苏文艺出版社，1992：395.

划，一种超越性的存在。"①即是说，自我与他人在为追求各自的超越的过程中，可以有一种互为性关系。这是波伏瓦在处理自我与他人的基本关系上，从"冲突性"转向"相互性"（reciprocity）的起点，是她在这一问题上的转折点。而萨特在这一问题上也有类似的转折，只不过比波伏瓦要来得晚许多，他是在 1960 年发表的《辩证理性批判》中开始，在 1971 年发表的《家族的白痴》中完成。②在《存在与虚无》中，萨特认为自我与他人必然是冲突的关系，因为他把意识看成是虚无，是否定，那么自我意识必定要进行双重否定：一是否定不是作为他者的自我，二是否定作为被超越的客体的他者，即自我否定与对他者的否定。波伏瓦赞同萨特的第一个否定，而在第二个否定上与萨特稍有不同，即她并不认为自我与他人必然是完全否定性的关系，他者不仅仅只是自我意识超越的对象，他者还融入了自我意识超越运动之中，他者本身就存在于我们与之共在的世界之中，既是自我超越的对象，也是自我超越的基础。波伏瓦说他者的自由是"危险的"与"陌生的"，尽管如此，他者的自由还是可以为自我的超越提供一个基础，"我需要他们，因为一旦我已经超越了我自己的目标，我的行动就将求助于他们；如果这些行动不是通过新的谋划朝向一个新的未来，它们就会变得呆滞与无用了……通过其他人，我的超越就能延伸并超出我现在正在形成的谋划"③。即是说，他者为自我的谋划提供新的起点与更广泛的可能性。

与在前两部小说中表现的他者意识威胁并吞没自我意识的观点不一样的是，在这里她认为他者支持并见证自我，自我与他人可以建立一种相互依存的关系，她说自我与他人的关系如同在一个拱门中的石头之间互相支撑的关系一样，所以"对他者自由的尊重不是一个抽象的规则；它是我的努力的首要条件"。④即是说，自我与他人之间有一种互惠的平等关系，所以应该尊重他者的自由。但是，这并不意味着失去自身的主体性，失去自我，放弃自我的自由，放弃自己的责任。在现实生活中，有许多人为了给自己的生活赋予意义，从而把自身奉献给他人，把自身当成他人自我实现的手段。波伏瓦不赞成这样一

① Simone de Beauvoir. Philosophical Writings [M] .Chicago：University of Illinois Press，2004：93.

② 万俊人 . 萨特伦理思想研究 [M] . 北京：北京大学出版社，1988：128-129.

③ Simone de Beauvoir. Philosophical Writings [M] .Chicago：University of Illinois Press，2004：137-138.

④ Simone de Beauvoir. Philosophical Writings [M] .Chicago：University of Illinois Press，2004：140.

种生活态度，认为这种人其实是这样一种逻辑："让我们假设他者需要我的存在，让我们假设他者的存在有一个绝对的价值，于是自我能在生存中证成，因为我的存在是为了一个已经证成的生成者存在的。我能从危险、焦虑中解脱出来。通过设置一个绝对目的在我面前，我就已经放弃了我的自由；我就不需要再提出任何问题，不再需要任何其他东西，只需要一个答案，诉诸它我就能成就自身。"①即是说，这种人在自身之外设立了一个绝对目的来为自身的存在辩护，从而逃避焦虑，逃避自由带来的重负。这与存在主义哲学立场完全相悖，存在主义认为人之外没有任何绝对目的可以为人的存在解除自身的责任，无论这个绝对目的是表现为上帝或某种普遍的人性，抑或是其他存在，人必须通过自身的行动来证成自身的存在。波伏瓦认为，在现实生活中就有许多男人，更多的是女子，希望通过奉献自身给他人，从而获得自身的"休息"。波伏瓦坚决反对这种人的生活态度，认为这是一种道德异化，是把"他者"当作托词来使用。在波伏瓦的著作中，这种人的实例就是在她回忆录第一卷《闺中少女》中描写的，父权制社会鼓励的，那种把自身奉献给男性的"循规蹈矩"的少女。②还有后来她在《第二性》中描写的那种在非本真的恋爱中为了情人而丧失自我的女子。这种人的行为与萨特所说的"自欺"并无二致，他们把自己的自由让渡给他人，从而放弃了自身的责任，是一种非本真的生活态度。而有着本真的生活态度的人将"拒绝去寻求一切外在于自身的生存的保障，他也会拒绝相信一切把他的自由挫败得如物一般的存在的无条件的价值"。③

在波伏瓦自己的生活实践中，她时刻告诫自己不要陷入这样一种道德异化的状态。她一生中曾有两个人让她一度陷入这种境遇。一个是她的少女时代的好友扎扎，当时她被扎扎的学识与气质所吸引，一味迎合她、爱恋她，表现出了一种丧失自我的谦卑。另一个就是萨特，认识萨特以后，她被他的智慧与品

---

① Simone de Beauvoir. Philosophical Writings [M]. Chicago：University of Illinois Press，2004：117.

② 这本书译为《一个循规蹈矩的少女》（Memoirs of a Dutiful Daughter）更能凸显这样一种讽刺意味：波伏瓦的家庭与当时的法国社会习俗希望把她培养成奉献给男性的循规蹈矩的女子，而她本人坚决反抗这样一种命运，通过自身的努力，最终她从一个循规蹈矩的少女，成长为了一个独立自由的知识女性。

③ Simone de Beauvoir. The Ethics of Ambiguity [M]. Translated by Bernard Frechtman. Secaucus：Citadel Press，1948：14.

格所折服，把他看成除了"父母与上帝"以外给她"绝对可靠的安全感"的
人。后来波伏瓦对此做出了深刻反省，她认识到："使一个人的思想迁就另一
个人的信仰，是失去这个人的最有效、最迅速的方法。……每个人应该肩负起
保护自己的责任。"①波伏瓦自从1929年大学毕业后就致力于维护与萨特的关
系，一直没有参加工作。1931年，萨特在巴黎附近的勒阿弗尔学校找到一个
哲学教授的职位，而波伏瓦被安排在马赛教书。萨特提议他们可以结婚，这样
就可以被安排在一起工作。波伏瓦知道婚姻有违他们的原则，因为任何制度化
的东西他们都予以排斥。再者，波伏瓦不希望成为"牺牲独立换取爱情的妇
女"，最后选择了去马赛工作。在这期间，她反省道："在我被扎扎征服期
间，我才认识到谦卑的危害之处。现在是旧剧重演……我被他人吸引得这般
深，以至我忘了我自己。"她经过了内心痛苦的挣扎之后，决定宁愿忍受孤
独，也不能放弃自己的自由与责任。所以最后选择离开巴黎到马赛，并为自己
的这种重新找回自我、勇敢地承担对自身的责任而高兴。"迄今为止，我总紧
紧地依附别人，让他们给我定下原则、立下目标。而今，一切都得由我了，这
多么令人兴奋！"所以她把到马赛教书看成她事业的一个转折点。②

在《庇吕斯和西奈阿斯》的第二节中，除了上面提到的那个理由以外，波
伏瓦给出了另一个理由来证明她的这一观点。她认为人不能放弃自身自由，投
身于为他者的奉献之中，还因为我们不可能知道自己为他人奉献的就是他人所
需要的，就是对他人来说是好的、善的，所以"自我除了出发点以外不可能为
他者创造任何东西"③。而且"从根本上来说，作为自由存在的他者是与我分
离的，从我这里不可能创造出任何与（他者的）这种纯粹的内在性之间的联
系，（他者的）这种内在性是上帝也无法把握的"。④即是说，从他者的角度
来说，自我自由的这种放弃并不能给他者带来任何增益，每个主体都是独立自
主的存在，都必须承担自身自由的责任，完成对自身的拯救。与萨特所断言的
"在意识之间不能发生任何关系"一样，波伏瓦认为自我与他人同样是自由的

---

① 西蒙·波娃.盛年：西蒙·波娃回忆录［M］.谭健，等，译.南京：江苏文艺出版社，1992：68.
② 西蒙·波娃.盛年：西蒙·波娃回忆录［M］.谭健，等，译.南京：江苏文艺出版社，1992：67，
  98，99.
③ Simone de Beauvoir. Philosophical Writings［M］. Chicago：University of Illinois Press，2004：121.
④ Simone de Beauvoir. Philosophical Writings［M］. Chicago：University of Illinois Press，2004：125-126.

意识存在，这种意识是一种虚无，虚无与虚无之间不可能有沟通，一个虚无也不可能给另一个虚无增益任何东西，正如无数个零加起来仍然是零一样。正因为波伏瓦认为自我与他人是分离的，因此人们行动之间的相互影响就是非常有限。为了说明此种观点，她设计了一个自问自答："我们会必然得出我们朝向他者的行为无关紧要这样结论吗？""它（我的行为）对他无关紧要。……但是它与我有关，它是我的行为，我对此负责。"①

总而言之，在《庇吕斯和西奈阿斯》中，波伏瓦认为自我与他人都是意识的存在，既有相互超越的否定性关系，又相互构成超越的基础。自我与他人之间既有相异性，又有平等性与互惠性。然而，我认为这种自我与他人"相互性"建立的基础与逻辑，波伏瓦在这本书中的论证并不充分，所以不能充分令人信服。她自己后来也认识到了这一点，并进行了深刻的自我批判："我觉得，一个人只有在承认别人存在的时候才能获得人性的一面。然而，在我的文章中（在《庇吕斯和西奈阿斯》中），共存是作为一种每个个人都应该以某种方式加以克服的意外事故出现的。他应该以独自设计出他的'谋划'为起点，只有那样，才能要求人类的大部分承认共存的合法性。事实上，从我出生的那天起，社会就是我周围的一切。正是在社会的内部，在我自己与它的联系中才形成了我所有的个人决定。我的主观主义因一连串的理想主义不可避免地加倍膨胀，而这种理想主义却剥夺了我思索的全部或几乎全部的意义。"②

接下来，在《一种模棱两可的伦理学》一书中，波伏瓦明确了"自我与他人"之间可以具有一种互惠互利的"相互性"的观点，并且给出了令人信服的论证。该书的一开始，波伏瓦就表明了人是相互依存的存在的观点，她说："作为他者的客体，人不过是他所依赖的集体中的个人而已。"③波伏瓦认为，人既是主体，也是客体，既是单个人的存在，也是依赖于他者的社会性存在，这是人存在的模棱两可性的表现之一。在该书中，波伏瓦提出了"道德自由"的概念，即人应该本真地对待自身作为人的存在的自由，摒弃"自欺"，真正地去实现自身作为主体存在的自由，才能获得道德上的证成，才

① Simone de Beauvoir. Philosophical Writings [M].Chicago：University of Illinois Press，2004：125.

② 西蒙·波娃.盛年：西蒙·波娃回忆录 [M].谭健，等，译.南京：江苏文艺出版社，1992：611.

③ Simone de Beauvoir. The Ethics of Ambiguity [M].Translated by Bernard Frechtman. Secaucus：Citadel Press，1948：7.

能把自然的自由转化为道德上的自由。波伏瓦认为，为实现道德自由，我们不仅要承认他者的自由，还有促成他者实现自由的责任，因为他者的自由是我们自由的条件，意愿他者的自由也是意愿我们自身的自由，"因此，无论如何，他人的自由必须得到尊重，他们必须得到使他们获得自身解放的帮助"。①波伏瓦列举了五种类型的人，如次级人（Sub-man）、严肃的人、虚无主义者、冒险家和富有激情的人，这些人不但没有实现自身的道德自由，而且不承认他者存在的自由主体性。在详细地描述完这五种人的具体表现后，波伏瓦得出结论："这样，我们可以看到，若是只局限于自身的存在，没有生存者能够有效地完成自身。这诉诸他者的存在。"②即是说，自我与他人是相互依存的存在，自我自由的完成有赖于其他人的自由存在。波伏瓦从以下几个方面论证了这一观点。

首先，从本体论上来说，波伏瓦认为萨特的观点是正确的，人是一种意识的存在，人的意识是一种虚无，一种欠缺。这种虚无不是"虚无主义"的虚无，它不等于不存在，恰恰相反，它是所有存在中最具潜力、最有创造性的、包含无穷无尽可能性的存在，所以是一种自由。萨特认为人作为虚无的意识存在，他有一种虚无化一切存在的否定性，他是一种自为的存在，一种欠缺的存在，注定要寻求完满，所以这种"自为"总是有一种欲求，与"自在"相结合成为完满的"自因"的激情，但是人终其一生都不可能达到这样的理想。因此，这种激情是徒劳的，是无用的。然而，波伏瓦认为这种作为自为的意识虚无化一切存在，并不是一种徒劳，正是通过人的意识虚无化存在，才使得存在得以显现（disclose，又译为解蔽），获得价值与意义，"人对于存在的虚无化（nullify）不是一种徒劳。正是由于他，存在才得以显现，他也意欲这种解蔽"。③即是说，存在在被人的意识虚无化之前，没有任何意义，是人的意识虚无化存在，使得存在得以解蔽，从而获得意义。也正因为人的存在是虚无，

---

① Simone de Beauvoir. The Ethics of Ambiguity［M］.Translated by Bernard Frechtman. Secaucus：Citadel Press，1948：60.

② Simone de Beauvoir. The Ethics of Ambiguity［M］.Translated by Bernard Frechtman. Secaucus：Citadel Press，1948：67.

③ Simone de Beauvoir. The Ethics of Ambiguity［M］.Translated by Bernard Frechtman. Secaucus：Citadel Press，1948：12.

他就不能不去解蔽存在，使自身与世界得以显现。无论人身处何处，"总是要显露存在，无论他是在布痕瓦尔德（Buchenwald），还是在太平洋蓝色的岛屿上，无论他是在茅屋，还是在宫殿"①。并且，无论人是何种类型，哪怕他是那种没有存在的激情，没有存在的勇气的次级人，他都不可能忍受自身完全沦为了无生气的对象性的存在，要以某种方式主动向世界呈现他的存在。而人是在世的存在，"人无法逃离这个世界"，人的存在是虚无，是自由，本身是荒谬的无根据的存在，所以人不得不去用自身的行动证明自己存在的正当性。"正是在这个世界，他必须道德地实现自己。自由必须通过它确立的价值的内容朝向自己的现实谋划自己。……主体不必然寻求去存在（to be），但是必须欲求有一种存在（英文 there be being，在波伏瓦这里 being 是'现象的存在'，是被人的意识解蔽了的存在）。意愿自身自由与意愿有一种存在是一个并且是同一个选择，这是一种使人自身在世界中作为一种呈现的选择。我们不能说自由的人为了欲求存在而想要自由，也不能说他想要通过自由来解蔽存在。它们是一个现实的两个方面，并且无论考虑其中的哪一个方面，都意味着每一个人与其他人的纽带（bond）。"②这样，波伏瓦就通过"存在""自由""解蔽"这几个概念的相互关联证明了人与他人是相互依存的关系，"想要存在、想要解蔽世界和想要人成为自由的，是一个并且是同一个意愿"③。简单地说，这里的逻辑是：人是自由的在世存在，不得不用行动证成自身，在人的自由谋划行动中，人解蔽了自身及其世界的存在。而人所存在的世界是属于人的世界，世界中的存在被打上了人的烙印。"每个人都不得不与其他人相处。人所参与的世界是一个属于人的世界，其中每一个对象都渗透了人的意义。"④每个人与其他人一起共存于世，并且是朝向同一个世界而存在

① Simone de Beauvoir. The Ethics of Ambiguity [M].Translated by Bernard Frechtman. Secaucus：Citadel Press，1948：74.

② Simone de Beauvoir. The Ethics of Ambiguity [M].Translated by Bernard Frechtman. Secaucus：Citadel Press，1948：69–70.

③ Simone de Beauvoir. The Ethics of Ambiguity [M].Translated by Bernard Frechtman. Secaucus：Citadel Press，1948：87.

④ Simone de Beauvoir. The Ethics of Ambiguity [M].Translated by Bernard Frechtman. Secaucus：Citadel Press，1948：74.

的。所以，存在得以显现不仅仅依赖于某个人对存在的解蔽，更依赖于所有人的意识对于存在的解蔽，而且"一个人能对世界解蔽是以其他人对世界解蔽作为基础"。①

波伏瓦还从反面论证了这个道理。她说这种人与人之间的"纽带"并不是每个人都明白的道理。比如一个年轻人意愿自身的自由，并且意愿有一种存在。这种使他热情地投身于世界的自由自主可能会让他与通常称之为的利己主义联系在一起。因为通常这个年轻人会把他者当成敌人，当成对他自身自由的限制。波伏瓦在此处又一次引用了黑格尔的名言，她说这个年轻人视自我与他人的关系好比"每一个意识寻求另一个意识的死亡"。与她在小说《女宾》中不一样的是，波伏瓦在这里对此转为批判的态度。她说，他者的确是每时每刻都在从我这里偷走整个世界。我的第一反应是憎恨他们，但是这种憎恨是天真的。因为如果我真正是一切，那么在我之内其实就是一无所有，这个世界空空如也，即没有什么东西可以拥有，我自身也是虚无。倘若这个年轻人是理性的，那么他很快就会领悟到，他人从我这里夺走的世界，也会如数归还给我，因为一个物只能通过从我这里夺走的方式给予我。意愿有现象的存在也是意愿有人的存在，通过人并且是为了人，世界被赋予了人的意义。人只有在他人解蔽世界的基础上解蔽世界，一个谋划只有在与其他谋划的交互作用中（interference）才能够被确定。最后，波伏瓦总结道："使得存在（being）'在起来（be）'是通过存在（being）这样一种方式与他人交流。"②并且，"只能在他人的存在中，人才能找到自身存在的正当性"③。

最后，波伏瓦还从人的存在的时间维度进一步论证自我与他人是互相依存的关系。存在主义者把人看成没有固定本质的自由存在，人的本质永远是在造就之中，人是未完成的可能性，那么人必然是时间性的存在，所以海德

① Simone de Beauvoir. The Ethics of Ambiguity［M］.Translated by Bernard Frechtman. Secaucus：Citadel Press，1948：71.

② Simone de Beauvoir. The Ethics of Ambiguity［M］.Translated by Bernard Frechtman. Secaucus：Citadel Press，1948：71.

③ Simone de Beauvoir. The Ethics of Ambiguity［M］.Translated by Bernard Frechtman. Secaucus：Citadel Press，1948：72.

格尔说人是"远方的存在",萨特说人是"意义始终未定的存在"。对此,波伏瓦也是赞同的,她说"没有特殊的使自身朝向未来的运动,人就不可能存在"①。不过,与其他存在主义者不同的是,波伏瓦把人存在的时间性与道德联系在一起。她认为人要成为道德的存在,必须把自己的行为看成一个连续的过程,必须意识到今天的行为对于明天的影响,需要理解时间的意义即在今天明天将成为一种过去。人要使自己的行为符合道德,不仅要求人有一种把握人的生命在时间上的连续性的能力,而且要主动确认:"我真正不能把今天当成终点而不把它贯穿我整个的存在,它是当下瞬间的未来,是对过去时日的超越。"②波伏瓦还认为正因为儿童意识不到这种时间上的连续性,所以不可能对他们做出道德评价,如果成年人也是如此,那么他就是固执于"纯粹瞬间的荒谬性",他就与儿童一样不可能为他们的行为承担道德责任。如上所述,在过去、现在与未来的时间的三维中,未来是与人的自由联系最紧密的,波伏瓦说:"未来是一种特定超越的确定方向,也是与当下如此紧密相连以至是由单个暂时的形式组成的。"③人的行为不是一种漫无目的的行动,他通过自己的自由选择确定目标,也就是通过自己的行为创造自身的未来,超越暂时性的偶然性的存在,那么"未来是所有行为的实质与意义"④。也正因为如此,他者在自我的建构中才会具有重要的意义,因为"正如我们已经看到的,我的自由为了完成自身必须显露于开放的未来,而正是他人为我开放了未来,正是他们建立起明天的世界,规定我的未来"⑤。波伏瓦认为虽然人的未来是自己造就的,但是在人的自我谋划中,他人的谋划并不必然与自我的

---

① Simone de Beauvoir. The Ethics of Ambiguity [M].Translated by Bernard Frechtman. Secaucus: Citadel Press, 1948: 118.

② Simone de Beauvoir. The Ethics of Ambiguity [M].Translated by Bernard Frechtman. Secaucus: Citadel Press, 1948: 27.

③ Simone de Beauvoir. The Ethics of Ambiguity [M].Translated by Bernard Frechtman. Secaucus: Citadel Press, 1948: 116.

④ Simone de Beauvoir. The Ethics of Ambiguity [M].Translated by Bernard Frechtman. Secaucus: Citadel Press, 1948: 127.

⑤ Simone de Beauvoir. The Ethics of Ambiguity [M].Translated by Bernard Frechtman. Secaucus: Citadel Press, 1948: 82.

谋划冲突，相反他人的谋划构成世界的"一致合奏的多样性（a multiplicity of coherent ensembles）"①，为自我的谋划提供更进一步的可能性。再者，他人的存在使得人在终极意义上克服存在的暂时性，即死亡，"它（自我）仅仅是通过他人的自由来延伸自身，试图超越自身的死亡，实现自身作为一个不确定的整体"②。

总而言之，波伏瓦既认同萨特所主张的人从本体论上是自为的存在，即从逻辑上说自我是先于他者的存在，但她认为这并不妨碍自我与他人可以有一种"相互性"，即自我与他人可以在各自谋划自身超越的同时，又可能以共同客体化与手段化为前提，在互为的条件下求得各自目的的实现。在《一种模棱两可的伦理学》一书中，她有一句话很好地总结了这一观点。"每个人确实都是与所有的人相联系的，但是这也是他的存在条件的模棱两可性：在他超越他者的过程中，每个人都是绝对的作为自为的存在；但是作为一个从事着自身谋划的分离的个体，每个人又对所有人的自由感兴趣。"③这样，我们就看到波伏瓦通过在《一种模棱两可的伦理学》中对自我与他人关系的论证，在萨特的存在论的根基中开辟了一条走出萨特，即走出独在、走出自我与他人的冲突，面向他者、走向共在的道路。这也标志着她在自我与他人的基本关系的性质从"冲突性"向"相互性"观点转变的最终完成。

在《第二性》中，两性之间的关系是自我与他人关系的特殊体现。在这本书中，波伏瓦把"他者"概念不仅使用在个人层面上，而且运用于社会群体层面。如果说，在"他者问题"上，波伏瓦早期作品关注的是他者意识对于自我个性构成的挑战，那么，在《第二性》中，她就是把目光转移到了男性群体意识对作为群体存在的"他者"即女性造成的影响上，或者说，是两性作为群体之间的"自我与他人"的关系上。波伏瓦认为两性之间，无论是作为个体，还

① Simone de Beauvoir. The Ethics of Ambiguity [M].Translated by Bernard Frechtman. Secaucus：Citadel Press，1948：122.

② Simone de Beauvoir. The Ethics of Ambiguity [M].Translated by Bernard Frechtman. Secaucus：Citadel Press，1948：32.

③ Simone de Beauvoir. The Ethics of Ambiguity [M].Translated by Bernard Frechtman. Secaucus：Citadel Press，1948：112.

是群体，都可以通过慷慨、友谊与爱实现一种"相互性"的关系。她认为，无论是两性之间，还是同性之间，唯有通过人与人之间的相互承认，互为主客体，才能超越冲突，走向共在。只不过，由于女性与男性相比存在先天的生理上的弱势，男性与男权社会利用这种弱势把无论是作为个体存在还是作为群体存在的女性都造就成了"绝对他者"，失去了与男性作为平等存在的"相互性"。这一点我在下文中将有详细的讨论。

第三章

女人——"绝对他者"存在

在《第二性》的序言中，波伏瓦开门见山地提出了"女人是什么"这样一个看似简单，却又令人难以参透其中深意的问题。这一问题就像海德格尔提出的"存在问题"在西方哲学史上的意义一样，它无论是在女性主义学术史上，还是在女性主义运动的实践过程中，都产生了划时代的影响。波伏瓦认为提出这个问题的意义就蕴含在提问本身之中，因为男人不会想到要问"男人是什么"的问题。在现实生活中，男女两性关系是非对称性的：男人既代表阳性，又代表中性即一般人的存在；女人仅仅代表阴性，而不能泛指一般人的存在。男人相信他的身体与世界的关系是直接的、正常的，他的认识是客观的；他们认为女人受自身身体的羁绊和禁锢，是有缺陷的存在。所以，波伏瓦认为，阐述"女人是什么"这一问题就已经提供了初步答案，提出问题本身就很有价值。（参见第 xxvii 页[①]）也正是从这一问题出发，波伏瓦展开了对男性与男权社会造成女性受压迫境况的道德批判。因此，可以说对于这一问题的解答是她对性别之间的不平等所做出的道德批判的逻辑起点和理论基点。

女人究竟是什么，做一个女人究竟意味着什么，不同的人站在不同的立场对这一问题有着不同的回答：生物决定论者说"女人就是子宫，就是卵巢"；精神分析学者说"女人是有着'阉割情结'的人"；马克思主义者说"女人是被私有制造成的具有世界历史意义的失败者"；还有人说"女人是有着神秘的'女性气质'的人"；等等。对于这些答案，波伏瓦一一做出了辩驳。在宏观

[①] 自本章到第五章中从英文版《第二性》中引用的引文都只在其后标明页码，所采用的英文版本为
Simone de Beauvoir. The Second Sex [M].Translated by H M Parshley. London：Penguin，1972.

层面上，波伏瓦用存在主义者的眼光审视了人类的历史与文化；在微观层面上，她用现象学的方法考察了女性个体在现实生活中的各种体验，然后对此问题给出了一个石破天惊的答案：女人是"绝对他者"（Other①）。波伏瓦说："提出女人问题就是提出绝对他者问题，而绝对他者不具备相互性，对她做主体、做一个人的所有体验都持否定态度"。（第253页）波伏瓦认为，在男权社会中，男人把自己树为主体、主要者（the essential），是"第一性"；女人只能是客体、从属者、次要者（the inessential），是"第二性"，是与男人没有"相互性"的"绝对他者"。

第一节 | "绝对他者"与女人

一、"他者"与"绝对他者"

"他者（the other）"是与"此者（the one）"相对而言的，表征着一种与"此者"相区别的"异质性"或"相异性（alterity）"。"他者"与"此者"既可以表达人与物的关系，也可以表述人（自我）与他人的关系，在表述人（自我）与他人的关系时，这对二元性范畴，可以表述为"自我（主体）"与"他者（人）"，波伏瓦在《第二性》中用的就是后一种表述。如前所述，波伏瓦的"他者"既有黑格尔的渊源，又有萨特的影响，还有海德格尔的印迹。质言之，波伏瓦视野中的"他者"与"自我"，既可以通过生存斗争和生产活动来相互承认以获得各自人性发展和自我意识完善，也可能通过"注视"相互感受对方的存在并为争夺各自的自由而相互物化、对象化，还应该可以朝向同一个世界、"共在"于同一个世界。但是，波伏瓦既不像黑格尔那样关注普遍性与特殊性的统一从而关注"自我"与"他者"的同一性的本体论问题，也不如萨特与海德格尔一

① 在英文版的《第二性》中，与"自我"相对而言的，有着"相互性"的"他者"是小写字母开头的"other"；而对于没有"相互性"可言的"绝对他者"是大写字母开头的"Other"。参见：Simone de Beauvoir. The Second Sex［M］. Translated by H M Parshley. London：Penguin，1972：71. 所以我们把"other"译为"他者"，而把"Other"译为"绝对他者"。

般聚焦在"自我"与"他者"如何在世存在的生存论问题，她关心的是"自我"与"他者"如何建构互惠互利的、具有"相互性"的关系的伦理问题。在《第二性》中，波伏瓦关切的焦点就在"自我"与"他者"的一种特殊二元对立关系——男女两性关系之上。

在《第二性》中，"自我"这一概念表征着作为"此者"的超越性、自由或主体性，是"注视"的一方；与之相对，"他者"这一概念就意味着一种内在性、对象性或客体性，是被"注视"的一方。或者说，自我包含主体性即自由的超越性，他者蕴含他者性即内在性、对象性、客体性。波伏瓦认为，从本体论来说，人与人的关系并不只是基于团结与友谊的共在或伙伴关系，而是如黑格尔指出的"在意识本身当中有一种对其他所有意识的敌意"，因此任何相异的个体或群体存在都会相互做出"自我"与"他者"的区分，人们会把自己树为主要者，把他人看成与之对立的他者、次要者、客体。但是，这种"自我"与"他者"的关系都存在一种辩证的相互转换关系，我的"自我"在他人那里是"他者"，他人的"自我"在我这里也是"他者"；我在试图超越他人的同时，他人也在试图超越我；我在"注视"他人的时候，他人可能也会反过来把目光投向我。"他者"与"自我"一样，是一种意识的存在。"他者"是另一个"自身（self）"，是另一个"自我（ego）"，是与"自我"同样的有超越能力的自由存在。"不会有他者呈现，除非这个他者也能在自身中自为地呈现。即是说，真正的相异性——他者性——是这样一种意识的相异性：它既分离于自我意识，又基本上与自我意识相互确证。"（第139-140页）在波伏瓦看来，当"他者"对"自我"主张相应的权利要求，即试图把我的"自我"看作他的"他者"时，就让"他者概念失去其绝对意义，就证明了其相对性。不论是否愿意，个体和群体都必须实现相互性的关系"。（第xxix页）一般而论，"他者"是一个相对于"主体"或"自我"而言的概念，是一个相对的"他者"，它可以与"自我"发生辩证的相互转化。所以"他者"是与"自我"具有"相互性"①的概念。

在波伏瓦看来，若主体（人或人们）在被其他人当作"他者"时，不对其

---

① 波伏瓦在这里使用的"相互性"概念没有伦理学上"平等互惠"的含义，它只是一个哲学上的概念，仅指相对而言、相依而存之意。

他人主张同样的权利，不坚守自身的主体性，不把其他人当成是确认自我意识的"他者"，就只能被超越，只能被"注视"，那么他就不是相对的"他者"，而沦为"绝对他者"，即绝对地只能成为"他者"，失去了作为主体存在的可能性。这种人将失去自我，失去自由，成为对象性的存在、物的存在、自在的存在，也就失去了为自身存在的正当性做出辩护的机会，失去了作为人证成自身的理由。换言之，这种"绝对他者"就只有纯粹的"他者性"，只有内在性、对象性、客体性的一面，而失去了主体性即自由的、超越的一面。

如上一章所述，在波伏瓦的哲学语境中讨论人的自由，不是萨特那种绝对的、本体论层面上的自由，而是相对的、境况中的自由，这种自由的实现是有条件的，它需要各种谋划的机会，需要开放的未来，还需要他者的承认。而作为"绝对他者"是没有实现自身自由的这些条件的，因此，其存在陷入了一种荒谬的物的存在、自在的存在水平。再者，作为存在主义者，波伏瓦认为，人的纯粹生命存在本身是荒谬的，没有理由的，但是人作为自为的自由存在可以并且应当为自己的存在给出正当性的证明，这种证明可以通过人积极地谋划，不断超越自我，并把这种超越行动与未来连接起来，使自身成为永远朝向未来的可能性存在来实现。若人的存在仅仅是维持生命，没有通过自由的创造来超越生命本身，来为自身存在证成，为自己的生存做出辩护，就陷入了与"植物一般的荒诞"的存在水平。而"绝对他者"是一种绝对地为他者的存在，需要他者给出其存在的理由，自身不能给出自己存在的正当性理由，自身的存在不能独立自足，需要他人来证明其存在的价值，因此，人若作为"绝对他者"的存在，实质上就相当于物的存在水平，而失去了作为主体性存在的地位与价值。

二、女人是"绝对他者"

如前所述，存在主义者认为，人的本真存在是自为的自由存在。正如萨特所言"人即是自由"。谁会甘心作为失去主体性、纯粹只有他者性的"绝对他者"存在的命运呢？一般而言，"不自由毋宁死"，只要是人，他都会为保住自身的自由而进行一番你死我活的抗争与搏斗，从而夺回自身的自由，找回自己的主体性。波伏瓦认为，事实并不尽如此，现实生活中就有人自愿沉沦于或者被迫深陷于这般境地，这种人就是"女人"。在波伏瓦看来，男权社会中的女人是"绝对他者"，只有纯粹的"他者性"，而没有自身的"主体性"，没有与男人互为主客体的"相互性"。"这种相互性在两性中不曾得到承认，对照的一方被树为唯一的主要者，否认相关的一方的任何相对性，并将另一方界定为纯粹的他者性。"（第 xxx 页）波伏瓦认为，在两性关系中，女人没有对男性主权提出异议，成为纯粹的客体和次要者，即"绝对他者"。女人要么是被强加于"绝对他者"的地位："她（女人）这个与大家一样的既自由自主的人，却发现自己生活在男人强迫她接受他者地位的世界之中。男人打算把她固定在客体地位上，使她永远是内在的，使她的超越性失去光彩，并且必定要被另一个主权自我所永远超越。"（第 xli 页）或者，女人自己成为男人的同谋，甘愿作为"绝对他者"存在："由于不具备确定的资源，由于感觉她与男人之间的纽带的必要性而不顾相互性，由于她热衷于扮演绝对他者（Other）角色，女人没有要求拥有主体地位。"总之，波伏瓦认为，在迄今为止的人类社会中，不管是主动放弃主体性，还是被迫失去主体性，女人始终处在"绝对他者"的地位。

　　女人是与男人有着生理上的性别差异的人，这种差异就是一种"相异性（alterity）"。有"相异性"就有"此者"与"他者"之分：女人相对于男人是"他者"，男人相对于女人同样也是"他者"。男女两性在差异中存在，在存在中呈现差异，是人类社会中众多二元对立的范畴之一，两者应该是相互依存又相互对抗的关系。在波伏瓦看来，就是在同性主体之间也会存在这种主体间的"时而敌对时而和睦、永远处于紧张状态的相互关系"，因为"两种类别的人在一起时，每一种都想把他的主权强加于对方"。（第 61 页）"没有一个主体会自觉自愿变成客体与次要者。"（第 xxx 页）两者若是势均力敌，就会在力量上相互抗衡，存在着此消彼长的既斗争又妥协的关系。这里并不存在道德问题。所以说"女人是他者"，这并没有问题，因为女人同样可以把男人看成是她的"他者"。波伏瓦认为，问题是人们"混淆了相异性与他者性"，这就"导致产生了错误"，"相异性"与"他者性"实际上是两种互相排斥的形式。（参见第 70 页）这种混淆导致的错误就在于女人在人类社会中没有得到与男人同等的对待，而是普遍受到了歧视。人们把女人与男人的"相异性"混淆成了纯粹的"他者性"，把女人本来作为与男人平等的"他者"当作不可还原的、没有相互性的、不对称的"绝对他者"。女人若被男人看成是与他同类的人，或者说与他一样有着同样做人权利的人，只是性别不同而已，那么女人就是与男人平等相对的"他者"，她是与男人有着"相异性"的人。而在男权社会中，女人并不是被男人当成与他有着"相异性"的人，而是被当成只具有"他者性"的存在，是与男人没有平等的权利的人，或者说，女人根本就没有被当成完整的人来看待，她们被排除在人类的伙伴关系之外。"这种（对女人的）歧视一直在延续。把女人看作绝对他者（Other）的时代，是那些十分坚决拒绝根据做人的权利使她结合于社会的时代。今天她只有失去神秘的光环，才可以变成平等的他者（other）。反女权主义者始终在利用这种含糊性。他们喜欢把女人升为绝对他者（Other），其方式是把她的相异性变成绝对的、不能还原的（irreducible），拒绝让她进入人的共在（Mitsein）。"（第71页）

波伏瓦指出，在男权社会中，女人之所以是单方面的"他者"，是绝对他者，因为女人是被男人单方面定义为他者的，而不是在两性相互关系中的"他者"，也就是说，女人没有反过来把男人规定为"他者"。"人就是指男性。男人并不是根据女人本身，而是相对于他来规定女人，不把女人视为一个自主的存在。……女人完全是男人所定义的那种人……定义与区分女人的参照物是男人，而定义和区分男人的参照物却不是女人。她是附属的人，是同主要者相对立的次要者。他是主体，是绝对，而她则是绝对他者。"并且，女人由于没有同男人一样，参与同大自然的生死抗争，没有进入主奴辩证关系之中，没有获得自身人性的充分发展，所以"她们承认男人有主权，而男人从未感到造反的威胁，未感到可能反过来将他也变成一个客体。于是，女人好像一个根本不想成为主要者的次要者，一个绝对他者"。因此，波伏瓦认为，在人类社会的历史中，女人始终是"他者"，她们从未主张过自身的主体权利；男人始终是"此者"，是主要者，一直主宰着女人的命运。所以女人只能是"他者"，而且是"绝对他者"。"男女之间不存在相互关系……社会始终是男性的，政权始终掌握在男人手中。""女人是绝对他者，即是说，无论她有什么魔力，都被看成次要者，不可能被看作另一种主体。因此，女人从未形成过一个根据自身利益形成的、和男性群体相反的独立群体。她同男人从未有过直接的自主关系。"

女人作为真正的人的存在，应该与男人同样是有着主体性的自由存在，在男权社会中，她如何沦为"绝对他者"存在了呢？波伏瓦给出了两个层面的理由。就本体论的层面而言，波伏瓦认为，确证自身是主体性存在的条件之一，是主体（人）自由的选择行动和具体的谋划行为，"每一个主体都要通过具体的谋划来确立自身是超越性的存在"。（第xli页）"在具体的谋划中，她才能确认自身作为主体性存在。"（第680页）而女人在传统上的角色只是母亲与妻子，她们没有与男人一样去进行创造性的生产劳动，而是陷入了只具有内在性与重复性的生育与家务活动中。她们没有自由地积极谋划的机会，没有像男人一样去超越生命战胜自然，把自然对象化，使主体客体化，从而感受到自身观念的力量，感受到"人的本质力量"，所以女人的人性、主体性没有得到充分的发展与确立。再者，女人没有在与男人的两元对立中去把男人当成认识自我的"他者"，没有去定义男人，而只是被男人定义。"主体只能在对立中确立——他把自己树为主要者，以此同他者、次要者、客体相对立。"（第xxix页）波伏瓦还认同了黑格尔的自我意识的发展理论，即自我意识必须与其他意识经过生死抗争，拿自己的生命去冒险，参与主奴辩证法之中，才能获得充分的发展与完善，才能使自身的主体性获得最终确证。她认为，在人类社会从野蛮走向文明的一开始，男人就敢于拿自己生命去冒险与恶劣的自然环境、与其他男人进行生死斗争，从而获得相互的主体性的确认；而女人因为自身的生理特征，她必须承担繁衍生命的职责，没有机会参与拿自身生命冒险的活动，没有参与到主奴辩证法之中，所以女人的自我意识没有得到充分的发展，她们的主体性没有获得确证。一言以蔽之，波伏瓦认为要确立自身的主体性，不仅仅要通过自身朝向具体目标的自由谋划，进行超越自然的对象性活动，还要通过意识（认识）之间的相互斗争和相互承认。在波伏瓦看来，这几个条件，女人都不具备，她的主体性从来没有机会获得真正确立，所以，她只具有"他者性"，没有"主体性"，只能成为"他者"，不能成为主体性的存在，所以只能作为"绝对他者"存在。

再者，从社会现实生活的层面来说，波伏瓦认为，在男权社会中，女人不能为自己的生存做出辩护，不能通过自己的自由创造活动来证成自身，她需要给男人做妻子与家庭主妇，为孩子做母亲，才能获得社会的承认与尊重，得到自身存在的合理证明。所以女人只能为男人而存在，作为"绝对他者"存在。这里需要特别指出的是，波伏瓦与萨特不一样，她并不把人所有的"行动"都看成人的意向性的超越性的活动，女人"做"家务、"做"妻子和"做"母亲，所有这些在私人领域的活动都是重复性的、只体现人的纯粹的内在性的一面的活动，在她看来，都不是有意识的自由的超越行动。

她认为，通过这些活动，女人并不能证成自身的生存。

这样，我们就看到了波伏瓦对于"女人是什么"这一问题的解答："女人是绝对他者。"但是，我们必须认识到，波伏瓦的"女人是绝对他者"的论断中的"是（to be）"，应该被理解为"变成或者成为（to have become）"。她说："一个人（或一群人）被置于低人一等的处境，实际情况就只能是他是低人一等的。"然而，"'是'这个词在这里必须正确理解。这个词确实如黑格尔所说有'变成'之类的动态含义，若给予它静态的价值就只能是自欺（in bad faith）了"。然后，她指出："一般来说，女人是低男人一等的，这是指她们的处境给她们带来的机遇较少。"（第 xxxvi 页）即是说，波伏瓦认为，女人是被她们的处境塑造成了低男人一等的人，并不是她们天生就低劣于男人。虽然，在这里，她把这一观点归于黑格尔，但我们不应该忘记她的存在主义哲学立场。再者，如前所述，黑格尔的思想本来就是存在主义哲学的重要来源。在黑格尔的主奴辩证法的启示下，波伏瓦与萨特一样，认为人是自为的存在，人的存在不同于物的存在，不是既定的，不是一成不变的，人是开放性的存在，永远处在变化之中，人没有确定的本质，不可能被规定，被定义。在《第二性》一书中，波伏瓦也一再强调了她的这一存在主义的立场："一个存在者，除了他所做的以外什么都不是。可能不会超出现实，本质也不会先于存在；在纯粹的主体性上，人什么都不是。"波伏瓦指出，当女人被问到她究竟是什么的时候，"她将对判定自己是什么感到十分为难。这个问题没有答案。但是这并非因为这个隐藏的真理太模糊以至于难以判断，而是因为在这一领域本来就没有真理可言"。（第 257 页）所以，我们应该明白，在所有波伏瓦谈到的"人是什么"的问题时，这个"人"不管是指"男人"，还是"女人"，抑或是"黑人""犹太人"，"是（to be）"都应作"变成或者成为（to have become）"理解。因此，在某种意义上，我们可以说波伏瓦提出"女人是什么"这一问题，其实是在问"女人成为什么，是如何成为的"。同样的道理，波伏瓦在"女人是绝对他者"的论断中的"是"也应当作如是观，而不应该把它当成本质主义给人下定义中的"是"来理解。事实上，在《第二性》的序言中，波伏瓦最开始提出"女人是什么"的问题时，就表明了这种立场。她反对柏拉图的本质主义，反对那种把女人看成具有某种抽象"女性气质"的人的观点，她说："抽象的概念论今天已经没有市场了，不论是生物学还是社会学都不承认存在着决定某些特性的固定不变本质，而人们曾一度认为，女人、犹太人和黑人应当具有这些特性。从科学的角度讲，在某种程度上任何特性都是取决于处境的一种反应。”（第 xxvi 页）在该书的第二卷的序言中，波伏瓦又再次强调了这一点：“当我使用‘女人’或‘女性’这些词时，我显然未参考任何原型，未参考任何固定不变的本质。”（第 xlii 页）

“女人不是生就的，而宁可说是逐渐变成的。在生理、心理或经济上，没有任何命运能决定人类女性在社会中呈现的形象。造就出这种介于男性与阉人之间的、所谓具有女性气质的，正是整个文明。”（第 267 页）这是《第二性》的第二卷中的第一句话，也是该书中最为著名的一句话，从这里我们可以更清楚地领悟到波伏瓦说“女人是绝对他者”的含义：女人是在男人给她制造的境况中逐渐被造就成了“绝对他者”存在的，或者说，女人是被男权社会文化逐渐建构而成了“绝对他者”存在的。在《第二性》一书中，波伏瓦再三强调了自己的这种立场，即女人不是由她的生理结构先天地注定了是低劣于男人的存在，她也不具备固定不变的“女性气质”，这些都是社会处境把她造就而成的，“没有一种是雌性荷尔蒙或女性大脑的先天结构强加给女人的：它们是由她的处境如模子一般塑造出来的”。（第 597 页）

那么，为什么男人要把女人造就成为“绝对他者”存在呢？波伏瓦认为，把女人造就成为“绝对他者”，让她们处于依附地位，这种安排“符合男性的经济利益，也符合他们本体论上和道德上的主张”。（第 139 页）

男权社会把女人限制在婚姻家庭这样的私人领域，男人独占各种社会财富与资源。在这种社会制度安排下，不仅仅种种社会财富与资源都属于男人所有，连同女人本身也作为财产为他们所占有。这显而易见是符合男人利益的，所以他们要通过各种手段制造并且维护这种不平等的性别等级制。

波伏瓦认为，除此之外，再还有更为深层次的本体论上的原因，即男人既需要“他者”来确证自我，获得自我实现，但又要逃避“主奴辩证法”，要规避自我沦为“他者”的风险，这种梦想只能在作为“绝对他者”存在的女人身上才可以实现。如第一章所述，波伏瓦用了黑格尔的主奴辩证法来解释男人的这种本体论上的需要，即需要他者来对自我的自由进行确证。“只要主体想确证自身，限制并否定他的他者就仍是必要的：他只有通过他所不是的、有别于他自身的那个现实，才能实现他自己。”从存在主义立场出发，她接着解释道：“这就是男人的生活永远不会是充裕和平静的原因。它是欠缺，是活动，也是斗争。"（第139页）男人诚然可以通过征服自然、支配自然、用自己的观念塑造自然，从而获得某种程度的自我实现。但是，自然是自在的存在，是无意识的存在，人不可能通过扬弃它来获得自我意识的确证。"它要么简单地作为一个纯粹全无人格的对立面呈现，是一种障碍，始终是一个陌生者；要么被动地服从人的意志，允许同化，于是他只有通过消耗它，即通过破坏它，才可以占有它。"所以"自然不能满足他的需要"。（第139页）与黑格尔一样，波伏瓦认为，自我意识为了扬弃对象（他者）同时扬弃自身，就只能靠在另一个自我意识中获得自我确证。在人与自然打交道的过程中，"没有他者的呈现，除非他者也是作为自在与自为的存在来呈现：真正的相异性——他者性——是这样一种与自我意识相分离，又本质上能确认自我意识的意识"。（第140页）

波伏瓦认为，能满足男人这种需要的也不是其他男人，因为作为自由主体的男人之间的互相确证将是危险的，主奴辩证法使得每个男人自身都有可能沦为奴隶，在这种相互确认的过程中，充满着矛盾与斗争，这是他们都不愿面对的现实。虽然，"其他男人的生存把每个男人从他的内在性中猛拖出来，使他能够实现他存在的真实性，并通过超越，通过逃往某些目标，通过进取来成就他自身"。但是，"这种自由不是属于我的，因为它在确认我的自由的同时，也与它相冲突"。波伏瓦并非完全认同黑格尔的自我与他者只能是冲突性的关系，她认为"若每个人都能够坦率地承认他者，将自己和他者看成既是客体又是主体，那么超越这种冲突便会成为可能"。遗憾的是，她认为，人们还没有达到这种"本真的道德态度"。他"不喜欢困难，害怕危险"，但又矛盾地"既渴望生活又渴望休歇，既渴望生存（existence）又渴望存在（being）"，他虽然知道"这种'精神烦恼'是人发展的代价"，然而他还是梦想"不安宁中的安宁，梦想赋予意识以不透明的充实"。即是说，人作为生存者，是一种虚无，一种透明的意识，一种欠缺，一种永无安宁的自由，它没有自在存在的确定性。人又总是有一种"存在的欲望"，总是希望用自在存在的不透明的充实性来填补透明的意识的欠缺性，从而寻求一种存在的确定性，但是由于人的意识是虚无，是一种否定性，它将虚无化一切存在，所以这种欲求就是不可能实现的。因此，萨特把它叫作"无用的激情"，波伏瓦在这里称之为"精神烦恼"。

然而，在作为"绝对他者"的女人身上，男人似乎可以实现这种梦想。因为，作为人，她的的确确是一种意识的存在，但她既可以没有自然那种有"敌意的沉默"，而作为"绝对他者"，她又不会"对相互关系有所苛求"。只有这种女人，才能让男人得到满足。"多亏了她，才有一种逃避主奴间无情辩证关系的方法。"她是介于"自然"与"男人"之间的存在，"是男人想得到的，在自然、陌生者和他如同一人的同类之间的中介"。这种女人不是纯粹"自然"的自在的对象性存在，也不具有"男人"那种要求相互性的意识，她是"一个根本不想成为主要者的次要者，是一个绝对的他者，对女人来说无相互性可言"。（第 141 页）这种女人虽然有意识，但她由于不要求主体的权利，实质上被当作了一种物的存在，对象性的客体存在，一种与虚无相对的自在存在，所以"她可以作为一种存在的充实（abundance），与男人在自身中感觉到的虚无的生存形成鲜明的对照。这种绝对他者，由于在主体的眼中被当成了客体，被视作了自在的存在，因而被看成是一种存在（being）。在生存者内心中所承载的欠缺，可以由女人以积极的形式来化身，正是在通过她去获得整体的实现的追寻中，男人希望获得自我实现"。（第 142 页）这样，女人作为客体、作为物的存在、作为"绝对他者"就能被男人非本真地占有，实现他成为自在与自为的综合，成为"上帝"之"存在的欲望"。

最后，把女人造就成"绝对他者"存在，一种物的存在、自在的存在，是男人作为自为的存在、可以超越的存在，这样，男性就能作为自为的自由存在独自拥有超越性的王国，成为可以超越自在存在的自为存在，男人自然就获得了一种在道德上的优越感，获得了自我证成，性别等级制与男性霸权也由此而获得一种正当性。

以上就是男人之所以要造就女人成为"绝对他者"存在的缘由，下面我们就来看看，波伏瓦所描述的，女人是如何被男人造就成"绝对他者"存在的以及她对这种所谓的 "造就"做出了何种道德批判。

第二节　｜　"绝对他者"存在的生成

波伏瓦认为，从宏观层面来说，男人或男权社会对于作为群体存在的女人

"绝对他者"的造就是从人类社会一开始就存在的，并且贯穿整个人类社会发展的过程之中；从微观层面来说，这种"造就"渗透到了作为个体存在的女人的各种生活体验中。因此，追溯这种女人被"造就"的历史过程，考察她们在现实生活中的各种体验，是波伏瓦对于男人与男权社会给女人造成受压迫境况，从而造成性别之间的不平等，所做出的道德批判的一个起始环节。

一、"绝对他者"的历史追溯

在波伏瓦看来，整个人类的历史就是一部男人与男权社会根据他们的需要，按照他们的观点，造就女人作为"绝对他者"存在的历史。在《第二性》的第二部"历史"中，波伏瓦首先就直截了当地告诉我们，"只要用存在主义哲学去重温史前史与人种学的证据，就可以认识到两性的等级制度是怎样确立的"。（第61页）这一等级制度的确立也就是女人在人类历史中沦为"绝对他者"存在的开端。在该书的这一部分接下来的篇章中，波伏瓦对这种两性等级制的巩固与发展的历程，做出了全面的历史性回顾与深刻的原因剖析。

波伏瓦认为，人类原始时期有三个历史阶段：游牧时代、早期农耕时代与农业时代。前两个阶段是史前期，是男人利用女人的生理弱势把她沦为"绝对他者"存在的开始；农业时代是成文史的开始，这既是私有制和男权制产生的时期，也是男人造成女人"绝对他者"地位的制度性巩固与发展的时期。在波伏瓦看来，不同的历史时期，男人造就女人的方式有着不同的特征；不同的历史阶段，女性被造就的境况即受压迫的境况也有不同的特点。

（一）性别等级制的确立

波伏瓦指出，两性之间的等级制在史前期就已经确立。她从"存在主义出发"，得出这样的结论："原始部落的生物学与经济条件必然导致了男性的霸权。"（第65页）她认为，有以下三个方面的原因导致了性别等级制即男性霸权在史前期的确立。首先，女人沉重的生育负担导致她们在食物与人身安全上对男人的依赖。其次，女人从事的生育与家务劳动都是非创造性的活动，这些活动把女人囚禁在重复性与内在性之中，使其不能超越动物性的存在水平。最后，男人从事危险性的活动，参与拿生命冒险的主奴辩证法的生死斗争，使得他们的主体性得以确认，从而他们的自我意识得到了充分发展，因此，男人获得了"至高的尊严"。

　　波伏瓦首先考察了游牧时代的社会经济状况，认为从那个时代起性别之间就有了分工：男人打猎、捕鱼和维护部落的安全；女人承担着繁衍后代和家务劳动的职责。这种分工基于两性之间的不同生理特征：男人强壮有力适合于攻击性的、需要耗费体力的活动，并且这种体力上的优势在人类早期生产力低下的历史阶段起着至关重要的作用；而女人无论多么强壮，免不了受"怀孕、分娩和月经"等生理功能的制约，所以只能从事一些不需要很多体力的家务劳动与生儿育女的活动，只能依靠男人提供保护和食物。

　　波伏瓦认为，两性等级制不仅仅是游牧时期的女人对男人经济上的依赖所致，更为根本的是由于两性在分工以后所从事活动的类型不同，它们对于人的主体性的确认与发展的作用不一样。女人的分娩与哺乳是一种自然功能，与任何设计无关，从这种活动中"女人不可能找出高度肯定她生存的理由"，她只是被动地服从生物学的命运。而女人从事的家务劳动也不涉及新的方法与目标的谋划和新的价值的创造，所以也只是内在性的、重复性的活动。波伏瓦指出，从存在主义的立场来看，女人的这两种活动都没有让她获得自身存在的正当性证明，没有让她超出动物性存在的水平。与之相反，男人所从事的打猎、捕鱼等活动不但要使用工具，还要制造工具，这就必然要用观念来改造自然，必然要去设计与发明。因此，他不是像动物一般，"靠单纯的生命过程和生物学行为，而是借助于超越动物本性的行动，去维持群体的生存"。男人通过这种超越性的、创造性的活动使得自身脱离了动物性的存在水平，使自己"作为生存者得到了自我实现"。更为重要的一点是，男人在狩猎时，他要与野兽进行生死搏斗，要拿自己的生命去冒险。在维护部落安全的战争中，男人更要把生死置之度外。这些活动的危险性"赋予男人的活动至高尊严"。而女人则被排除在这些活动之外，这是"降临于女人身上最为凶险的祸根"。因为，"生命对于人不是最高价值，生命应当为比它更高的目的被创造出来。……人高于动物之处不在于给予生命，而在于用生命去冒险。这就是人类没有把优越性赋予给予生命的那个性别，却赋予了去屠杀生命的那个性别的原因"。波伏瓦指出，这就是两性等级制确立的"全部奥秘的关键"：男人在确保生命维持与延续的同时，还通过生存超越生命；而女人虽然也认同"生命本身不具有存在的理由，而这一理由比生命本身更重要"，女人也希望通过超越自然生命来证成自身，但从生物学的角度看，她却注定要重复生命。（参见第63—64页）

波伏瓦援用了黑格尔的主奴辩证法来解释女人最初的劣势处境："黑格尔根据这一论点对主奴关系所做出的解释，十分适用于男女关系。……女人基本上是一个给予生命、没有拿她的生命去冒险的生存者，她与男人之间从未有过较量。"所以，"黑格尔的解释很是适合她：'他者意识是一种依附意识即它的本质上的现实就是一种动物性的生命类型'"。即是说，女人因生育负担过重，不可能参加拿生命冒险的征战与狩猎等活动，不可能参与主奴辩证法，就不能使自身的人性获得充分的发展，也就不能发展出独立与完善的自我意识，使自身的主体性、自由得到确证，所以只能成为"他者"，停留在动物性存在的水平，只是靠本能生存。

但是，波伏瓦认为，这并不是女人的过错。因为生理上的弱势不是她们能够选择的，没有选择就没有责任。再者，主观上"女人也渴望并承认男人所具体取得的那些价值"，只是不具备客观条件而已，女人"成为物种的牺牲品的程度更大"，她注定要去繁衍生命而不是去超越生命，注定要维持生命而不是拿生命去冒险。她为延续生命牺牲了超越生命的机会，客观上为人类社会做出了贡献。这本来应该是女人获得社会尊重与补偿的理由，但是，男人并不认同女人繁衍生命的价值，他的"主动性在创造价值的同时，也把生存本身变成了一种价值；这种主动性战胜了生命的无序力量，也征服了自然与女人"。（第65页）从存在主义的视角来看，人的生命本身无价值可言，人只有通过他的主动性、创造性的活动来创造价值，才使得自身的生存具有价值。在波伏瓦看来，由于男人相对于女人有着先天的优势，他不像女人受自身身体条件的束缚，能创造比女人只是重复生命更高的价值，所以能在征服自然的同时，也迫使女人在他的征服之下，才能成为自然与女人的主人。"只是因为人开始在自身的生存中拷问自身，也就是说，人开始重视高于纯粹生命本身存在的理由，男人就相对于女人而把自己置于主人的位置。"（第65页）所以，这种性别等级制其实是人刚刚从动物界走出来，达尔文生存法则的必然结果，是人从野蛮走向文明的一个必经阶段，"女性的贬值是人类进化的必要的一步"。（第719页）随着人类社会的发展，这种不平等应该为人的理性所认识，随着人类文明程度的提高，人应该逐渐摆脱生存的自然法则的制约，而建构体现人的尊严与自由的道德法则，在此基础上，通过合理的制度安排来消除这种由于先天的不平等造成的不公正，从而使得人类社会逐渐趋于平等与公正。人类社会领域中的任何类型的不平等如阶级之间、种族之间的不平等都会有一个通过斗争逐渐走向平等的历程。但是，波伏瓦认为，性别之间的不平等现象却与其他不平等的现象相比有着更多的复杂性，如女性从来没有形成过一个利益共同体，"她们没有过去，没有历史，没有自己的宗教，而且还没有无产阶级因工作和切身利益产生的团结。她们甚至没有像犹太人、圣丹尼斯和雷诺工厂的工人一样，不分等级地住在一个地方，而产生的一种社区感"。（第 xxxi 页）再者，女人与男人之间的对立，不可能以消灭对方为终极目的，女人受男人的压迫，却又离不开男人，"把女人和她的压迫者联系在一起的纽带，是任何其他纽带不能相比的"。（第 xxxi 页）还有，女人在历史中始终从属于男人，这种依附性不是某个历史事件或社会变化造成的，它"缺乏历史事件的偶然性和偶发性"。所以，女人依附于男人容易被认为是自然的，天经地义的，而非人为造成的不平等。最后，在男人的诱导与欺骗下，女人成了男人的同谋，他们顺从了男人的意志，成为他们的造物。"男人一旦把女人变成了绝对他者，就会希望她表现出根深蒂固的同谋倾向。"（第 xxxiii 页）"男性更多地把女人看成是同谋，这和压迫者对被压迫者的通常看法不一样。他们由此得到授权，虚伪地宣称，她一直渴望得到他们强加给她的命运。"（第 721 页）这就导致了性别之间追求平等的道路更为艰巨。更为重要的是，这种艰巨性在人类历史中逐步被男权社会的意识形态与制度安排加剧。

波伏瓦指出，在性别等级制初步确立以后，"男人为了维护他们的特权，虚构了这种歧义。为了把女人禁锢在里面，男人独自创造了一个女性领域——生命的、内在的王国"。（第 65 页）即是说，男人为了维护性别等级制，维护自身从事"超越性"活动的特权，利用了女人的生理弱势，创造出一个观念、一种意识形态，即女人与男人的不同在于女人自身的先天不足，所以注定只能从事内在性的重复性的活动。在社会生产实践中，让女人从事并且只从事这种内在性的活动。然后男权社会又赋予超越性活动比内在性活动更高的价值。因此，女人低劣于男人，成为从属于男人的存在，就是天经地义的。男性霸权也因此而得到辩护。

（二）性别等级制的巩固与发展

这种男性霸权在生产力得到了提高，体力在生产中的作用越来越小的历史时期，是如何得以延续、巩固与发展的呢？

波伏瓦认为，从游牧时期的性别等级制初步确立以后，在早期农耕时代，随着社会经济结构的变化，性别之间的关系也有了新的特点。这一时期，人们发明了农业，氏族维持生计不再只靠男人们的打猎、捕鱼，而主要靠土地的耕作，于是土地成为一种新的财富。由于这个时期人类认识的局限性，人们把农田孕育的生命力与女人的生育联系起来，并且这两者又和整个自然相连，把他们同样都看成是某种神秘的魔力。"在游牧者当中，生育几乎是一个偶然的事情，土地财富还不为他们所知。但是，庄稼汉对农田和母体中萌发的神秘生育力却感到惊奇。……在他看来，整个自然仿佛是一个母亲：土地即是女人，而且与大地一样，女人身上也有那种神秘的魔力。"（第 67 页）再者，土地这种不动产一出现，它就要求有继承人，于是孩子有了前所未有的价值。所以，这时女人就有了很高的尊严。"这种尊严应该主要是由孩子在以耕地为基础的文明中，具有的新的重要性来解释。在某块领地上定居下来以后，男人确立了对领地的所有权，财产以集体所有的形式存在。这种财产要求所有者提供后代，所以母性成为一种神圣的功能。"（第 66 页）这时女人由于生育力甚至被人们当成是神来顶礼膜拜，整个氏族也是按照母系来划分。但是，波伏瓦认为，这个历史阶段并不如恩格斯所想象的是"女人的黄金时代"。她认为，这个阶段的女人仍然是"绝对他者"，女人无论是在男人的观念中，还是在社会实际生活中，都没有被当成是男人的伙伴，没有被当成是一个独立的主体。"男女之间不存在相互关系：大地、母亲、女神——在男人心目中她根本不是他的同类。"男人的同类、他的伙伴永远是男人，他们之间才有相互性。女人只是男人财产的一部分，为每一个男人群体所拥有，是这些群体进行交换的媒介。所以"由于女人是绝对他者，无论她有什么魔力，都是次要者"。（第 70 页）无论血缘制度是父系的、母系的、双系的，还是没有做出区分的，女人始终处在男性的监护下，只是服从父亲或兄弟，还是服从丈夫的区别而已。就算是女人有很高的权威，她也只是"权威的中介，而不是拥有权威的人"。因为两个男人群体之间的关系，是由血缘制度确定的，而不是由两性关系来确定的。再者，女人孕育生命与土地长出庄稼一样，"都不可能有创造性行为，只能是魔力"。女人的魔力与权威是男人赋予的，女人与土地一样是被男人在宗教与经济上所利用的对象性存在。最重要的是，这种魔力并没有使男人失去对自然与女人的控制，"即使他（男人）对生命、自然和女人的神秘感到困惑，他也没有失去自身的权力。当他为女人的危险魔力所慑服，因而把她树为主要者时，是他把她放在那个位置上的，因而事实上也是他在这种自愿的异化中充当了主要者的角色。尽管女人的身上充满了生育的魔力，男人仍然是她的主人，这与他是肥沃大地的主人一样。正如女人体现了其生育魔力的大自然，她注定是服从的、附属的、被用的"。男人既然有能力把女人推到"偶像"的位置，就有能力摧毁它们。"男人所创造的种种偶像，不论可能有多大的威慑力，实际上均从属于他，这就是男人始终有力量摧毁这些偶像的原因。"总之，在农耕时期，由于男人还不知道自己对于生育所起到的作用，所以把女人生育力看作与土地的孕育力一样的神奇，把女人当成繁荣的象征和魔力的化身。女人对于男人有着经济与宗教上的价值。但是，女人获得的这种新的价值是男人赋予的，这种价值是由于男人对自然生命力与女人生育能力的误解造成的，是他的自我意识还没有得到充分发展与完善的结果，因此一旦他"有了较为明确的自我意识，一旦他敢于坚持自己的权利并予以反抗，他就会毫不犹豫地利用这种从属关系"。（第 73 页）从而可以摧毁偶像，驱除魔力。

随着生产力的发展，男人也的确摧毁了由他制造的"偶像"——女人。历史走到了青铜器时代，男人逐渐认识到他的劳动可以征服土地的魔力，他就不再对土地顶礼膜拜，于是他把土地与女人同时从神坛上拉了下来。波伏瓦认为，女人的贬值是人类历史的必然，因为她的威望不是建立在她本身的积极价值上，而是建立在男人的弱点上。所以，当男人发展了自身的力量，掌握了征服自然的技术时，他就在摆脱自然的同时，摆脱了女人魔力的控制。"当第一声锤声响起来因而男人的统治开始的时候，伟大的潘神（Pan）便开始黯然失色了。"（第 75 页）这时男人也认识到自己对于生育的贡献。于是，男人必然要推翻母系制度，建立保证他对孩子以及女人的绝对权威的男权制，"神秘同经济这两种现实之间的平衡，是一种不稳定的平衡。男人同儿子的联系，常常比同外甥的联系有力得多。当他处在这种位置并可以这样做的时候，他更愿意维护他做父亲的权利。这就是在男人发展到具有自我意识并把自己的意志强加于人的关键时刻，所有的社会都倾向于采取男权制社会形态的原因"。（第 73 页）所以，波伏瓦认为，男权制的胜利不是一个机遇问题，也不是暴力革命的结果，事实上，"从人类最初时起，男性在生物学上的优势，就使得他们能够

确认自己作为唯一的和有主权的主体的地位"。(第 77 页)

在波伏瓦看来，女人的贬值并不如恩格斯想象的那样简单，是由于青铜器和铁器的发明对生产力平衡的干扰，更重要的是，因为"女人没有和那个劳动者一起变成同类的工人，于是被排斥在人的'共在'之外。女人是软弱的、生产能力低下的，这一事实并不能解释这种排斥。男性之所以没有把她当成和他一样的人，是因为她没有去分享他的工作和思维方式，是因为她仍然被禁锢在生命的神秘过程中。既然男人不接受她，既然男人认为她具有他者的一面，那男人就只能成为她的压迫者"。即是说，在技术获得了进步、体力已经不是绝对优势的情况下，男人仍然没有把女人当成人与人之间结成的伙伴关系中的一员，没有把她当成是与他同类的人，没有让她去分享由生产工具的改进所带来的新的思维方式与工作方式，而是仍然把女人禁锢在重复生命的内在性活动中，所以女人依旧只能作为"绝对他者"存在，受着男人对于她们的压制。

波伏瓦认为，男权制确立以后，女人的命运就更是在风雨飘摇之中了。在原始部落中，女人由于没有人补偿她为种族繁衍所做出的牺牲而陷入了依附于男人而存在的境地，但这种附属地位并不是制度性、结构性的，所以当时的境况对她们自由的限制不如后来的社会那样对她们影响深远。在男权制确立之后，性别之间的不平等受到了制度性的保护，被社会意识形态正当化、合法化了，女人的处境就更严酷并更具欺骗性了，所以，"在原始时代，没有一次观念革命能比以父系血统取代母系血统的观念革命更为重要的了。此后，母亲降到保姆和仆人的地位，权威与权利均属于父亲。他把它们传给他的后代"。(第 78 页)在男权制时代，女人由于没有任何财产，也就没有做人的尊严，她本身就是某个男人的世袭财产的一部分。既然女人是男人的财产，是一种被男人拥有的所有权，这种权利就具有排他性。所以，不像前一个时期，这时女人被要求在性方面对男人绝对忠诚，即要求她委身丈夫之前保持处女之身，在属于丈夫之后坚守贞洁之德。这时，女人在家庭中的地位很低，随时都可能被父亲或丈夫处死。所以，"只要家庭和私有世袭财产无可辩驳的是社会的基础，女人就会处于社会的最底层"。(第 84 页)波伏瓦还具体分析了古希腊、古埃及与古罗马的家庭及其财产制度，她认为这些国家无一例外地造成女人依附于男人的境况，并且用各种法律制度来保护这种男人对于女人的压迫。

至此，波伏瓦让我们看到了：在人类文明肇始之时，男人就开始了造就作为"绝对他者"存在的女人；在人类文明发展到男权制时代，男人又通过各种社会制度来保护与巩固这种对于女人的"造就"。

接下来，波伏瓦还考察了从中世纪到 20 世纪 40 年代这段历史时期西方妇女的处境。她认为，中世纪基督教意识形态极力贬低女性，女人成了魔鬼的代名词，神父们宣称女人的本性是下贱的、邪恶的。在这段时期的现实生活中，女人的处境很艰难，法律上处在无行为能力的地位，不许她出庭作证，不承认她的证言的法律效力。这时男性从事的职业完全没有向她开放。从 15 世纪初到 19 世纪，女人的法律地位还是很低，但她们在特权阶级中的实际处境有些改善了。当代女人的境况随着社会的进步而得到了部分改善，比如：已经开始的"女权运动"为女人争取到了部分法律权利；由于避孕技术的发明，新生殖技术的运用，还有产科科学的发展，使得女人基本上能自由控制自己的身体，免受生殖的奴役；再者，工业革命也给女人带来了一些工作的机会，使她能够有独立的经济地位。但是，在波伏瓦看来，从根本上来说，男人造就女人作为"绝对他者"存在的历史并没有终结，"这个世界，过去始终属于男人，现在仍然由他们掌握"。（第 133 页）女人的抽象的权利并没有普遍获得，比如 1942 年的法国法律还在维护丈夫的特权，有些国家的妇女还没有选举权。退一步说，女人即使得到了抽象的权利，她们在现实生活中的具体的自由仍然可能受到限制。这是因为，首先，女人婚姻的负担依旧比男人重，她们很难协调好家庭与职业的角色。家庭仍然担负着养育孩子的职责，男主外女主内的传统观念没有得到更新，所以当代妇女的母性负担并没有减轻。再者，女人虽然有了工作机会，但是她们与男人同工不同酬，并且职位一般都低于男人，升迁的机会很少。还有，社会习俗歧视独身妇女，仍然视婚姻为女人的最终归属。所有这些都造成了当代妇女依旧只得选择婚姻作为逃避自由的手段。婚姻的诱惑，再加上在经济生活中男人的特权地位和他们的社会效益，"这一切都让女人热衷取悦于男人。对于绝大多数女人来说，她们仍处在受支配的地位"。（第 137 页）因此，波伏瓦认为，她所处的时代是"一个过渡时期，这个世界，过去始终属于男人，现在仍然归他们掌握。男权文明的制度和价值大部分依然存在"。（第 133 页）

（三）性别等级制的历史后果

在《第二性》"历史"这一节的最后，波伏瓦对男人这种造就女人作为"绝对他者"存在的漫长历史过程，做了一个精辟的总结："整个女人的历史都是男人造就的。正如美国不存在黑人问题而只存在白人问题，正如'反犹主义不是犹太人的问题，而是我们的问题'，女人问题也始终是男人问题……男人始终在主宰着女人的命运。他们不是根据她的利益，而是根据他们自己的谋划，出于他们的恐惧与需要，来决定女人所应当有的命运。他们尊崇大母神是由于惧怕大自然。当青铜工具使他们有可能勇敢地面对大自然，他们便建立了男权制。……基督教对上帝、世界以及他自己肉体的态度，在派给她的处境中反映出来；……正是基于私有制的社会制度，带来了对已婚女人的监护制度；是男人所完成的技术发展解放了今天的妇女；是男人的伦理转变，通过节育引起了家庭规模的缩小，使她部分地摆脱了母性的束缚。女权运动本身不是一场自主的运动：它部分是政治家手中的工具，部分是反映深层社会戏剧的附属现象。女人从未构成过一个独立的等级，作为一个性别，实际上她也从未想到过要去扮演一个历史角色。……多数女人是听天由命的，她们不想采取任何行动。那些试图改变命运的女人，不想受她们的特质的局限，不想被它战胜，而是想战胜它。"（第 128 页）即是说，在人类历史上，男人是主体，是中心，是人类历史的创造者，是女人命运的主宰者；而女人无论处在何种位置、身在何种境地，都只是客体，是边缘，始终都没有摆脱作为"绝对他者"存在的"宿命"。

波伏瓦承认，历史上的确有些女人也取得了与男人同等的卓越成就。但是，在她看来，这些女人是"社会制度的力量将其提升到性别差异之上的"，并且她们的辉煌是以其失去自身的性别身份作为代价的。波伏瓦说，"伊莎贝拉女王、伊丽莎白女王和叶卡捷琳娜大帝，既不是男性也不是女性——她们是君主。值得注意的是，她们的女性气质一旦在社会上被废除，就不应当再意味着劣等性"。（第 130 页）即是说，这些同男人一样有着杰出成就的女人在社会中并不被人们当成女人来看待，她们的女性身份被抹去以后，其作为女人劣等性就不再是她们成就的障碍了。波伏瓦也指出，历史上还有些成就非凡的女性，如罗兰夫人（Madame Roland）和弗洛拉·特里斯坦（Flora Tristan）等。但是，她认为，大多数女英雄都是些奇特的人（oddities），她们之所以具有冒险精神与独创性，更多的是因为"她们命运的独特性，而非其行为的重要性"。波伏瓦还拿这些女人与黎赛留（Richelieu）、丹东（Danton）和列宁（Lenin）这些男性英雄相比，她说："她们的伟大主要是主观上的，她们是楷模而不是历史的行动者。"也就是说，那些男性英雄是历史的推动者，而这些杰出的女性客观上却没有能够起到这样的历史作用，她们之所以被当成英雄人物，只是由于自身的经历奇特而已。波伏瓦认为，伟人产生于大众，并被环境所驱使，而"妇女大众却处在历史的边缘，境况对于每个女人都是障碍而不是跳板"。即是说，推动历史的伟人都是有着群众基础的，而广大妇女都是处在历史边缘，在这种情况下，女性伟人无法从中诞生而改变历史的进程。

　　这些是否能说明女人本身就是低劣于男人呢？波伏瓦坚决否定这点，她认为并不是女人本身比男性低劣，而是她们在历史上从来没有受到过重视，没有机会去为人类历史做出贡献。波伏瓦说，只有等到女人在地球上开始感觉自如之时，罗莎·卢森堡（Rosa Luxemberg）和居里夫人（Marie Curie）式的人物才会出现。"她们雄辩地证明，并非女人的劣等性造成了她们在历史上的无足轻重的地位，倒是她们在历史上的无足轻重的地位造成了她们注定是劣等的。"（第 131 页）波伏瓦为了说明此观点，特意在其后加了一个注释：在巴黎的1000 个雕像之中只有 10 个为女人树立起来的。从这一个事例，也可就看出人类的历史文化对女人轻视的程度。

　　为了进一步论证这一观点，波伏瓦举出了一些相反的观点，并加以一一驳斥。有人认为，在历史上的女人中，从来没有出现过出类拔萃的天才，这证明女人是天生低劣的。司汤达对此持反对意见，他说："生而为女人的所有天才都为公益所淹没。"波伏瓦进一步指出："事实上，一个人从来不会生来就是天才：天才是变成的。而女人的处境至今都使得这种演变成为不可能。"有些反女权主义者从历史研究中得出了这样的结论：（1）女人从未创造过伟大的事业；（2）女人的处境从未阻碍过伟大女人的成长。波伏瓦指出，这两个命题既是矛盾的，其中又存在着"自欺"，因为极少数特权者的成功无法平衡或用来辩解集体水平的普遍低下，而且这些成功是罕见的、有限的，正好证明了境况对女人的不利。波伏瓦说，正如克里斯蒂娜·德·皮桑（Christine de Pizan）、孔多塞（Condorcet）、约翰·斯图尔特·密尔（John Stuart Mill）等人指出的，在任何领域，女人实际上从未有过机会。她指出，这正是今天相当多的女人要求有新的地位的原因，她们所要求的不是褒奖自己的女性气质，而是希望"能够有抽象的权利和具体的可能性，并且随之而来的自由不是一种愚弄"。（第133页）因为一旦她们有同男人一样的机会，她们本身的超越性也可以胜过内在性。

这也就是说，波伏瓦认为，在人类历史上，女人一直处在世界的边缘，对历史的发展没有同男人一样做出过卓越的贡献，不是女人本身的劣等，而是男人把女人置于"绝对他者"的劣等地位造成的。换言之，正是男人在历史中把女人造就成了"绝对他者"，而作为"绝对他者"的女人就不可能有机会去改变与推动历史的发展。所以现代女性要求的是，与男人平等的地位和同等的机会，而不是要求重新评估女性气质，提高女性气质的价值。这样才会使得她们与男人一样，成为超越的主体存在，成为真正的完整的人的存在，而非只有内在性的"绝对他者"存在。

二、"绝对他者"的现实考察

波伏瓦认为，男人与男权社会不仅仅用他们的意识形态把作为群体存在的女人在人类历史中逐渐建构成了"绝对他者"存在，而且还通过环境和教育，把这种意识形态渗透到现实生活中作为个体存在的女人的各种体验之中，使女人把这种男性意识形态内在化，让女人认同男权社会派给她的作为"绝对他者"存在的"宿命"。

（一）通过身体的造就

波伏瓦认为，男权社会使女人将他们的意识形态内在化首先是以规训女人身体为始端的。在《第二性》的标题为"女人形成"的第四部中，波伏瓦开门见山地说道："女人不是生就的，而宁可说是逐渐变成的。在生理、心理或经济上，没有任何命运能决定人类女性在社会中呈现的形象。造就出这种介于男性与阉人之间的、所谓具有女性气质的，正是整个文明。"（第267页）接下来，她用现象学的方法，为我们描述了从女孩的出生到其成为一个所谓的真正的女性的过程中她们的各种活生生的身体体验（lived experience of their bodies），同时揭示了这些体验背后的意义，让我们看到女人本来是"自由自主的存在"是如何被塑造成为"绝对他者"的存在，从而为我们揭开了人类文明造就女性作为"绝对他者"存在的谜底。

在波伏瓦看来，在人类社会中，没有什么存在是纯粹自然的。女人的存在与其他存在一样，是"文明精心造就的产物"。社会对女人的造就从她一出生开始就与男人不一样，这种生命伊始的与男人相区别的"造就"将影响女人的一生。"把少男少女隔开的那道鸿沟，从他们很小的时候就蓄意地展开了；后来，女人就只能是她被造成的那种人，而且那种过去必然要给她一生蒙上阴影。"（第 725 页）

波伏瓦认为，在孩子们很小的时候，周围的大人对待他们生殖器官的态度就不一致，而正由于这种区别对待使得女孩子与男孩子的身体体验自小就有很大的差异。小男孩的生殖器从小就得到人们的高度评价，甚至是敬畏，这使他很快就产生一种身体上的优越感。并且，人们从小就培育他对男人身份的自豪感，这样一个抽象概念也是通过他的阴茎得以具体表现：阴茎，它可见可把握并且掌控自如，成了小男孩的化身。因此，阴茎作为男孩"把自身投射进去的客体，变成了自主、超越和权力的象征"。从而，小男孩把阴茎看成"他我（alter ego）"，"大胆地表明主体性的态度"。再加上人们从小就训练他自由地向外部世界挑战的态度，如鼓励他参与展现身体力量的活动，培养他独立、坚强、勇敢的性格品质，让他感觉自己的身体"是支配自然的工具，是战斗的武器"。与此同时，小女孩的生殖器却遭到周围人的贬低，她感觉到自身身体上的欠缺，从而产生了自卑感。再者，小女孩因自身没有任何部位可以作为她的化身，因此被给予一个外来的客体——布娃娃来作为她的"他我"，这与小男孩的"他我"有着本质的区别：前者既代表整个身体，又是被动的客体，使得她与之完全认同的同时，又把它当成一个惰性的既定的客体；而后者却可以使小男孩从中找到作为自主主体的自我。这样，小女孩从小就接受了她自身只能是被动性存在的观念，把被动性看成是自身解剖学上注定的命运。大人们还告诉她，接受这种命运正是她自己"女性化"的表现。所以，作为"女性化"女人本质特征的被动性，是一种女性从她小时候就发展而来的特性。但是，波伏瓦认为，这种特性与生物学事实无关，"它实际上是教师和社会强加于她的命运"。"女人一开始就存在着自主存在与客体性自我即他者的存在（being-the-other）的冲突。人们教导她说，为了讨人喜欢，她必须尽力去讨好，必须把自己变成客体；因此，她应当放弃自主的权利。她被当成活的布娃娃看待，得不到自由。于是形成了恶性循环，因为她认识、把握和发现周围世界的自由越少，她对自身资源的开发也就越少，因而就越不敢肯定自己是主体。"而男孩子则相反，"他接受的生活训练的目的在于自由地向外部世界运动。……在他对客观形象的关心同他通过具体设计实现自我的意志之间，没有根本的对立。他是通过行动创造自身存在的，两者是一回事，是同一种活动"。（第280页）即是说，小女孩从小就被训导成了被动性的客体存在，她在成就自身为一个女人与成就自身为一个人之间是有着冲突的，前者意味着作为被动性、客体性的存在，后者意味着作为主体性、超越性的存在；而男孩子在这方面就没有这种冲突，人们对他所有的教养就是把他培育成超越性的自由存在。也就是说，女人从小就开始接受社会对她"绝对他者"存在的造就，而男人从小就被造就为主体性的超越存在，前者的自由随着其年龄的增长越来越受到限制，而后者的自由空间随着时间展开却不断得到拓宽，这必然人为地造成了两性对自身主体性把握上的差异。

如果说，小女孩在整个童年时代都在经受欺负与被剥夺了主体性，因为她从小就不像男孩子一样被鼓励去参与激烈的运动、暴力性的活动，从来就没有体验过自己身体的力量，对自己身体表达自身的主体性没有信心。"在暴力上男性是占上风的。当她开始意识到自己实际上是多么虚弱时，她的自信心便丧失殆尽；于是她开始向女性气质演变，表现出被动性，接受依附性。对自己的身体没有信心就等于失去了自信。……每一个主体都会把他的身体看作自己的客观表达。"（第332页）她被训练成了消极的存在，她的身体对她来说仿佛是一种神秘的、不能自控的"可恶的威胁"。那么，到了青春期，她就真正开始意识到自己的身体是纯粹作为肉体的被动性存在，这是在男人对她的"注视"中体验到的感受。在小女孩的身体发育的过程中，她体验到了一种骚动，在这种骚动中"女孩子的身体开始逐渐转变成女人的身体，并且被造就成了肉体性的存在（flesh）"。即是说，小女孩的身体上的成熟过程，也就是一个从与男性一样自由自主的存在被造就成一个具有男性所期待的"女性气质"的、为男性的存在即被动性的客体存在的过程。所以，青春期身体上的变化如乳房的发育和体毛的出现使得女孩预感到"彻底失去自我已经成了定局……她预感到依附，这依附使她注定要属于男人和孩子，注定要死亡"。她第一次意识到了自己的身体是一个为他人的客体存在，"这种女孩子以前用来确认她的自我的身体，现在作为肉体被她认识。这肉体变成了他人观看与看到的一种对象"。这样，女孩子的身体就不再是属于她自己的，不再是她的主观性的表达与反射（radiation），因为它已经被异化了，"年轻的女孩子感到自己的身体逃离了她自己，它不再是她的主体性的径直表达，它渐渐逃逸于她而存在了。与此同时，她作为一个物的存在被他人捕获了。在街上，男人的眼睛紧紧盯着她不放……她害怕变成肉体，也害怕展示她的肉体"。（第 306–307 页）

后来，在女人的性经验中，她就更是体验到了自身身体作为肉体的存在，并且由此产生羞耻感，甚至还可能萌发恐惧感。波伏瓦说："肉体在其纯粹的非主动的存在中，在其不公正的内在性中，在他人的注视下，都表现出本身的荒谬的偶然性。"（第 381 页）所以，身体在他人的注视下，无论男人还是女人都会产生一种羞耻感。但是，由于男人的阴茎被赋予了价值与尊严，是他的主体性的表现，因此，在性经验中，阴茎的勃起使得男人感受到自身的能力与力量。而且，由于扮演攻击性的角色，男人很少被注视；即使是被注视，他也不怕被评判，因为他的情人期待他的不是肉体惰性特质。然而，在女人的性经验中，由于她从小被灌输自己的身体是劣等的，是消极的存在，所以，她裸露在男人的眼前时会有一种强烈的羞耻感。男性的注视把她的身体完全沦为肉体的存在，并且还会对这一肉体的局部或整体比如大腿的粗细、乳房的丰满与干瘪、身段的窈窕与臃肿等等做出评判，所以这时女人会感到恐怖与可怕。

波伏瓦在《第二性》中多次用到"注视"概念，她与萨特一样，认为自我与他者是通过相互注视感觉到对方的存在，并且也是通过这种注视把对方对象化、物化，形成一种"超越与反超越"的紧张关系。只不过波伏瓦认为两性之间的注视没有相互性：女性很少关注男性的身体，更多的是注重其精神品质，女人对男人的注视"没有男人的注视所具有的抽象的严峻，它容易受魅力的影响"（第 186 页）；而男性经常用眼光来评判女性的身体，对她们品头论足，从而达到改造女性的身体为他所用的目的，这种"注视"就成为男性对女性的特权。我认为，这与萨特在《存在与虚无》中脱离社会背景纯粹的现象学"注视"概念完全不一样，虽然波伏瓦也是通过这一概念表达自我与他人的相互客体化（物化）关系，但是她的这一概念是有着社会语境的，这一语境就是男权制背景：男权社会中的男性把目光投向女性的身体时，他们是对女性有着这样的期待即成为男人的附属物，为男人而存在。这样，这种"注视"就构成了男性造就女性的一种权力运作方式，女性在男性的"注视"下，感觉一种压力，一种再造自身身体的紧迫，她们通过整容、化妆、减肥等等方式改造自己的身体以符合男性的期望。虽然，波伏瓦没有明确提出"注视"作为一种运用于女性身体上的权力运作模式的概念，但她的这种描述与分析已经蕴含了此种意蕴：对女性身体的种种规训并非只是以明确的法律或其他规范的形式出现，还可以通过诸如"注视"这样无所不在的方式使得男性权力内在化为女性自身的要求，从而达到造就男性理想中的女性之目的。这正如福柯（Michel Foucault）在《规训与惩罚》中所说："不需要武器、肉体的暴力和物质上的禁止，只需要一个凝视，一个监督的凝视，每个人就会在这一凝视的重压下变得卑微，就会使他成为自身的监视者，于是看似自上而下的针对每个人的监视，其实是由每个人自己施加的。"①在某种意义上，这是波伏瓦与福柯的不谋而合之处：把"注视"看作一种微观上的权力运行方式，一种改造他人的力量。

波伏瓦认为，在性经验中，除了羞耻感与恐惧感，女人还会在她被制服、被迫屈从、被征服中经验屈辱感。……她觉得自己是工具：自由完全依靠他人。波伏瓦说，女性由于被全面灌输了男性情欲是光荣的，女性的性感受是可耻的退让这种习惯观念：女人的亲身体验证实了这样一个不对称的事实。但是，她提醒我们注意，这个所谓的事实不是由于两性生理上的差异决定的，而是因为"男女青少年认识他们身体的方式是完全不同的：男性容易接受自己的身体，并对其欲望感到骄傲；而女性尽管自恋，但仍然认为她的身体是一个陌生的、令她不安的负担"。（第 386 页）再加上环境与教育给女性的情欲造成的禁忌与抑制如贞操观念的束缚与害怕怀孕等等，才会使得女性对性行为产生屈辱感、厌恶感与拒绝感，而不是她与生俱来的生理结构决定了她必然产生性经验中的这些负面感觉。

至此，波伏瓦就让我们看到了，男权社会对女性个体的造就是从她很小的时候就开始了，而这种"造就"首先是以她的身体为起点的，或者说是从她的缘身化（embodiment）着手的。在波伏瓦看来，无论男人还是女人都是身体与意识不可分的，具有超越性与内在性、主体性与客体性、被动性与主动性的模棱两可的两重性存在，女人的身体与男人的身体一样，都是把握世界的工具，

---

① 福柯. 规训与惩罚：监狱的诞生 [M]. 刘北成，杨远婴，译. 北京：生活·读书·新知三联书店，1999：227.

是一种"主体性的放射",或者说是她自身主体性的表达工具。但是,在性别社会化的过程中,社会对两性的期待与要求不同,赋予了他们生殖器官不同的价值与意义,使得两性在成长过程中逐渐被造就成两种截然不同的存在:男性缘身化为了具有超越性、能动性的主体存在;女性缘身化为了只有内在性、客体性与被动性的绝对他者的存在。在某种意义上,可以说男人与女人都被造就成"单向度的人",正如伊莱恩·斯盖瑞(Elaine Scarry)所言,在男权制社会中,"男人没有身体,女人拥有被强化的身体(women have emphatic bodies)"。①波伏瓦认为,两性的这种不同的主体特征是男权社会给他们制造的有区别的境况的结果,而不是他们解剖学上的差异而注定的永恒不变的命数。

波伏瓦这种对两性身体体验的现象学分析,与福柯在《性经验史》与《规训与惩罚》中对权力运作于身体的种种描述有异曲同工之妙。波伏瓦通过这种身体经验的描述,深刻地批判了男权社会通过各种宏观权力和微观权力对女性身体进行规训,把女性造就成具有"女性气质"即软弱、无用和温顺的为男人的存在的非公平性的人;福柯则通过对性与精神病的经验史考察,鞭辟入里地分析与批判了现代社会把知识与权力交互作用于人的身体,造就了柔顺和具有生产性的即能够产生政治与经济效益的异化的人的非道德性。两者出身的时间虽只有不到二十年的差别:波伏瓦是 1908 年生人,福柯是 1926年生人,但人们把波伏瓦归于现代法国思想家,而把福柯归于后现代法国思想家,这是有道理的。因为前者在批判的同时,认同人作为超越性的自由存在的主体性;而后者全面解构了主体概念,否认有一个整齐划一的主体存在。这也正是他们思想风格的迥异之处。

(二)通过社会角色的造就

在波伏瓦看来,男权社会不仅仅在女人的成长过程中对其进行为男人所用的改造,而且对"女人"形成后所承担的各种社会角色进行塑造。这种塑造无疑都更进一步使女人的主体性丧失,使得其"他者性"获得巩固与增强。在传统社会中,女人主要扮演妻子、家庭主妇与母亲的角色,女人在扮演这三种角色时都经历了男人对他的"造就","丈夫不但在性爱方面,而且在道德和智力方面'造就'了她的妻子。他教育她,加记号于她,在她身上打上了他的烙

---

① Elaine Scarry. The Body in Pain [M]. Oxford: Oxford University Press, 1985: 359–360.

印。男人喜欢做的一个白日梦就是让事物渗透他的意志——塑造它们的形式，渗入它们的实体。而女人尤其是'他手中的泥'，这块泥是被动的，任他加工，任他塑造"。（第 176 页）波伏瓦详细描述了在这三种角色中女人被造就为"绝对他者"存在的种种体验。

波伏瓦认为，结婚是传统社会赋予女人的命运。因为社会需要女人为其繁衍后代，以延续社会的存在。再者，社会要求女人为男人提供性满足，为其料理家务。所以，婚姻在这里成为一种交易，"社会加在女人身上的这些义务，被看作她给予配偶的一种服务；作为回报，他应该给她送礼，娶她，或供养她。社会通过他这个中介，偿还了它移交给他的那个女人的债务"。（第 427 页）

婚姻本来对于男女双方都应该既是一种负担又是一种利益，从法律上来说，是一种双方自愿签订的契约。但是，在波伏瓦看来，男权制背景下的"婚姻对于男人与女人，一向都是完全不同的两回事。男女两性是彼此必需的，但这种必须从来没有在他们之间产生过相互性的处境"。（第 426 页）对女孩子们来说，婚姻是结合于社会的唯一手段，如果没有人娶她们，社会就几乎视她们为废品。在此境况下，女孩子几乎是绝对被动的：她被娶，被父母嫁出去，而男孩子们则是主动的，去结婚，把妻子娶回家。他们"在婚姻中寻找的是对他们存在的拓展与确证，而不仅仅是存在的权利。……对他们，结婚是一种生活方式，而不是一种被注定的命运。他们完全有权选择过独身生活，有些人结婚很晚或者根本就不结婚"。（第 429 页）即是说，在对于婚姻的选择上，社会造成了两性的不平等的境况：男人有结婚与否的自由选择权，而且，无论结婚与否，男人们都是在朝向未来的谋划之中去确证自身作为自由自主的超越存在，婚姻不会成为他们自由的限制；而社会没有提供给女孩子其他选择，她们只有结婚才能证明其存在的合理性。再者，就女孩子个人来说，由于她很难找到让她过上体面生活的职业，而通过结婚她可以得到男人的供养；再加上，社会习俗不允许未婚女人有性的自由，所以女孩子最终也只能选择婚姻作为最终归宿。

如果说结婚不是女人的自由选择结果，而是社会强加给她的命运，那么，选择什么样的对象结婚，女人通常也没有自由。传统婚姻是家庭安排的结果，而波伏瓦通过调查数据发现，她所处的时代大多数女孩子在择偶及相关的主动性上，比年轻的男人更积极。波伏瓦通过对当时法国有关的社会现状研究后，得出结论说，"女孩子的选择通常非常有限，而且它不可能是完全自由的，除非她有不结婚的自由。她的决定通常是出于算计、恶心与屈从，而不是出于热情。如果一个男人在诸如健康和地位方面显然可取，那么，无论有没有爱情，她都会接受他"。（第433页）与此同时，由于是男人在"娶"女人，那么他就处在主动地位，握有决定权，特别是在有许多女孩子来求得婚姻时，他选择的可能性就越大。

波伏瓦认为，在上述境况下缔结的婚姻就必然增强了女人的从属地位，使女人成了丈夫的附庸："她采用他的姓氏；她属于他的宗教、他的阶级、他的圈子；她参与他的家庭，成为他的'一半'。无论他的工作召唤他到哪，决定定居在哪，她都跟到哪。她在某种程度上必须与她的过去果断决裂，逐渐变成依附于她丈夫的世界。她必须把她的人身、她的处女贞操以及所需要的绝对忠诚奉献给他。"（第433页）更何况，社会安排给女性在婚姻中的角色本身就要求女人作为内在性的存在。在波伏瓦看来，"事实上，人的每一种存在都同时包括超越性与内在性；为了向前发展，每一种生存都必须延续，因为它只有与过去连为一体才能迈向未来，只有与其他存在交往才能确证自我"。但是，女人由于注定要去延续物种和操持家务，所以注定是内在性的存在，"她不可能直接影响未来或世界，她只有以丈夫为中介，才可能超出自身，延伸到社会群体"；而对于男人来说，他在社会生活中由于承担生产劳动的职责，所以是超越的化身。在婚姻中，"男人可能达到一种内在性与超越性的幸福的综合：在自己的职业与政治生涯中，他经历了变化和进步，在时间与世界中他体验到了自身的扩展；当他疲于这种遨游时，他可以回到家——这个让他能休整自己灵魂的世界之中的停泊港湾"。（第430页）

以上是波伏瓦描述的未婚女子在传统社会中的处境，而在这种社会中结了婚的女子又会有什么样的处境呢？首先，波伏瓦为我们分析了结了婚的女人的性体验。她认为女人的性冲动只有两种主要后果。第一，她没有从事婚外性活动的任何自由，于是性交变成一种制度，两性的欲望及满足都要服从社会利益。但男人朝向普遍性超越使他成为劳动者和公民，所以他可以在婚前和婚外享受偶尔的快感。由此，波伏瓦再次感慨道："男人在任何情况下都可以通过其他途径得到辩护；而在一个把女人规定为女性（female）的世界，只有做女性，女人才能得到辩护。"即是说，男人可以有多种多样的证明自己存在正当性的方式，而女人在男权社会中被限定在一个作为"绝对他者"的世界，只有通过扮演男人为她规定的角色即作为为男人存在的女性，她的存在的合理性才能得到证明。这点连在她的性欲望及满足上都是如此。她只有通过作为男人的女性存在才能获得这种欲望满足的正当性辩护。换言之，在男权社会中，女人的存在包括她的最基本的生理需要的存在都不是自足的，都没有自身存在的合理性，她的一切都需要通过男人而得到证成。第二，从生物学上讲，性满足上男性和女性是存在着差别的：前者在作为丈夫和生殖者完成他的物种任务的同时，获得了某种快感；而女性的生殖功能却与性冲动快感相分离。波伏瓦也承认这种两性生理解剖上的差异，但是，她认为，这并不是女人不能得到性满足的原因，她说："'解剖结构的命运'在男人和女人那里是大不相同的，但这种差别更表现在他们的道德与社会处境方面。男权文明把女人奉献给了贞操；它多少有点公开地承认男性拥有性的自由权利，却把女人限制在婚姻里面，性行为，若未经习俗、圣典认可，对于她就是一种过失，一种堕落，一种挫折和一个弱点。……从原始时代到今天，性交一直被看作一种'服务'，为此男性通过馈赠礼品或保障生计作为对女人的酬谢。"（第 374 页）男权社会把女人的性满足限制在婚姻中，"婚姻虽赋予女人的性生活以伦理地位，其实却是想压制它"。（第 435 页）波伏瓦认为，这并不是女人的生理结构决定了她不能享受性快感，而是"传统婚姻远远没有为唤起和发展女性的性冲动创造出最佳条件"。（第 440 页）因为传统婚姻不允许女人在婚前有性经验；而且在婚后丈夫并不认为他有义务让女性得到性快感，忽略她的性感受；再加上女人本身对怀孕的恐惧，所以有些女人可能一辈子都没有体验过性高潮。这些都说明，女人在传统婚姻中的性欲望是很难得到满足的，她的性体验只会加强其"绝对他者"存在的感受，即她的性欲望只能在婚姻中为男人存在才具有合理性，她的性满足是次要的，男人没有满足她这些欲望的义务，相反，她倒是应该负有满足男人的性要求的责任。

男权社会要求作为妻子的女人不仅仅给他提供性服务，还要求她做家庭主妇。波伏瓦认为，女人在做家庭主妇时更是作为一个"绝对他者"的存在。在波伏瓦看来，一个人要在自己的内心深处找到一个家，就必须先在作品与行动中实现自我。男人可以在婚姻以外通过自由谋划表现自我，"而女人却被局限在婚姻领域，所以她要把那所监狱变成一个王国。她对家的态度，也同样受解释她的一般处境的辩证法的支配：她通过变成猎物来获取，她通过放弃自我来获得自由；她放弃了这个世界，目的却在于征服世界"。波伏瓦接下来用生动的语言描述了女人对家的感受："家是避难所、大后方、子宫，为躲避外部危险提供了藏身之处；这个混乱的外部世界变得不现实了。特别是晚上，当门窗紧闭时，妻子觉得自己就是女皇；她被白天普照万物的阳光搅得心烦意乱；晚上她不再消沉了，因为她去除了不属于她的东西；她明白，灯罩下面的光线是属于她自己的，只照亮她的住所；其他一切都不存在了。现实集中在家里，而外部空间仿佛消退了。……她的家就是她的世俗命运，就是她的社会价值和她最真实的自我。"（第 450 页）

波伏瓦说，由于女人什么都不做①，她非常想通过她占有的东西来实现自我。所以她们总是用做家务来证实她的家是属于她自己的，向社会证明她存在的合理性。但是，波伏瓦认为，这并没有"使她摆脱内在性，也几乎没有确证她的个性"。因为"几乎没有什么工作能比永远重复的家务劳动更像西西弗斯（Sisyphus）所受的折磨了：干净的东西变脏，脏的东西又被搞干净，周而复始，日复一日。家庭主妇在原地踏步中耗费自己：她没有创造任何东西，永远简单地在维持现状"。（第 451 页）波伏瓦认为，即使女人在作为家庭主妇时也想通过自身的活动来获得自我实现，但这种做家务的活动只是一种重复性的、内在性的活动，不是指向未来的、超越的自由谋划活动，不是真正的有意义、有价值的"做"。而人是通过创造性的活动，他的所"做"所"为"来证成自身，而既然女人做家务的"做"不是创造性的活动，通过这种活动她就不能证成自身，不能确证自身的主体性，摆脱自身的内在性，因此她仍然禁锢在一种作为"绝对他者"的存在的境况中。

波伏瓦认为，做主妇是男权社会分派给女人的"可悲的命运"。她说，主妇在屈从于这一命运时常常处在濒于变态的疯狂之中，处于虐待与被虐待之中，特别是主妇从事打扫卫生这样一种枯燥的家务活时容易陷入这种状态。她用鲜活的词语描绘了主妇的这一状态：疯狂的主妇同污垢猛烈开战，因所有生命的

---

① 法文版中的"做（faire）"和英文版中的"做（does）"都是斜体字，我认为，波伏瓦这里的这个"做"是指人的创造性的活动，是超越性的自由行动，而不是女人"做"家务时的"做"，把女人陷入内在性的活动。

产物都会带来垃圾而指责生命本身。当任何有生命的东西踏入她的家门时，她的眼睛就会闪出恶意的目光："快把你的脚擦干净，别把那个地方弄乱了，别碰那里！"她希望家里的东西最好原封不动，每一样工作对她都意味着出力不讨好。她严厉、全神贯注、时刻戒备，失去了生活的快乐，变得谨小慎微、贪得无厌。她遮住阳光，因为昆虫、细菌和灰尘会随之而来，而且阳光也会毁坏丝质悬挂物，使沙发套褪色；她到处喷洒香水，使室内充满芬芳。她对一切活的东西都抱怨、不满和怀有敌意：结果常常露出杀机。波伏瓦认为，这是由于"有永远做不完的琐碎的家务活，在女人疯狂地与周围的事物、与心不在焉而又精神空虚的自身做斗争时，有可能使她以一种虐待与被虐待心理逃避自己"。（第452页）

　　有些家务活动比打扫卫生稍微好一些，比如做饭与购物等，至少具有一定的主动性，使主妇与外界接触。但是，由于这些家务活动仍然是一种重复性的工作，几个世纪以来几乎没有什么变化，再加上这种家务劳动无助于创造任何一种可以持久的东西：制作再精美的蛋糕总是要被吃掉，购买再多的商品总会要被消耗完。所以，总的来说，波伏瓦认为，家务活动作为一种职业是"乏味的、空虚的、单调的"。但是，"如果做这种工作的人同时又是一个生产者，一个有创造力的工作者，那么它就会和有机功能一样，很自然地并入生命整体。由于这个原因，男人做家务时，心情远不像女人那样阴郁。对他们来说，这只不过是一个他们很快能脱身的、否定的、无足轻重的时刻。使妻子——仆人命运变得令人厌恶的原因是劳动分工，它注定使她彻底成为一个一般的人、次要者"。（第453-454页）可见，波伏瓦不是绝对地反对家务劳动，她只是认为让家务劳动成为女人的一种职业，那么就会使她失去与外界的联系，失去活动拓展的空间，无法通过创造"永恒"来超越"暂时性"，从而失去个性，失去创造性，成为一般的人，使得她在经济上、情感上依赖于男人，就必然成了相对于男人的次要者、绝对他者。

　　总而言之，在波伏瓦看来，女人在家里的"工作"并没有给她带来自主性，它对社会没有直接用途，既不能开创未来，也不能生产任何东西。工作只有在与超越自我的、在生产与活动中走向社会的存在者相联系时，才具有价值与尊严。所以，女人的家务劳动远没有让她获得自由，而是让她依附于丈夫与孩子们。"她通过他们证明自己存在的正当性，但她在他们的生活中只是一个

次要的中介。"（第 456 页）对女人在婚姻生活中扮演的妻子、家庭主妇角色的
处境，波伏瓦总结为："这一处境主要表现在床上'服务'和理家'服务'"，
而且"女人只有接受她的从属身份，才能获得她的尊严地位"。（第 547 页）
即是说，男权社会分配给女人作为妻子与家庭主妇的社会角色，他们对这些角
色的期待就是为男人提供性与理家的服务，女人只有完成了这些角色所要求的
服务于男人的职责，接受她从属于男人的身份，才能获得社会的承认，获得尊
严与地位。但是，这种尊严与地位不是建立在女人的自我实现与自由创造之
上，所以，波伏瓦认为，女人作为妻子、家庭主妇并不是"一个完整的人"，
而是一个为男人存在的"绝对他者"。

　　男权社会除了给女人安排了妻子与家庭主妇的角色，还分派给女人另一个
重要的社会角色——母亲。如果说，女人在做妻子与家庭主妇时，是一种为男
人的存在，那么女人作为母亲是否能成为为自身的自由存在呢？波伏瓦的答案
是："她作为母亲是这样的人，孩子就是她的幸福，就是她的存在正当性的
证明。她应当通过孩子在性与社会这两个方面获得自我实现。"（第 482-483
页）即是说，波伏瓦认为，女人作为母亲仍然没有摆脱作为"绝对他者"的地
位，因为当她成为母亲之时，她是为孩子的存在，人们认为她应该通过孩子获
得自身存在的正当性、合理性证明。这主要表现在以下几个方面。

　　首先，女人没有不生孩子的权利。

　　波伏瓦指出，过去女人没有技术上的手段控制自身的生育，她们只能听从
"自然规律"的摆布，人们认为"女人是在做母亲时，实现其生理使命，这是
她的自然'使命'，因为她的整个机体结构，都是为了适应物种的永存"。（第
484 页）但是，近几百年来，随着生殖技术的进步，人们已经可以通过各种避
孕手段控制生育了。在避孕失败之后，人们还可以通过堕胎作为补救措施。然
而，在波伏瓦所处的时代，堕胎被认为是不道德的，甚至是违法的，女人没有
堕胎的自由。波伏瓦认为这是一种虚伪的道德，因为，社会一方面宣称要保护
胎儿的权利，另一方面又对已经出生的孩子受虐待漠不关心。再者，一方面男
人普遍反对堕胎，另一方面，他们私底下又把它作为自己解决问题的权宜之
计。这种虚伪的道德使得女人在不得已堕胎时，产生了很强的犯罪感，有些女
人甚至在经历了堕胎的精神创伤后，变成了同性恋者。在波伏瓦看来，这是因
为，从孩提时候起，女人就被反复告知，她是仅仅为了生育才被造出来的，而

求助于堕胎的女人要和女性价值分道扬镳，又要完全彻底地与男人所确立的伦理观念决裂，所以她在不得已堕胎时，产生的矛盾与冲突足以使她崩溃，选择堕胎会让"她觉得这是她的女性气质的一种牺牲：她被迫在她的性别中看到一种祸根，一种虚弱，一种危险"。（第 491 页）

其次，女人不可能通过怀孕、生孩子来获得自身存在的正当性证明，实现自身的超越。

波伏瓦说，孕妇或产妇以为她存在的正当性可以通过自己的身体的生育能力得到证明，因为怀孕前她的身体是属于丈夫的，现在"她的身体终于属于她自己，因为它是为孩子存在的，而孩子是属于她的。社会承认她的占有权，并且赋予这种权利以神圣的性质。……随着母亲对自我的放弃，被她的身体和她的社会尊严所异化，她产生了愉快的幻觉，觉得就她本身而言，就某种价值而言，她是一个人"。（第 496 页）即是说，女人在怀孕与生育时，受到社会的尊重，人们承认她对孩子的占有权，这可能使她感到自身存在的价值，使她感到有一种做人的尊严。但是，波伏瓦认为这只是她产生的一种虚幻的感觉，产生这种幻觉的原因是："怀孕首先是女人身体里演出的一场戏剧。她觉得这既是一种丰富又是一种伤害；胎儿是她身体的一部分，又是要靠她的身体喂养的寄生物；她既占有他，又为他所占有；他象征着未来，当她怀上他时，她觉得自己和世界一样广阔。"（第 496 页）女性怀上孩子，孩子象征未来，象征一种可能性，使她感到自己的身体在实现某种超越。

但是，波伏瓦指出，这并非真正意义上的超越行动，因为"工匠和行动者的超越性含有主观性的因素，但做母亲时主体与客体的对立却不再存在，她和消耗她的孩子构成一体，形成为生命所摧垮的一对。孕妇成了大自然的俘虏……她虽然是一个人，是一个有意识的自由人，却变成了生命的被动的工具"。（第 495 页）即是说，波伏瓦认为，真正意义上的自由超越活动是一种主观见之于客观的活动，包含主体客体化、客体主体化的矛盾对立，是一种对自然的把握与超越。而女性怀上孩子是一种生命存在的自然规律的体现，并没有包含主观谋划的因素，所以她这一行为不能算是人的自由超越行动。

再者，波伏瓦认为，产妇生产孩子不同于工人生产产品，也不能算是主体的自由创造活动。因为产妇没有真正创造婴儿，是婴儿自己在她的身体里自我创造，她的肉体所产生的仅仅是一个肉体，她根本不能够确立一种存在，这种存在只能自我确立。创造只能源于自由行动，并把客体确立为价值，赋予它以主要者的特性（give it the quality of the essential）。而母体中的孩子的存在的正当性，并没有得到这种证明，他的存在只是一种自然事实，在哲学上与死亡一样是一种偶然性。"母亲有自己想要孩子的种种理由，但她不可能给这个即将独立存在的人以他自己存在的理由，给他以存在正当性的证明；她是把他作为她的一般化身体的产物，而不是作为她个体化的存在的产物，将他生出来。"（第 496 页）即是说，波伏瓦认为，母亲可以以各种理由来要孩子，但不可能为她生的孩子的存在的正当性给出理由；生孩子只是一种女人身体的普遍的生理机能，而不是一种个性化的创造活动，所以母亲也不能通过孕育与生下孩子来证明自己的存在价值。

最后，波伏瓦指出，母亲生下孩子以后，在养育与照看孩子的过程中，也不能摆脱"绝对他者"的地位，得不到自身存在的正当性证明。

波伏瓦没有像前面一样直接从正面来论证这一观点，而是首先通过女人生下孩子后的种种体验的描述来反证这一观点。她通过一些女人对自身作为母亲经验的描述，如塞西尔·索瓦热（Cecile Sauvage）对自己产后心情描述的诗歌、柯莱特（Colette）的散文对生儿育女后的描写等等，指出母亲与新生儿的关系是因人而异的。有些年轻的女人通过哺乳，同婴儿建立类似动物的亲密关系；有的女人由于不能哺乳，在发现同婴儿的明确的新联系之前，保持一种冷漠的态度；还有的女人对承担新的责任感到惴惴不安，把孩子当成负担，甚至由于孩子弄破自己的乳头而对孩子产生敌意。波伏瓦指出，这些实例说明母性并不是女人的一种本能，"根本不存在母性的'本能'：无论如何，'本能'这个词对人类来说不适用。母亲的态度，取决于她的整个处境以及她对此的反应"。（第 511 页）波伏瓦认为，人们把母性说成女人的本能，对母性大加赞赏，认为母性与母爱是人的天性，这是一种错误的观念。人类的行为中没有自然而然的"本能"即天性，都是后天教化与环境的结果。

在波伏瓦看来，母亲对于孩子的态度是由她们的处境来决定的，这些处境包括刚刚做母亲的年轻女人与自己母亲的关系、她与孩子父亲的关系，还有孩子父亲的反应等等，"综合经济和感情方面的复杂原因，孩子可能会是负担和障碍，也可能被当成宝贝，成为获得自由与保证的手段"。但是，波伏瓦认为，有一点可以肯定的是，无论如何，孩子对于母亲来说，也只是一个外在的存在，不能用他们来证明母亲本身存在的正当性。"即使孩子在幸福的或至少是平衡的生活中被视作宝贝，他也不能代表她母亲视野的极限，他不可能使她摆脱她的内在性；她塑造了他的肉体，哺育了他，照顾了他，但她只可能创造出一种只有孩子本人作为独立的存在才可以超越的处境；即使她把赌注押在他的未来上，她的时间与空间上的超越也仍然要靠代理人，这就是说，她注定是依附于人的。"（第524页）所以，对那些冷漠、没有得过满足和阴郁的女人，若她们想通过孩子来获得一种伙伴关系、一种温暖、一种刺激，借以摆脱自我，"其结果会大失所望"。而对那些想通过孩子更新自己的生命，获得生存的正当性证明的那些人，更会引起"深深的失望"。波伏瓦也承认母爱是崇高的，但是她同时指出这是困难的，因为"实际上它不含有相互性的意味……孩子没有占有过任何价值，他什么都不能给予，和他在一起，女人仍然感到孤独，她不能期望她的给予能够得到回报，她要自己去证明这种给予的正当性"。所以母爱的给予是慷慨的，值得赞美的。"男人也会不遗余力地对此大唱赞歌。"但是，波伏瓦指出，这里就存在着"曲解"。因为"母亲的奉献有时可能是完全真诚的，但这种情况十分罕见。母性通常是自恋、利他、懒散的白日梦、真诚、自欺、奉献和玩世不恭的奇怪的混合"。（第513页）

实际上，波伏瓦指出母性与母爱并不是女人的天性与本能这一事实，是在揭穿男权社会为造就"绝对他者"存在的女人而编造的神话。这种神话把母性、母爱神话为一种女人天性，灌输给女人一种观念，即她能够从母亲的角色中得到自我实现，获得自我证成。这里需要指出的是，波伏瓦并不是在贬低母爱与母性。有人从《第二性》的文本中，读出她的反母性的倾向。该书中的"母亲"这一章也是受到攻击最多的。甚至有人指责她是因为自己没有做过母亲，所以得出这样的偏见。①我认为，这些都是无端的诋毁，因为波伏瓦这里讨论的是在整个男权制文化背景下的母亲，而不是对母性与母爱本身的贬损。

---

① 西蒙·波娃. 时势的力量：西蒙·波娃回忆录 [M]. 谭健，等，译. 南京：江苏文艺出版社，1992：235.

在她后面讨论母亲与孩子的关系中，我们可以更清楚明白地看到这一点。

波伏瓦认为，在男权制背景下，女人自身是不健全的人，是没有生活能力的人，是心怀不满的人："她要么在性方面冷淡，要么没有得到过满足；在社会上，她觉得自己低劣于男人；她从未独立地把握世界与未来。"在此境况下，让她来承担养育母亲角色，她的心情是十分阴郁的，甚至是可怕的，因为"她的心里孕育了那么多的欲望、反抗情绪和正当要求"。所以她常常不可能是一个健康、充满爱心的母亲，更不用说是一个崇高的慷慨的母亲了。这种境况中的母亲可能会打孩子，其实就是"在对男人，对世界，或对她自己进行报复"。（第 513 页）这种心境下的母亲还可能任性和专横，把孩子当成顺从的小奴隶；她也可能为孩子奉献自身，甘当孩子的奴隶，但是这是一种"受虐式的奉献"，很容易引起"专制的支配意志"，她会把自己为孩子的牺牲当成支配孩子的理由。一般而言，这些虐待孩子的母亲的主要借口是："孩子根本不可能提供她们从小就被许诺给她的幸福的自我实现，由于自己成了牺牲品、孩子又天真地揭穿了这一骗局。她以前的举止和她拿布娃娃取乐无异；她帮助姐姐或朋友照看孩子时无须承担什么责任。但是，社会、她丈夫、她的母亲，还有她自己的自尊心，现在都坚持让她为这个陌生的小生命负责，仿佛完全是她的事情。"（第 514–515 页）即是说，波伏瓦认为，社会给女人从小灌输的是"生育是她的命运"，做母亲是她的天职，是神圣与崇高的，并且告诉她，通过孩子她可以得到自我实现的幸福感，但是现在实际情况是她没有得到这种感觉，所以为自己受骗而愤恨并发泄到孩子身上。再加上，人们在对她的教养中，只是培养她的被动性、消极性的一面，没有培养她的主动性，特别是主动承担责任的一面，这样，在女人做母亲时需要对孩子负责的时候，女人可能就会不仅承担不起如此重任，她也许还会粗暴对待孩子，而且还使得自身在精神上混乱不已。所以，波伏瓦认为，把孩子交给这样的自身主体性不健全的、不能承担责任的，甚至是心理不健康的母亲，这种把女人束缚在母亲这样一个角色，而不是让她去从事有创造性的活动，是对母子的"双重的毁灭性的压迫"，即一方面是对孩子的伤害与不负责任，另一方面加强了女人的依附性，是社会对于女人的不公正。而男权社会还"借口某种自然法则、上帝或者人类需要母子互相独占来为此辩护，则是虚伪的"。（第 525 页）这种虚伪就在于："男人为了过一种他认为非本意地沿袭纯粹生存更为重要的（essential）生活，则炮制出种种理由；让女人受母性的束缚，并将这种境况永远维持下去。"（第524页）即是说，男人为了独自追求超越生命本身的存在，而把女人束缚在母亲的角色上，不让她们从事社会性的职业，并且还给出各种虚伪的理由，如母性是自然天性、母亲是上帝安排给女人的天职等等，来为此辩护。实质上，这就是男人与男权社会希望通过女人扮演母亲的角色来造就为孩子存在的女人，因为孩子在男权社会是男人的财产与血缘的继承人，所以确切地说，是为男人的女人存在，是为男人的"绝对他者"存在。

在"母亲"这一章的结尾，波伏瓦总结了男人与男权社会为了达到此种目的，制造了两种观念：一种是，母性在任何情况下都可以让女人的生活得到回报；另一种是，孩子在母亲怀抱中一定是幸福的。波伏瓦指出，这些都只是"偏见"，这些说法充满了"危险性与虚伪性"。

首先，波伏瓦指出，女人若"梦想通过孩子得到充实、温暖和意义"，社会给女人灌输这样的观念，是"欺骗"，也是"虚伪"。这并不是说，做母亲不能使女人得到幸福，关键是这种母亲应该是"能够做到大公无私，渴望他人的幸福，她不专注于自我，在追求对自己的生存的超越"，而不是现在男权社会中作为"绝对他者"存在，没有自身的主体性，失去了自身的超越性的女人。这也不是说，养育孩子是不重要的、不值得人们为之献身的事业，问题是"它（养育孩子）和其他任何事业一样，并非对存在的正当性的现成证明，人们渴求它，必须是为了它本身的缘故，而不是为了虚假的利益"。（第522页）这种虚假的利益可以是，女人"缺少爱情，缺少职业，缺少满足同性恋倾向的机会"，但是，这都是养育孩子的不道德的理由。波伏瓦尖锐地指出，人们为这些理由来说服女人养育孩子，是"在伪自然主义之下，隐藏着一种社会的和人工（artificial）的道德观念"。（第523页）

波伏瓦认为，养育孩子应该是为了孩子本身的缘故，她极力赞成斯特克尔（Steckel）的观点："孩子不只是填补空虚生存的材料。不能代替人们失意的爱情，他们不能代替人们在生活中破灭的理想。孩子代表一种责任，一种可能。孩子是自由之爱树上长出的最高贵的花朵……他们不是玩物，也不是满足父母需要的或实现他们勃勃野心的工具。孩子代表义务；他们应该被抚养成

人，成为幸福的人。"（第 522 页）

　　但是，波伏瓦指出，养育孩子的义务并不是自然的，不是男权社会宣称的女人的自然天职，因为"自然根本不可能支配一种道德选择"，这应该是"一种约定，一种要兑现的承诺"。若母亲自己选择了要孩子，之后又逃避了这个义务，她就是在"对一个生存者，一个独立的人的犯罪"。（第 522 页）即是说，波伏瓦认为，养育孩子不是一种女人的天性，而是一种道德责任，而承担道德责任的前提是女人自己的自由选择，而不应该是社会或男人强加给她的义务。最后，为辩驳"母性在任何情况下都可以让女人的生活得到回报"这个流行的偏见，波伏瓦一针见血地指出："'孩子是女人的最高目的'这句话只有广告价值。"（第 523 页）

　　接下来，波伏瓦批驳了第二个流行的偏见即"孩子在母亲怀抱中一定是幸福的"。波伏瓦说，"既然有关母爱的一切都不是自然的，也就无所谓'非自然的母亲'；但是，正是因为如此，才会有坏母亲存在"。即是说，波伏瓦并不认为，母爱是女人的自然天性，也可能会有邪恶的母亲出现，好母亲与坏母亲不是自然天生，而是后天的境况造成的。波伏瓦利用精神分析学研究的事实指出，一般人看来的"正常的"父母，他们可能因自身的"情结、魔念和神经症"，而让孩子处在危险之中。还有"施虐与受虐狂"心理倾向的母亲更可能给孩子造成创伤。所以，在这些有问题的母亲的怀抱中的孩子不可能是幸福的。再者，波伏瓦认为，从孩子的角度看，假如母亲是一个身心健全的人，是一个通过自己的工作，通过自己和社会的关系，而不是专横地通过子女去实现自我的人，"这将是十分理想的"。因为"能享受最丰富个人生活的女人给予孩子最多，向孩子索取的最少；她若能在努力与奋斗中获得人的真正价值感，将最能恰到好处地把孩子抚养成人"。（第 524 页）但是，问题是现在的社会中给女人制造的境况是，"不许女人参加任何公共活动，把她排除在男性职业以外，断言她在需要付出努力的领域都是无能的"，并且还"不允许她们受教育，不允许她们有文化，不允许她们有责任，不允许她们从事属于男人特权的活动"。波伏瓦指出，社会不给女人提供任何发展与完善自身的机会，却把孩子交给她，把"最精致、最严肃的任务——塑造人，托付给她，这实在是荒谬绝伦"。（第 523 页）波伏瓦认为，这种境况中的女人，感情是不平衡的，不理性的，她有可能会滥用自己对孩子的特权，把对社会的不满、对男人的怀恨发泄在孩子身上。要抵制这种滥用特权的诱惑，"女人要么幸福至极，要么做一个圣人"。既然女人在男权社会中被歧视，自己不可能幸福，更不可能是一个圣人，那么她就有可能滥用做母亲的特权，使孩子受到伤害，而不是使孩子得到幸福。

通过批驳这样两个男权社会流行的偏见，波伏瓦事实上是想告诉我们，女人作为"绝对他者"是不可能扮演好母亲这样一个需要责任感、健全心智的社会角色的，孩子也会因为这样的母亲而受到伤害。再者，女人通过做母亲也不可能得到自我实现，让她待在家里专职做母亲只会强化其屈从地位，让她的依附性、"他者性"得以进一步地巩固与加深。而男人之所以要制造这种荒谬的观点，使之在社会中盛行，灌输给女人，让它内化为女人自身的行为准则，目的只有一个，即造就女人"绝对他者"存在，把女人限定在内在性之中，让男人独享超越性活动的领域，独自作为主体性存在。

综上所述，在婚姻中，男人通过让女人扮演妻子、家庭主妇和母亲的角色来完成他对作为个体的女人的"绝对他者"的改造。在波伏瓦看来，对女人来说，这种改造的结果是"悲剧性"的。这种悲剧性并不在于，婚姻没有保障向女人许诺过的幸福，保障幸福这种事情本身就不存在，而在于婚姻摧残了女人，使她注定过一种"周而复始的千篇一律的生活"。女人在生命伊始，她的生活是丰富多彩的，她发现了世界，发现了生活。但是，一旦结婚，成为家庭主妇，她就"受着丈夫与怀中的孩子的束缚，她的生活事实上已经永远结束"。而男人婚后还可以有职业，有社会活动，他除了家庭以外的天地还非常广阔，"真正的活动，真正的工作"是他的特权，而女人结婚以后只能做"令人厌倦而又永远不会完全令人满意的事情"。在波伏瓦看来，这对女人是极其不公平的，是男人强加给她的，是男人对女人的专制。男人要求女人奉献给家庭、孩子，奉献给他自己，并且把这种奉献当成她的最高信条和她存在的正当性唯一证明。男人与妻子结婚的时候就强迫她把自己的一切奉献给他，而他自己却没有承担相应的义务。而且男人对女人还有一些双重要求，"要求她完全属于他而又不成为负担；他希望她在世界上既能为他安一个固定的小窝，又能给他以自由；既能承担周围单调的事务，又不会惹他心烦；既能永远地形影不离，又不会令他讨厌；他希望完全占有她，又能不属于她；既能结伴生活又能独来独往"。波伏瓦指出，正是这样不公平、不平等的双重标准，所以"注定了妻子的不幸"。（第478页）

波伏瓦虽然严厉批判了男人在婚姻中把女人造就成了"绝对他者"存在，但是她并不是一般地反对女人结婚，也不是主张女人不要做家务与承担母职。因为波伏瓦在描述女人的性生活、怀孕、做家务和承担母职的体验时，有一些消极的、灰暗的字眼与片段，经常被人这样误读。①所以，在这里有必要再强调这一点。我认为，波伏瓦所描述的女人这些消极与灰暗体验，正是男人给女人制造的不平等不自由的境况，使得女人在自身的现实生活经历中有这样的感受，而她只是实事求是地把它呈现出来了而已，这并不说明她本人对这些经历持有消极与灰暗的态度。事实上，波伏瓦主张的是，自由的恋爱、性和婚姻。她认为，在婚姻中，男人应该与女人共同平等地承担义务和分担责任。她主张女人应该与男人一样，有着婚姻的选择权，主张给女人同样的性自由。她不反对家务劳动作为职业劳动的补充，只是反对男人把女人囚禁在家庭中只作为家庭主妇承担家务劳动。波伏瓦也不反对女人要孩子，只是她主张这应该是女人自由选择的结果，而不是被男人强加的义务。她不反对女人作为一个通过工作自我实现的人来承担母职，她认为也只有这样的个人生活丰富的女人才可能真正承担好这一重大的职责。

波伏瓦在谈到男女两性的性关系时说，"一种人道主义的道德观念，将要求所有的生活体验都具有人的含义。在真正讲道德的性关系中，应该是一种欲望与快感的自由表现，或至少在性交当中进行一种旨在恢复自由的动人斗争。但是，只有在承认对方是一个个别的人时，这在爱情中或欲望中才可以实现。如果性生活不被当成个人的拯救，而被当成上帝或社会的释罪，那么两个性伙伴的关系只能是一种动物的关系"。（第440页）即是说，性关系是两个自由的人之间体现他们的自由个性的关系，发生性关系是个人的作为人的需要的满足，而不应该是以上帝为名的义务，或者是社会要求履行的责任，这样，在人之中"最自然、最必然的关系"——性关系才成为真正人的关系，而不是一种

---

① Maeve Margaret O' Donovan. Situating Simone de Beauvoir: A Re-Reading of The Second Sex [D]. Boston College，2004：24-41.

动物式的性关系。实际上，波伏瓦这里不仅仅是讲性关系、性体验，她是在提倡一种普遍的人道主义道德观，主张人的所有生活体验中，都应该把人当成真正的人来看待，当成自由的超越的主体来看待。然而，在波伏瓦看来，在男权制背景下，女人本来应该是作为超越的主体——真正的人，来体验她的婚姻、她的性、她的家庭生活和母亲身份，结果都成为一种只有被动性与内在性的"绝对他者"的体验。这是男权社会与男人没有把女人来当成他的伙伴，当成与男人平等的真正的人来看待的结果，所以这种男权社会是不道德的社会，这种男人对待女人的方式是不公正的方式。

第四章

"绝对他者"存在的道德批判

　　波伏瓦认为，在男权制社会中，男人根据自身的需要，遵循自己的观点，按照自己的意志，通过各种各样的方式与手段，把本来与男人同样具有自由主体性的女人，造就成为被动的、消极的，只具有"他者性"，丧失了自身主体性，与男人相比作为"劣等"的绝对他者存在。与此同时，男人与男权社会为了巩固他们"造就"的这种成果，还找出了各种事实上的"证据"，建构了种种"科学"的理论，企图通过它们来解释女人与生俱来的"劣等性"，来证明女人的从属地位是天经地义的，从而为自己对女人的造就，做出正当性辩护。与此同时，男人还炮制了种种"女人神话"，试图掩盖他们在此种"造就"背后的真实目的，以使现实生活中的女性符合他们建构的"真正的女性"的理念，达到他们心目中的理想女性的要求。波伏瓦对这些错误的观念与解释给予一一辩驳，并且对"女人神话"的虚假性与欺骗性做出了深刻的揭露，从而对男人和男权社会给女人制造的受压迫的境况、造成的不平等的地位，做出了更进一步深入的道德批判。

第一节　　波伏瓦对"绝对他者"存在诸解释的批驳

　　波伏瓦认为，在人类历史文化中，女人作为整体，被置于边缘化的境况之中；在性、婚姻与家庭等现实生活中，作为个体的女人处于绝对他者地位。这是从女人的观点出发，是女人从自身生活的活生生的体验中，得出来的结论。她指出，这些观点与体验"被男人故意选择忽略了，他们没有去思考过：这些是女人活生生的体验"。（第 611 页）男人撇开女人本身在历史与现实生活中的实际体验，从自己的立场出发，对女人问题做出了自己的解释。波伏瓦指出，在这一问题上，男人主要有三种代表性的观点：生物学、精神分析学与历史唯物主义的女人观。在波伏瓦看来，男人的这些观点无一例外是想为女人的劣等性存在做出其"科学"论证，为性别等级制做出道德上的辩护。

一、生理学解释的荒谬

在谈到"女人是什么"这一问题时，有人从生物学的立场出发，认为女人就是子宫，就是卵巢，是一个雌性（female）。在波伏瓦看来，这是典型的男性视角，是男人对女人的一种侮辱态度。因为男人说女人是"雌性"，是为了突出女人的动物性，是要把女人囚禁在"性（sex）"之中。男人并不为自身的动物性，或者是其作为性的存在的一面感到羞耻，相反，说起自己是一个"雄性（male）"时，他充满了自豪。波伏瓦指出，把"雌性"作为贬义词，认为雌性这一性别，即使在低等动物那里，都是有害的、可鄙的，这其实反映了女人引起了男人的不安与敌意情绪。为此，男人还希望通过生物学上的证据来为这种情绪做出辩解，比如：硕大的卵子吞没并阉割敏捷的精子；气势汹汹的白蚁王后统治受奴役的雄白蚁；雌螳螂和蜘蛛压碎并吞食了自己的配偶；雌虎、雌狮和雌豹虽然外表华丽，性交时却处在雄性帝王般的拥抱下，像个奴隶似的；等等。总之，在动物世界，雌性被描述为懒惰的、急切的、狡诈的、愚蠢的、无情的、好色的、凶残的、卑下的。"男人把这一切都谋划（project）到了女人身上。事实上，她就是一个雌性。"（第 4 页）换言之，男人断言，与男人相比，女人是具有恶劣品质的、低等的存在，然后把女人与雌性动物进行类比，通过在雌性动物身上找到的这些劣等品质，来证明这种断言的正确性。

为了驳斥这些荒谬的论断，波伏瓦研究了从亚里士多德（Aristotle）到当代的生物学家在两性各自的生殖功能上的观点。她认为他们都或多或少存在男性偏见，比如，亚里士多德认为，胎儿产生于精子与经血的结合，男性贡献了力量、活动、运动，是形式，女性只是提供了被动的质料。希波克拉底也持相似的观点，他认为有两种种子，一种是软弱的或女性的，另一种则是强健的或男性的。亚里士多德的这一理论贯穿整个中世纪，并延续到现代。黑格尔在其《自然哲学》中，也表达了类似的观点，认为男人是主动的本原，女人由于处于不发达的统一体中，所以是被动的本原。

波伏瓦通过对当时最新的生物学资料的研究，得出结论说：雌雄两种配子在根本上起着同等重要的作用，而在生命体中它们既丧失又超越了自身。但在决定受精的第二位、表面上的现象中，是雄性要素提供了产生新生命所需要的刺激，同时是雌性要素使这个新生命能够留在一个稳定的机体里。波伏瓦指出，以此为依据推断说女人的位置在家里，这种人就是欠缺考虑的人，如法国社会学家、哲学家阿尔弗雷德·富耶（Alfred Fouilthe）。他根据卵子去定义女人，根据精子去定义男人，然后得出此类结论。波伏瓦认为，这些貌似深奥的理论其实是可疑的、荒唐的类推游戏，因为"从卵子到女人，无论如何都是一个漫长的过程。……我们的责任是把雌性机体作为一个整体来研究"。（第 14 页）

为了达成此研究目的，波伏瓦先考察了各种动物，从低级的动物如蚂蚁、蜜蜂和白蚁到高级的哺乳动物如马、猴，根据它们雌雄两性的各自生殖特性与功能，得出结论："动物进化程度越高，其个体性发育得越充分。在最低级，生命只与物种整体的存活有关。在最高级，生命通过特定个体寻求表现，同时也在完成群体的存活。"（第 16 页）也就是说，生命存在都有一个个体性的创造与物种的延续之间的矛盾，只是程度的差别而已，越高等的动物这种矛盾越显著。在动物世界，雄性往往不需要为这种矛盾做出牺牲，雌性则要承担此种矛盾带来的后果，即牺牲自身的个体利益换来整个物种的延续。"雄性可以自由地表现自己，物种的能量与它自己的生命主动性完全地并为一体。相反，雌性的个体性同物种的利益是对立的，仿佛它被外力所占有——被异化。"（第 25 页）作为最高等动物的人，此种差别就更为显著：男性的性生活与他的个体生存是一致的，在他的欲望中，在他性交时，他对物种的超越同他的主体性是一致的。"他就是他的身体。"（第 26 页）波伏瓦认为，男人作为身体的生理性存在的一面与其作为人的主体性存在的另一面并没有激烈的矛盾与冲突。套用柏拉图的话说，男人的身体不是他灵魂的"牢笼"。而女人却从出生开始，"就被物种所占有"，她身体上的许多功能都是为延续物种服务的。女人的月经是为生命延续的准备，但对她个人来说，是"一种负担，一种无用之物"。女人的妊娠也不会给女人带来任何好处，反而让她做出巨大的牺牲。女人的分娩更使得女人的身体"产生一种令人不安的脆弱"。总而言之，"和男人一样，女人也是她的身体，但她的身体又是和她自己有区别的某物"。（第29页）即是说，女人的身体与男人的身体一样，应该也是其自由意志的表达，是其把握世界的工具，在此意义上，她的身体就是她自身的存在，即她就是其身体；但由于女人的身体常常受制于外来力量，使得其身体常常阻碍其主体性的发展，妨碍其自我实现，与其自由意志相对立，所以又成为与其自身相区别的物的存在，即她的身体非其自身。波伏瓦认为，只有女人停经以后，度过了更年期，获得生理上的新的平衡以后，她才能从"女性的本性强加给她的奴役中解放出来"，这时她才不再是那种不可战胜的力量的牺牲品，也只有在此时"她就是她自身，她和她的身体是同一的"。（第31页）

除了这些基本性征，女人在第二性征上也表现出她与男人相比的劣势，如一般来说，身体不如男人强健，情绪控制上不如男人稳定等等，这些或多或少是由于第一性征借助荷尔蒙带来的结果。这再度表明了女人"对于物种的从属性"。波伏瓦总结道："在所有的雌性哺乳动物中，女人受到的异化最深（她的个体性是外部力量的牺牲品）。"女人的个体性受生殖的奴役最深，她要面临青春期危机、月经的麻烦、怀孕及分娩的痛苦等等，她的一生危机四伏，常常身不由己，所以"她的命运比其他雌性的命运更为苛刻"。相比之下，"男人却似乎得到了无限的优惠：他的性生活同他作为一个人的生存并不对立，从生物学上讲，他的生存经历是平稳的，没有危机，一般也没有灾难"。（第32页）

波伏瓦认为，认识女人在生物学上的这些特征非常重要，因为它们在女人的经历中起着至关重要的作用，是构成她们境况的一个基本要素。因为，"身体是我们把握世界的工具，认识方式不同，世界也必然大为迥异"。（第32页）这也是她对生物学进行长篇研究的原因。但是，她指出，这些事实并不能为女人确定一个固定不变的、不可避免的命运，更不足以确立两性等级制度，不能解释女人是绝对他者的原因，不能判定她永远起着这种从属作用。

对于这种把女人的生理解剖上的特性作为事实根据，解释女人是绝对他者存在的生物学理论，波伏瓦用现象学的方法与存在主义伦理学的观点进行了有力的批判。

首先，波伏瓦批评了这些理论在方法论上的错误。她认为，这些理论实质上是把身体当成了客体，当成了对象性的、物的存在来研究。然而，在波伏瓦看来，"生物学家所描述的身体—客体（对象object）是不存在的，身体是通过主体而活生生的存在"。(第 38 页)也就是说,她认为,这些理论研究人的身体用科学主义的方法是荒谬的,它们用固定不变的眼光来看待女人生理上的特性,把女人的生物学上的特征与动物雌性特征相提并论,是一种用研究动物的方式来研究人的存在的自然主义谬论。波伏瓦指出,动物的物种是固定不变的,可以用静止不变的观点去解释的,如仅仅搜集观察资料,就可以判断母马与公马的奔跑速度的快慢。而人的物种(human species)却永远处在变化之中,永远在形成之中,所以不能与动物的物种同日而语。当时,受到心理生理学的身心平行论的影响,某些唯物主义学者以纯粹静止的眼光来探讨这个问题。他们试图在男性和女性的机体之间进行数学比较,如通过测量男女大脑的不同重量来判断两者的不同智力水平。波伏瓦明确提出,她绝对不能接受这种心理生理学平行论的观点。她也不能接受任何两性的比较体系,因为这些体系假设了一种自然的等级制度或价值尺度的存在。波伏瓦把这些以研究动物生理的自然主义方法来研究人的身体的方式,批评为"是含糊不清的自然主义同更为含糊不清的伦理学或美学混在一起的论述",它们纯粹是"夸夸其谈"。即是说,研究人的身体用纯粹自然主义的态度,从自然事实得出性别优劣等级,然后推出性别伦理上的应当,这是一种从"事实"直接过渡到道德上的"应当"的自然主义谬误。如前所述,波伏瓦的思想有现象学的渊源,现象学视野中人的身体存在,是一种活生生的体验,是人在世存在的一种境况,不是一种纯粹的物的对象性存在,不可能用科学的中立态度去研究。显而易见,波伏瓦对生物学的这种批判首先是从现象学方法论出发的。

其次,波伏瓦从存在主义的人学观出发,批判了生理学上对女人的解释的本质主义倾向。她指出:"人是一种没有固定本质的存在,他造就自身为其所是。"所以,我们对于男人与女人生理上的差异,只能用人的观点去比较。人不是自然物种,而是历史性的存在。那么,女人作为人的存在也不应该是一个完成了的现实,而是一个形成的过程,正是在她的形成中,她才可以与男人相比较,就是说,她是由她的可能性所规定的。这些生理学上的理论不是从女人的可能性出发,而是把她还原为"她过去一直的所是和她今天所是",但是,"当我们不得不和一个本性是超越的行动打交道时,我们绝不可能合上账本"。(第 34 页)女人作为人的存在,是一种可能性的存在,是行动着的、自由的、超越性的存在,是一种开放性的存在,因此,绝不能用女人的生理上的特性来规定女人的本质，不能把女人的生理特性看成固定不变的定量，否则就犯了本质主义的错误，成为生物学或解剖学的决定论或还原论。

最后，波伏瓦认为，即使生物学上对女人身体研究的某些结果是"事实"，我们也不能抽象地、片面地来看待这些"事实"，而应该把它们放在人的生存的整个境况中来考量。不是生物学的事实决定性别优劣的价值，而是生物学事实所具有的价值由生存者来赋予。

生物学家找到了女人身体上的诸多"弱点"，如肌肉力没有男人那么强、红细胞较少、肺活量较小，她跑得较慢、举不起重物，身体素质与男人相比相对弱势，还有情绪上缺乏稳定性和控制力，等等。所以，一般来说，女人对世界的把握能力比较有限，缺乏一定的坚定与沉着。波伏瓦承认，这些都是事实，但是它们本身"毫无意义"，因为"一旦我们采纳了人的观点，在人的生存的基础上来解释身体，生物学就会变成一门抽象的科学"。因为"事实"是人根据整个境况来赋予其价值的。只是根据男人所确立的目的、得到的工具与确立的法律，这些"弱点"才得到如此揭示。如果他不想驾驭世界，"把握世界"这个概念就会变得毫无意义；如果这种驾驭不需要完全靠身体上的力量，不需要超出可以达到的最低限度，体力上的差别就会消失。一旦暴力与习俗相悖，肌肉力就不可能成为统治的基础。总而言之，"弱点"这个概念，"只有从存在主义的、经济的和道德的角度来加以考量，才予以确立"。（第 34 页）再比如，对女人与其他雌性动物都必须承担的生理功能如生育的事实性解释，也取决于经济与社会的境况。在动物世界，母性对个体生命的影响受自然规律的调节，而在女人那里，"社会是唯一的仲裁者"。它取决于社会要求的生育数量和为怀孕与分娩提供的卫生条件等。社会若对女人的生育条件做出改善，那么女人生育也不会阻碍其自由的发展。所以，女人身体上的弱势这些事实并不能解释女人的劣等性。

波伏瓦最后总结道："女人受物种的奴役以及对她的各种能力的限制，都是极为重要的事实，因为女人的身体是其在世存在的境况中的重要因素。但是，作为女人，她的身体不足以来规定她。除了有意识的个人通过行动所呈现现实，没有活生生的现实。"（第 37 页）即是说，人呈现出来的现实，是通过意识的超越性行动，在社会中呈现出来的现实。女人作为人的存在，也是一种有自由意识的存在，身体恰恰是她应当超越的境况，所以不可能用她的身体来定义她。

一些女性主义学者批评她把女人受压迫解释为是女人受其生理功能的奴役、受物种奴役的结果。①我认为，这是对她的观点的误解与歪曲。波伏瓦坚决反对生物学或解剖学的决定论或还原论，在她来看，生物学提供的自然事实是一种既定的存在，是人存在的境况，是作为自为的存在，是作为自由的主体性存在的人能够并且应该超越的。所以，波伏瓦不可能把女人受压迫解释为是女人的生理功能注定了的，不可能把女人在历史上的劣等地位解释为由她的解剖结构决定了的，更不可能接受男人用生物学论据来解释"女人为什么是绝对他者"这一问题。

二、精神分析学解释的偏颇

波伏瓦认为，生物学视野中的人的身体是对象或者客体，因此它所提供的为女人的劣等性做出证明的身体上的事实根据并非其"真实的、经历着的境况"。因为，在她看来，身体只能是"通过主体而生活着的存在"，即她是用现象学的视角来看待身体，把身体视为"活生生"的存在，不是对象性的、物的存在，或者说是"死"的存在。她认为，精神分析学研究人的心理时，把每个涉及心理活动的因素都看成是具有人的意义。从这一点来看，精神分析学对心理生理学是一个"巨大的发展"。在波伏瓦看来，精神分析学不是像生物学那样，让本性（nature）来决定女人，而是认为"女人在自己的情感生活中，从自身利益出发，通过同本性打交道来规定自己"。（第38页）即是说，精神分析学不是从既定的事实出发，用女人的生物性本质来规定女人存在，而是从女人作为人的感情出发来解释女人，所以是一种进步与发展。

波伏瓦把弗洛伊德的理论简单地概括如下。她认为，弗洛伊德对男女两性的性欲发育过程中的差异做出了这样的解释：两性的性欲发育过程最初在婴儿期是相同的，都要经过口唇期，再到肛门期，最后到生殖器期。在生殖器期，两性开始产生了差别。男性性冲动明确存在于阴茎。而女性却有两个明显差别的性冲动系统：一个是阴蒂，它发育于童年期；另一个是阴道，它在青春期以后才开始发育。男孩子一旦进入生殖器期，他的发育便宣告完成。对男人来

① Fredrika Scarth. The Other Within: Ethics, Politics, and the Body in Simone de Beauvoir [M]. Lanham: Rowman & Littlefield, 2004: 131.

说，他只有一个生殖器阶段，而女人却有两个，她必须从阴蒂快感过渡到阴道快感，才能最终完成她的性发育，否则她就会停留在幼年期，神经质将加剧。小女孩在 5 岁左右，发现自己没有阴茎会产生阉割情结，为自己身体的不健全感到痛苦。她的遗憾使其产生恋父情结，把父亲神化，因为对父亲的感情可以弥补自身的劣等性。阉割情结与恋父情结交织加剧小女孩的挫折感。

波伏瓦指出，弗洛伊德有几个错误：第一，弗洛伊德所依据的是"男性模式"，他没有认真研究过女性的性经历，把男性的性发育过程稍稍加以修改，就变成了女性的经历。第二，他把女人缺少阴茎的事实当成女人身体不健全的价值评价。波伏瓦认为，小女孩看到男性性器官时，本身可能感到的是"冷漠甚至厌恶"，若要说是"羡慕"，那是过早评价"男性气质"的结果。"弗洛伊德认为这是理所当然，然而实际上它是有待解释的。"（第 41–42 页）再者，"恋父情结"这个概念十分模糊，"弗洛伊德主义没有帮助我们把感情与性欲加以区别。把父亲神化的绝对不是女性力比多（libido）。……父亲拥有主权（the sovereignty of the father）是一个社会起源的事实，弗洛伊德没有对此做出解释"。（第 42 页）波伏瓦认为，无论是男孩子的阴茎体现出来的价值，还是父亲所拥有的权威，都是一定社会赋予他们的。而弗洛伊德把这些有待在社会历史中获得解释的事实，当成了不言而喻的前提。因此，推出了女孩子由于没有阴茎来获得"第二自我"，所以有"阉割情结"，她不得不把全部自我变成一个客体，把自己树为"他者"，从而得出女人是"绝对他者"的错误结论。

波伏瓦指出，阿德勒发现了弗洛伊德理论的缺陷，看到了只根据性欲去解释人的生活是不够的，他认为，性欲应该与整体人格结为一体，这无疑是对弗洛伊德理论的修正，但他在解释女人的劣等性时仍然是错误的。他用动机、目的和谋划来替代性冲动，赋予心智以十分重要的地位，性在他眼中只有象征性的价值。他的理论认为每个人都有权力意志，不过这又与自卑情结相伴；由此引出冲突，因为人又担心自己不能对付现实，从而使得人在逃避现实的过程中诡计多端。女人的自卑情结采取一种羞愧地拒斥其女性气质的形式，它并不是因为没有阴茎，宁可说是女人的全部境况。父亲的家庭地位，男性的普遍优势，她自己所受的教育，所有这一切都让她坚信男性的优越。后来她在性交的下位中感到一种新的屈辱。她以"男性化抗议（masculine protest）"的方式做出反应：她或努力使自己男性化，或用女性的武器向男性开战。做母亲后，她也许可以在孩子身上找到与阴茎对等的东西。但这样一来就意味着："她开始全盘接受她的女人角色，承认自己是劣等的。"（第43页）波伏瓦指出，不论是根据性冲动，还是根据动机，因为"每一种冲动产生动机，而每一种动机都只能根据冲动来认识"。（第43页）所以，阿德勒的观点实质上是与弗洛伊德一致的。

波伏瓦站在存在主义的立场，对精神分析学关于女人问题的解释做出了以下的批评。

第一，精神分析学脱离社会历史境况来解释女人。

波伏瓦指出，精神分析学脱离社会历史语境，用女性意识（心理）来定义女人是不正确的，他们认为女人的潜意识中都存在阉割情结，都具有恋父倾向，更是荒谬的。因为女人是通过社会来获得这种意识的，而女人本身就是在这种赋予阴茎过高价值的社会中存在的。波伏瓦认为，无论是阴茎象征的权力，还是父亲拥有的主权，都应该放在一定的社会历史境况中去解释。比如在母系社会，人们并没有赋予阴茎以很高的价值，相反女人的生殖系统却得到了很高的评价，以至于被神化。所以"事实上，人的真正特权只是由于全部处境，才以人体解剖学上的特权为依据。精神分析学只有在历史语境中才能确立自身的真理性"。（第49页）而精神分析学的话语把潜意识和全部心理活动内在化了，它用"情结""倾向"等术语来解释人的动机与生活。波伏瓦指出："生命是和世界相联系的，个人通过他周围的世界来进行自己的选择，以此来规定自身。"因此，为了找到我们所关切的问题的答案，"我们必须转向世界"。（第49页）即是说，波伏瓦认为，要找到女人问题的答案，必须放眼女人生活的整个世界、整个历史、整个女人的境况，而不仅仅只是内向地从女人的意识或心理世界中寻找。

第二，精神分析学家存在"男性偏见"。他们把男性看成是人，是健全的，是符合规范的；把女性看成是性，是不健全的，是偏离规范的。

精神分析学把性欲作为人的最基本的欲望，以此建立整个学说的框架。波伏瓦认为，性欲（力比多 libido）不是人的基本欲望，人更为根本的欲望是"存在的欲望（desire to being）"。再者，就算他们这种研究存在某些合理性，但是他们是以男性力比多为出发点的，对女性力比多从来没有进行过直接的研究。所以，他们不可能对女人的行为做出正确的解释。

波伏瓦进一步指出，性欲只是人的众多欲望之一，是服从于"存在的欲望"的。"没有必要把性当作最基本的论据，因为生存者有更为根本的'存在的欲望'，而性只是它的一个方面。……萨特在《存在与虚无》中也论证了这一真理。"（第46页）如第一章所述，萨特认为，人作为自为的存在总是要寻求与自在的存在的综合，成为"自因"即上帝的欲望是人最根本的欲望。因为人是自为的存在，是虚无的自由，为了寻求自在的确定性，他要不断地去求得与自在的综合。但人是超越性的、欠缺性的自为存在，他无论如何也不可能达到"自在"存在的完满。并且，由于人即是自由，时时要面临选择，人因此会焦虑，所以人又有逃避自由的"自欺"的倾向。波伏瓦认为，女人作为本来是自为存在的人，她在面对自身的自由时，她的问题同男人一样是"既要拒绝这样逃避现实，又要在超越中寻求自我实现"。（第51页）精神分析学却认为，女人寻求超越就是"男性化抗议"。比如，在阿德勒看来，小女孩爬树是为了证明她和男人是平等的。波伏瓦评论道："他（阿德勒）没有想到她喜欢爬树。"无论男性还是女性精神分析学家都认为，"涉及异化的行为是女性化的，而主体坚持超越的行为是男性化的"。（第51页）波伏瓦指出，这事实上是一种"男性观点"。也就是说，这种观点是从男人的立场出发，带有男人的偏见，对女性存在歧视的。精神分析学家"把男人定义为人，把女人定义为雌性，当她的举止像一个人时，她就被说成是在模仿男人"。（第51页）所以，他们才会认为，女人注定要在"男性化"和"女性化"这两种倾向之间受折磨，而这两种倾向都是做"客体"或"他者"。而波伏瓦却说："她们会在所给予她们的客体即他者角色之间和坚持自由之间犹豫不决。"（第51页）即是说，女人与男人一样，她作为人是自为的存在，自由是她的本真存在，但做"他者"又可以逃避自由带来的焦虑，所以她们在这两者之间选择时，内心会有矛盾冲突。她接着说："我们将同意某些事实，尤其是在我们打算研究呈现在女人面前的自欺（非本真）的逃避道路时，我们赋予这些事实不同于弗洛伊德或阿德勒完全不一样的意义。"这个不一样的意义就是，女人在波伏瓦这里，是被当成与男人同样的自为存在的人来看待，是"把女人定义为人"。（第51页）

第三，精神分析学总的来说是一种"决定论"，在他们眼中，女人的绝对他者地位是一种由女人的生理解剖学决定了的命运。

波伏瓦认为，整个精神分析学背后隐含的哲学就是一种"决定论"，"所有的精神分析学家都坚持了一个不言自明的命题：人的历史应当用诸种决定性因素的相互作用来解释"。（第43页）精神分析学在解释人的行为时，总要追溯到人的童年时所受的心理创伤，波伏瓦说他们"在解释个体时，总是根据这个个体同过去的联系，而不是根据其谋划某个目标时所指向的未来"。（第55页）即是说，在存在主义者波伏瓦眼里，人是朝向未来的开放性的存在；而在精神分析家眼中，人却是被过去定格了的存在，人是由历史决定了的存在。

波伏瓦说："所有的精神分析学家都把同一种命运分派给了女人。"（第43页）这种命运就是：女人是被她的生理解剖结构决定了的存在。精神分析学家都认为，女人都有"男性化"与"女性化"这两种倾向的冲突。前者由阴蒂组织表现，后者由阴道冲动表现。女孩子认为自己应该与父亲一致，产生与男性有关的自卑感，从而面临两难的境地：要么坚持她的独立性，因而变得男性化，这会因为潜存的自卑情结，导致有神经质威胁的紧张状态；要么通过屈从性爱的满足来实现幸福，这通过她对有主权的父亲的爱来解决，他是她真正要找的情人或丈夫，这样她的性爱就与被支配的欲求混在一起了。这种两难的戏剧通过各种扭曲的事件让每个女人都变得身不由己。这就意味着，女人要么"男性化"，做"他者"；要么"女性化"，做屈从的被支配的女人，这仍然是客体和他者。总之，精神分析学认为做客体与他者是女人的宿命。

波伏瓦坚决反对这种决定论。她认为，女人也应该是自由自主的存在，有能力在坚持超越和被异化为客体之间做出选择，而不应该是精神分析学家所认为的，是矛盾的性冲动所决定了的存在。她指出："我要从另一个方面去提出女性命运的这一问题：我要把女人放在价值领域，赋予她的行为一种自由的维度。我认为，她有能力在她坚持超越和被异化为客体之间做出选择；她不是相互矛盾的动力的玩物；她会根据道德尺度找出各种排列方法。"（第50页）波伏瓦指出，"选择"这个存在主义最重要的概念，在精神分析学家这里是不能接受的，"他们以权威代替价值，以动力代替选择"。（第50页）所以，她认为，他们的理论体系有着自身"固有的弱点"。

据波伏瓦在回忆录中记载，她与萨特在他们学术生涯的一开始就非常排斥弗洛伊德。因为，一方面，弗洛伊德的泛性主义与他们本性上的清教主义相悖；另一方面，他们认为弗洛伊德的无意识与机械论将抹杀人的自由意志，这与他们的理性主义与唯意志论是截然相反的。①也就是说，从根本上来说，弗洛伊德精神分析学背后蕴含的哲学与他们的存在主义哲学是相冲突的。从这个意义上来说，在精神分析学对女人的解释这一具体问题上，波伏瓦的拒斥就是很自然的事情了。

三、历史唯物主义解释的局限

在波伏瓦看来，生物学与精神分析学都没有很好地回答女人为什么是绝对他者的问题，于是，她把目光转向了马克思主义的历史唯物主义。她认为，历史唯物主义理论相对于前面两种理论，有其积极与进步的一面，因为它更好地揭示了关于人的存在的真理。她充分肯定了历史唯物主义把人看成"不是动物，而是一种历史现实"；把人类社会看成"不是被动地屈从于自然的呈现，而是一种能按自己的利益来接管自然的控制权"。即把人与人类社会看成是一种历史的和具有能动性的存在。因此，他们不把女人看成单纯是性的机体，因为"在生物学的种种特性之中，只有那些在行动中表现出具体价值的特性才具有其重要性"。他们不把女人的自我意识看成是由她的性征所决定的，而是认为"女人的自我意识是由取决于社会经济组织的境况的反映，这种境况又反过来表明了人类所达到的技术发展阶段"。（第 53 页）即是说，波伏瓦认为，历史唯物主义用女人存在的社会境况，特别是一定社会中的技术发展与经济状况来解释女人问题，比前面两种学说用女人的生物特性与性机能来说明女人，具有更多的合理性。

具体来说，波伏瓦认同恩格斯在《家庭、私有制和国家的起源》中对于男女两性不平等起源的部分解释和在其中指出的妇女解放的道路。恩格斯认为，妇女社会地位变迁的历史是由技术发展带来的，由私有制的确立最终决定的。在石器时代，土地归氏族全体成员所有，原始铧犁的不完善限制农业的发展。这时女人的体力能胜任庭院种植业。原始的性别分工，男人狩猎捕鱼，女人留在家里参与庭院种植、制陶和编织等家务劳动。两者对当时的社会经济同等重要，所以这时两性是平等的。后来，随着技术的发展，劳动工具的改进，农业

---

①西蒙·波娃.盛年：西蒙·波娃回忆录［M］.谭健，等，译.南京：江苏文艺出版社，1992：19-20.

规模扩大了，开垦林地和农田耕作需要集约劳动。这种劳动主要由男人来承担，并且是当时经济的重要来源，女人这时的家务劳动就变得无足轻重了。随着生产力提高，有了剩余产品，于是私有制出现了。男人成为奴隶和土地的主人，也成为女人的主人。因而，母权让位于男权，"这是女性具有历史意义的失败"。恩格斯认为，妇女要重新获得与男人平等的权利，必须参与大规模的社会生产劳动，而这只有在现代大工业时代才有可能。在恩格斯妇女理论的基础上，倍倍尔（August Bebel）进一步阐明了妇女受压迫的根源，并且把妇女与无产阶级所受的压迫相比较，认为"女人和无产者同样受到蹂躏"，两者将同样由于经济发展而获得解放，这将在社会主义国家得到实现。

波伏瓦指出，"由恩格斯概括的这一理论体系，显然比我们前面考察的那些理论体系前进了一步，但是我们仍然感到失望——最重要的一些问题被忽略了"。（第55页）令波伏瓦感到失望的、被历史唯物主义所忽略的问题主要有这样几个。

首先是公有制如何向私有制过渡，即私有制最终是如何确立起来的问题。波伏瓦认为，这样一个重要问题应当阐明，而恩格斯却说："我们对此现在毫无所知。"波伏瓦评论道："他不但对历史的细节毫无所知，甚至也没有提出任何解释。同样，对私有制是否必然涉及对女人的奴役这一点，也不是清楚的。"（第56页）在波伏瓦看来，这又是把尚待解释的事实当成了理所当然的：恩格斯未经讨论就假定有一条人与财产联系在一起的利益纽带。她反驳道："但是这种利益，也就是社会制度的起源，又在哪里呢？"（第56页）所以，在她看来，恩格斯的论述不是深刻的，他揭示的真理是"偶然的"。她认为，只有超出历史唯物主义才能真正找到这些问题的答案，因为"这些问题关切到整个的人，而非抽象的人的经济学"。（第56页）也就是说，她不满历史唯物主义只单纯从经济的维度来考察人的问题，认为必须把人看成是有着除了经济需要以外的多重需要的完整的存在。

一方面，波伏瓦认为，私有制的出现是人的个体意识的产生，欲求确认自身的主体性的结果。她说："私有制要出现，主体就必须从开始就有一种认为自己根本上是个体，并且坚持他自身生存的自主性和分离性的倾向。"（第56页）这样，人才会企图与群体和他人相区别，使自身不至于失落在这些外力之中。而人之所以制造工具，征服自然，是因为人希望确认自己作为个体的主体性力量，从而获得作为个人的自我实现。"假如男人当初没有这种意愿，就不会取得这样的成就。……主体在塑造和驾驭土地的过程中，也在塑造和驾驭自己。"（第56页）另一方面，波伏瓦指出，仅仅肯定主体的个体性不足以解释私有制，因为通过决斗这样的方式也可以确认个体性存在的力量。但要把这种个体性与财产的私有权联系起来，还要考察人的另一个固有的倾向，即生存者有一种通过把自身异化（外化）到对象（他者）身上，然后又在这些对象中来找回自我，获得确认自我的本体论上的倾向。（第56页）财产就是人从中异化从而获得自我确认的对象，"每个人都想占有一块土地，占有工具和收成。人在属于他的财产中找到自我，因为以前在它们当中失去了自我。所以，可以理解他对财产的重视程度，绝不亚于重视他自己的生命"。（第57页）波伏瓦认为，以上两个方面的原因就是私有制产生的起源。

再者，波伏瓦认为，恩格斯从私有制推出女人受压迫的解释是不充分的。恩格斯认为，当生产力发展到能制造与使用青铜和铁制工具时，女人体力上的弱点成为其劣等性的真正关键。但是，波伏瓦认为，"只是从某个角度看，女人在劳动方面的有限能力，才会构成具体的不利条件"。这个角度就是"男人为丰富与扩展，从进行谋划的角度去看待她"，因为男人是一个有着超越意识的人，他不断去开拓创新，他有欲望不断拓展自己的生存空间，他"一旦发明了青铜工具，就不会再满足于庭院种植，他渴望开垦并耕作大片土地"。而这种欲望并不是由于青铜器工具本身才出现的。与男人相反，女人却被困在内在性之中，无力开辟新的天地，她们没有这种谋划的意识与能力，这样"女人的无能才导致了她的毁灭"。（第57页）

但是，波伏瓦认为，仅仅这一点仍然不能完全说明女人受压迫的问题，"因为两性的劳动分工可以意味着结成友好联盟"。如果人与他的伙伴的原初关系只是一种友谊的关系，便无法解释任何形式的奴役。"奴役这种现象是人的帝国主义意识的结果，这种意识总是想以客观的方式行使他的主权。"波伏瓦认为，人与人之间原初存在一种意识之间的冲突关系，每一方都想把对方对象化，把自己确立为主体，支配与主宰对方。男人与女人之间的原初关系也是一样，他们的意识中就有把对方置于他者地位的意愿，只是男人有能力把这种意愿变成现实，而女人却对此无能为力。所以，归根结底，"如果人的意识不曾含有他者这个原初的范畴，以及支配他者这个固有的愿望，发明青铜器也不会导致女人受压迫"。（第 58 页）即是说，女人受男人的支配与压迫是人与人之间固有的意识之间敌对的结果，女人被男人看成是他者，用以确认男人的主体性，而不是生产技术发展的必然结果。

除此之外，波伏瓦还批评恩格斯没有阐明性别之间的压迫的性质，把"男女之间的压迫归结为阶级冲突"。（第 58 页）或者说，恩格斯把两种压迫混在了一起，没有说明两者之间的差异。波伏瓦指出，这两种压迫是有着明显差别的。首先，阶级分化不具备生物学的基础。再者，无产阶级的目标是自身作为阶级的消亡，而女人的要求只是消除性别差异带来的后果，她们不可能消灭自身以及和她们有着共同的生活与利益的男人。

在女人问题上，波伏瓦对恩格斯最大的不满就是，他把女人仅仅看成与男人一样的劳动者。她指出，无论从经济角度，还是从个人生活的角度来看，女人的生殖功能和她的生产功能同样重要，有时候前者比后者更为有用。再者，恩格斯企图通过废除家庭来解放妇女。她认为，这根本不是解决问题的方式，或者这样解放妇女是一种"抽象的方法"。她指出，现代苏俄企图根据生产需要同再生产的需要之间的关系，调整家庭政策的实践，说明废除家庭不一定就能解放妇女。而斯巴达与纳粹制度之类的例子证明，尽管女人直接依附于国家，但她仍然可能受到男性的压迫。波伏瓦认为，这些都不是真正的社会主义伦理原则，真正的社会主义伦理原则关切的是"既要主持正义，又不能压抑自由；既要让个人承担义务，又不能消灭个性"。（第 58-59 页）

波伏瓦指出，就女人的实际境况而言，真正要做到这一点是很难的。因为不能将妊娠等同于作为公民的其他国家义务如服兵役之类，不可能将性本能置于国家的典章制度之下，不可能直接强制女人去生育，因为性本能与社会之间存在一种个性对共性的冲突，是一种有张力的紧张关系。但是，孩子的生育与培养对一个国家与社会的意义又是非同小可，所以传统法律与习俗能做到的就是，将女人置于其"唯一的出路"即做母亲的处境中：要求她们必须结婚，不许节育和堕胎，不许离婚。

波伏瓦指出，这些古老的男权制的做法，在苏俄正在恢复。俄国恢复了婚姻的宗法观念，甚至用典章要求女人成为性爱的客体，取悦自己的丈夫，目的是多生育孩子。波伏瓦批评像苏俄这样的社会主义国家没有考虑到女人的具体处境，"性行为与母性义务不仅涉及女人的时间与体力，而且还有她的基本价

值"。所以, 不能"把女人单纯看成是一种生产力"。(第 59 页)

最后, 波伏瓦总结道: "为女人争取每一种权利, 争取每一个全面发展的机会, 并不意味着我们应该对她的特殊处境视而不见。为了认识这一处境, 我们必须放眼于历史唯物主义之外, 因为它在男女身上只看到了经济要素。"(第 59 页)

在《第二性》的第一卷第一部中, 也就是论及生物学、精神分析学和马克思主义对女人的绝对他者存在的解释这一部分, 波伏瓦命名为"命运"。这具有讽刺意味, 因为她认为, 这三种解释似乎都把女人受男人压迫看成是女人注定的命数, 只不过三种学说的归因不同罢了: 生物学归因于女人身体上的弱势, 精神分析学归因于女人没有阴茎所导致的性心理的冲突, 马克思主义归因于技术进步导致性别分工使得女人限于私人领域。在这一部分的最后, 波伏瓦指出, 这三种理论都有一定的合理性, 但是都存在缺陷。而真正要认识女人的特殊处境, 必须用存在主义的眼光来全面审视人这一种特殊的生命的存在。弗洛伊德看到了, 人是通过身体的存在直接感受到自身的生存处境; 马克思主义揭示了, 人有一种通过谋划来塑造自身的本体论意愿, 这具体通过制造工具的技术手段来实现。但是, "身体、性生活和技术资源"只有从人的生存的视角全面认识, 这些影响女人的因素才会是"具体存在的"。因为"体力、阴茎和工具的价值只能在价值世界中确定, 这种价值取决于生存者寻求超越的基本谋划"。(第 60 页)即是说, 体力、阴茎和工具这些事实的价值都是人作为超越性的存在者赋予的, 它们也是人能够并且应该超越的, 而不应当成为人不能摆脱的"命运"。

第二节 ┊ 波伏瓦对"女人神话"的"祛魅"

在《第二性》中, 波伏瓦把"神话"这部分放在第一卷的第三部, 而整个第一卷的标题是"事实与神话"。第一卷的前两部分的标题分别是"命运"与"历史"。在第一部分"命运"中, 她辩驳了生物学、精神分析学与历史唯物主义为"女人命定是绝对他者存在"的论断提供的"身体、性生活和技术资源"

等"事实"上的依据。在第二部"历史"中，她考察了整个人类社会的历史中女人被男人造就成为绝对他者存在的"事实"。在结构上，波伏瓦把"神话"这部分放在与"事实"并列的位置，这说明了她把"神话"看成是与"事实"相对的；从内容上来说，这些"神话"是指男人对女人绝对他者存在的各种非事实性的观念建构。①如果说，在波伏瓦这里，"事实"是从经验层面对女人做出的各种解释（既包括男人给出的事实层面的解释，也包括她本人考察的历史事实），那么，"神话"就是男人从观念层面给出的关于女人的构想。

一、"女人神话"的特征

波伏瓦研究了从古希腊到现代社会中，有关女人独特生活经历如月经、贞操、分娩的神话，还有男人创作的各种各样的女人文学形象，她把这些神话称之为"女人神话"，她发现这些神话都有如下几个特征。

第一，神话的创作具有不对称性：只有"女人神话"，而没有女人创造的"神话"。

首先，神话的创作者几乎都是男人。从人类文明伊始，男人就一直热衷于炮制各种各样关于女人的神话，从夏娃到圣母玛利亚，从潘多拉到雅典娜，在这些神话中，她"是偶像，仆人，生命之源，黑暗的力量；她是庄严沉默的真理，她是耍手腕者、饶舌者和谬误；她是治疗者和巫师；她是男人的猎物，他的毁灭者；她是他所不能成为的而又渴望的一切，是他的否定和他的存在理由"。（第143页）男人不仅创造神话，并且是根据自己的观点来创造，还把他这种从男性立场出发的观点宣称为具有普遍性的真理价值。"和世界本身一样，代表世界是男人的工作。他们根据自己的观点去描绘它，并将这种观点混同于绝对真理。"（第142页）

与此同时，女人却没有创作关于男人的神话。关于男人的神话是男人自己为了抬高自己而创造的作品。在希腊神话中，男主人公几乎都是伟大的英雄形象，如赫丘里斯（Hercules）、普罗米修斯（Prometheus）、帕西法尔（Parsifal）。

---

① 显然，波伏瓦是从很宽泛的意义上来用"神话（myths）"这一概念的，她几乎把所有男人关于女人的描述的各种文学形式都包括在内，而不仅仅是严格意义上的神话形式如古希腊神话。她有时候甚至是在通俗的意义上来用"神话"这一概念，比如她把男人将女人描绘成贪婪的雌昆虫和勤劳的鸡妈妈，也称为一种神话。

在这些英雄的故事中，女人只是扮演次要的角色。"一个神话必然包含一个主体，他把自己的希望与恐惧谋划到超越的天空。女人没有将自己树为主体，所以也没有创造过反映她们谋划的男性神话。她们没有属于自己的宗教与诗歌：她们仍然要通过男人的梦想去梦想。男人创造的众神就是她们的众神。"（第142页）

其次，从神话的内容上来说，神话中的两性形象也具有不对称性。男人是主体，女人是绝对他者。这一点在各种创世神话和关于性的神话中表现得最为典型。"女人似乎是一个根本不想成为主要者的次要者，是一个绝对他者，对女人来说无相互性可言。这种信念对男性非常可贵，为每一种创世神话所表达。"（第141页）比如在基督教的创世说中，夏娃不是和亚当同时被创造出来的，她是在上帝造出亚当之后，为了让亚当免于孤独，才取了亚当的一根肋骨，造出了她。"她的出世不是独立的……她的起源和她的目的均在她的配偶那里。在次要者这个层次上，她是他的补充。"除此之外，波伏瓦对男人创造女人的目的以及希望创造出什么样的女人，做出了进一步的分析："她是被抬举为有透明意识的自然；她是一个有意识的人，但秉性顺从。因此男人常常寄予女人以奇特的希望，他希望在肉体上占有一个存在者，而获得自身作为存在者的自我实现，但与此同时又能通过一个自由人的归顺而确证自身的自由感。任何男人都不愿做女人，但所有的男人都需要女人的存在。"所以，男人会说："感谢上帝创造了女人。"（第141页）如前所述，男人之所以要造就女人作为绝对他者存在，是为了确证自身的自由，但又希望免于主奴辩证法的残酷斗争。女人作为介于自然与作为自由主体的人的存在之间的绝对他者，她能满足男人这种矛盾的需要。或者说，是男人把她造就成了为他所需的绝对他者存在。而这种造就的手段之一就是"发明"出这样的包含"女人是绝对他者"信念的"神话"。"她对男人的幸福与胜利是十分重要的，以至于可以说，即使她不存在，男人也要把她发明出来。他们的确发明了她。"（第186页）

在绝大多数神话中，男人被塑造成主体存在，女人被描绘成绝对他者存在。这种不对称性在关于性的神话中就表现得更为明显了。"女人则完全由她同男人的关系来限定。两种范畴——男性与女性——的不对称性表现在性神话的单向形式中。我们有时用'性（the sex）'来称呼女人；她是肉体，是他的快乐和危险。男人对于女人也是肉体，不过这一事实从未被宣布，也无人宣布。"（第142页）这就是说，男人在这些神话中的形象，不是神，就是伟大的人，是作为超越的、精神的主体存在；女人却被描绘成肉体的存在、自然的存在。事实上，男人也有肉体存在、自然存在的一面，只是女人没有话语权，没能对男人的这一面进行揭示，而男人自己却不愿承认这一面，所以在神话中就看不到对他们这一面的描绘。

第二，"女人神话"中的女人形象具有矛盾性。

波伏瓦考察了从古到今的各种类型的"女人神话"，她发现，女人的形象，不论是少女，还是母亲，不论是妻子，还是情妇，都并非统一的、一致的，其中充满了歧异性与矛盾性。

这种矛盾性集中表现在有关处女的神话中。在原始社会，男人对于女人的生理结构与生育能力不了解时，支配他的是恐惧。这时，他们创造出来的神话中的处女是可怕的、有魔力的。他们甚至想象女人阴道里有一条蛇，它在处女膜刚破时会咬住丈夫。还有人把这可怕的魔力归于处女膜破裂时流出的血。所以，这个时期，他们要求女人在结婚之前失去贞操，以免自己遭受这种魔力的侵害。男权制社会确立后，男人对自然的征服能力有所提高，对自然力量的恐惧减少了，这种魔力被逐渐驱除。处女与破处女膜流的血液也被重新评价了。这时，处女被描绘成美好的、清新的和神秘的。

处女神话的矛盾性还体现在男人对不同年龄层次的处女的描述是截然迥异的。处在青春期的处女的身体被描写成如山泉般清新，如含苞欲放的蓓蕾般娇媚，是男人梦寐以求的。她就像男人愿意不畏艰辛去采撷回来的藏在荆棘密布的树丛中的尚未飘逸芳香的玫瑰一般，这种观点在骑士的传说中被清晰表述。但是，"处女贞操只有和青春相联系才具有这种性的吸引力"。当女人到中年甚至是老年还是一个处女时，男人就会用很刻薄的词语来描绘她，"老处女"这一词本身就包含贬义，它意味着一个女人的肉体"是不为任何主体存在的客体，任何男人的欲望都不会指向它；虽然它已经花开花落，却未在男人世界找到一席之地。它离开了它自身的适当的目标，变成了一个怪物，和无法沟通思想的疯子一样令人心烦"。（第155页）

"处女神话"体现的是同一主题、不同时期"女人神话"的矛盾性。不仅如此，神话中女人形象的矛盾性，还体现在男人在同一时期创造出来的女人形象中，也表现在同一个男性作家创造出来的不同女主角上，甚至共存于同一个神话中的同一女主人公身上。

在基督教的经典中，他们称女人是魔鬼，是罪孽的化身，是世俗的诱惑；但也正是他们创造了一个神圣的、完美的、至善的女人形象——圣母玛利亚。他们创造出来的坏女人的形象与圣洁的女人形象形成了鲜明的对比。在教徒中，"关于女人的争论"从中世纪延续至今。在争论的过程中，某些男人所梦想的是死后升入天堂的女人，而另一些男人梦想的是破灭的、被逐出教门的女人。除此之外，世俗文学中的女人形象也是如此矛盾。例如，在《兰达尔王，我的儿子》这首古老的英国民谣中，既有邪恶的情妇形象，也有善良的、有奉献精神的母亲形象。在这个故事中，一个年轻的骑士被情妇下了毒，后来回家死在母亲的怀抱中。法国诗人里斯潘的《圈套》也是同一个主题。"母亲、忠实的未婚妻和有耐心的妻子都在抚慰'荡妇'和女巫给男人心灵造成的创伤。……她们可怜又可恨，是有罪者又是受害者，风骚又软弱，如天使又似魔鬼。"（第 192 页）

再比如，法国诗人莱米·德古尔·孟笔下的女人头发既是自然如小溪和草原的波浪，又能人工变形。波伏瓦认为，这反映了男人心目中理想的女性美，"既是自然生成，又非自然生成"的矛盾性。男性对女性不仅在外表美的要求上是矛盾的，他们对女性性格上的要求也是矛盾的，他们心目中的理想女性"受他支配时是自由的，她不人云亦云，但也屈从他的论点；她机智地反抗，却以认错而告终"。（第 184 页）"她以活生生的肉体形式，代表了赋予生命以意义的一切价值与反价值。"（第 192 页）。

第三，"女人神话"中的女人形象都具有神秘性。

男人创作的神话中的女人既然是矛盾的、复杂的，必然也是令人难以琢磨的、神秘的。"女人是天使还是魔鬼？反复无常使她变成了斯芬克斯之谜。"（第 192 页）还是以"处女神话"为例，其中的处女形象不仅仅是矛盾的（她时而让男人恐惧，所以他们让路人、祭司和酋长先夺取她的贞操，才肯娶她为妻；她时而令男人神往，所以他们会不惜一切代价也要去摘取这朵尚未开放的花苞），而且"处女似乎也是女性神秘的最完美的形式"。如果说，"处女"

的神秘性集中体现在她的肉体之上，那么，基督教出现以后，男人更注重描绘的是女人灵魂的神秘性，这是一种比肉体存在更深的神秘性。"基督教出现以后，女人形象在很大程度上明显被精神化了。男人通过女人享受到的美、温暖和亲密，不再具有可感可触的性质。她不再是直接的、可以玩味的事物，她变成了它们的灵魂，这比肉体的神秘性更加高深莫测。这种神秘通过一种隐秘和纯粹呈现于她的内心之中，反映了世界的真理性。"（第192页）所以，在文学作品中，住所、城市、国家和民族的灵魂常常被比喻成母亲、处女或妻子。不仅如此，抽象的概念如和平、战争、自由和胜利等等也被比喻成女人。

男人刻画的女人形象的神秘性还反映在男人对女人服饰装扮的要求上，"在女性神秘性这个问题上，梦想和争论一直没有结束。长期以来，男人之所以不允许女人放弃长裙、衬裙、面纱、长手套和高跟鞋，的确是为了保持这种神秘性"。男人理想中的女人的性格也渗透了这种神秘感，"如果女人要像遥远的公主那样受人仰慕，她就必须是神秘的、不为人知晓的"。作家阿兰·富尼埃（Alain Fournier）塑造的女人身上具有的最重要的美德就是可望而不可即的神秘感。（参见第193页）甚至在男人的心目中，女人的缺点只要能引起神秘感也能成为美德。比如女人的任性、虚假与风骚只要能增添神秘感，都可能使男人着迷。"任性是难以预料的，它让女人犹如水中涟漪一般优美；虚假用迷人的影像让她分外生辉；风骚乃至堕落为她带来了浓郁的芬芳。"（第193页）

二、"女人神话"的实质

波伏瓦认为，"女人神话"有着以上三个特征是由它的实质所决定的，"女人神话"的实质就是男人为塑造作为绝对他者存在的女人而虚构、编造出来的谎言，是男人企图为他们统治女人的特权做出的正当性辩护，是为男人的种种利益服务的意识形态。"在很大的程度上，女人神话是用它对男人的有用性来解释。……毫无疑问，大多数神话都源于男人对他自己生存及对他周围世界的自发态度。但是，超出经验、朝向超越的理念，被男权社会蓄意用来做自我辩护。"（第260页）"几乎没有哪一种神话比女人神话更利于统治阶级的了：它为一切特权辩护，甚至认可他们的权力滥用。"（第255页）

在一定时期内，女人在人类历史上一直处在边缘的位置，她们既没有受教育的权利，也没有政治权力，因此没有话语权。历史大都是男人书写出来的历史，神话也多是男人编造出来的神话，"女人神话"就更是男人的"杰作"了。因此，神话的不对称性就是必然的。

也正是因为这些神话大都是男人创造的，他在其中投射了自己的梦想与恐惧，反映了他们的价值观。男人清楚地认识到，生命是双重性的存在，既是意识、意志和超越，即精神，又是质料、被动性和内在性，即肉体、性。但他们崇尚、梦想前者，贬低、恐惧后者，"性与大脑的对立是男人二元性的表现。作为主体，他塑造了世界，因而他处在这个被塑造的世界之外，成为它的统治者。如果他把自己视为肉体，视为性，他就不再是一个独立的意识和完全自由的人：他陷入了这个世界之中，是一个有限的、易腐烂的客体"。（第162页）男人认为自己本来应当是"和纯粹理念一样，和此者（the One）、全体（the All）、绝对精神一样"，他有时候却发现"自己被关在能力受限的身体里，被关在他不能选择的时空里，在那里他是无用的，多余的，拖泥带水的，可笑的"。（第146页）因此，由于男人"对无用和死亡感到恐惧，对自己是被产生的感到惊恐万状"（第146页），所以，他们把自己恐惧的、易朽的、暂时的肉体的一面，都谋划到了女人身上。于是，在神话中，他们就把男性刻画成精神的化身，把女性描绘成肉体、性的化身。比如，希腊悲剧作家埃斯克罗斯（Aeschylus）、哲学家亚里士多德，还有希波克拉底（Hippocrates）等都是如此。"在一切文明中，女人直到现在仍然让男人感到恐怖：这是他对自己肉体的偶然性所感到的恐怖，他把这种肉体的偶然性都谋划到她身上了。"（第148页）

"女人神话"是男人编造的，也是按照男人的观点来编造的。男人的观点就是，他们自己是主体，女人是绝对他者。因此，这些神话都反映了一种理念，即女人应该是属于他们的、依附他们的、为他们所占有的。男人不仅在各种神话中透露出这种男性视角的价值观，并且还把它们当成普遍真理强加给女人，"男人用来思考世界的那些范畴，是根据他们的观点，作为绝对确立起来的"。（第257页）波伏瓦认为，隐藏在多种多样、纷繁复杂的"女人神话"背后的，实质上是男人统一的价值观，只要我们看到了这一点，就可以理解这些神话中女人形象的矛盾性与神秘性的实质了。

还是以处女神话为例。波伏瓦指出，处女神话之所以充满着矛盾，首先在于男人对处女的心理矛盾上，它们反映了"男性在恐惧与欲望之间，在担心受无法制约力量的支配与希望战胜这种力量之间犹豫不决"。（第152页）但不管这种神话如何矛盾，它们都是男人为自己的利益辩护与服务的，只不过不同时期他们的利益是冲突的、矛盾的而已。在母权制社会，也是在自然魔力没有被驱除的时候，男人对处女只有恐惧，别无其他，所以他们造出的神话就是处女具有可怕的魔力，必须被驱除之后才能为他们所用。在男权制社会，自然已经不再是不可征服的魔力，而成了男人意欲征服的对象，处女的魔力也就消除了，变成了男人意欲征服、占有的对象。所以，从此以后，处女神话都反映了男人对征服处女的向往与能够享用处女的自豪。男人是从处女相对于他们自己的价值，来规定处女的价值。当男人希望把自己的财产留给属于自己的孩子时，处女就不再留给陌生人来处置了，他们要求少女保持贞操，献身自己的丈夫。这时，他们相应地还会要求妻子保持贞洁。"男人把妻子看成他个人的财产时，对处女的要求还有更为直接的理由。首先，积极的占有概念永远不可能实现，事实上，一个人根本不可能拥有任何一个物或任何一个人，于是他便想以消极的方式来确立所有制。坚持某物归他所有的最可靠的方式，是阻止别人使用它。"（第154页）因为，从存在主义视角来看，人是一种虚无的存在，他将虚无化为一切存在。从这个意义上讲，人不可能真正占有任何物或人。于是，男人只好用一种消极的方式来占有财产，处女被男人看成是自己的财产，所以他也就试图用这种排他的、消极的方式来占有她。"老处女"之所以不受男人欢迎，在神话中被描绘成女巫，因为她没有被男人征服过，没有被支配过，没能为男人所用。在男人看来，"女人的命运就是受另一个人奴役，她若是逃避了男人的支配，就要准备接受魔鬼的支配"。（第156页）

处女是魔力的附身，还是美好的象征，这都是男人从自己的立场出发，从对自己的有用性出发，来编造的神话。其他的女人神话也是如此，比如基督教中的女人神话。

在基督教中，身体是原罪之源，是灵魂得到拯救的障碍，"邪恶是一种绝对的现实，肉体是罪孽。当然，由于女人永远是他者，人们并不认为男女彼此互为肉体：对基督徒来说，肉体是怀有敌意的绝对他者，它只能由女人来代表"。（第167页）所以，在基督徒眼中，女人才成为了世俗的诱惑，肉体与魔鬼的化身，她把亚当引向了罪孽。但是，若女人放弃肉体，她就会成为上帝的造物，与男人无异。圣母玛利亚之所以圣洁，一方面，由于其处女性使得其身体不再具有肉体的性质；另一方面，由于她接受了她的从属角色才能被赞美，她谦卑地承认："我是上帝的仆人。""在人类历史上，她第一次跪倒在儿子面前，毫不在乎地接受她的劣等地位。"所以，"女人如果想克服她固有的缺陷，只有服从上帝的意志，依附于男人。通过这种顺从，她可以在男性神话之中担任新的角色。……她的原初特质一点都没有失去，但作为象征被颠倒过来了：原来是凶兆，现在是吉兆；恶的魔力变成了善的魔力。作为仆人，女人被尊为最伟大的神明"。（第 172 页）波伏瓦认为，基督教在塑造女人形象时，背后的理念就是，放弃自身的肉体存在，追随男人最完美化身的上帝，依附于男人、顺从于男人的女人，就是善的、好的、圣洁的；除此之外的女人都是邪恶的。所以，基督教塑造的看似矛盾的女人形象在这样一个理念下其实是统一的、一致的。

波伏瓦认为，女人神话的矛盾性还可以从男人对女人梦想的矛盾性来解释。男人编织女人神话实质上是在编织"绝对他者"的神话，目的是通过女人这个"绝对他者"来寻求男人的自我实现。这里女人作为"绝对他者"，不仅仅指女人是作为失去了主体性的、与男人不构成相互性的"绝对他者"，还包括另一层含义，即她还承载了男人希望从中获得自我实现的所有的"他者"的功能。男人在塑造女人形象时，是把自己的向往与恐惧、爱与恨全都谋划到了她身上，"她是男人梦想的一切，也是他不能获得的一切。她是仁慈的大自然和男人之间的理想调节者，也是尚未征服的大自然的诱惑，和一切善对立。从善到恶，她是一切道德价值的化身，也是反对这些价值的化身。她是行动的实体（substance），也是行动的任何一种障碍，是男人对世界的把握，也是他的挫折。正如她是所有男人的自身生存以及他所有能够表达的这种生存的反映的起源和根源。……她是仆人与伙伴，但是，他又希望她也是他的听众和评论者，能够确证他的存在感（the sense of being）"。（第 197 页）所以，男人制造的神话中的女人就可能以各种面目展现，矛盾重重，甚至是光怪陆离。

在更为深层次的意义上，女人神话的矛盾性还反映了男人本体论上的矛盾性。"男人想通过她来寻找完整的自我，因为她就是一切（All）。即是说，在次要者这个层面上，她是作为绝对他者的一切，所以她是一切。而作为他者，她又是与她自己有区别的，与所有期望的她有区别。作为一切，她绝不是她应该所是的这样；她是永恒的欺骗，是生存者永远不可能达到的和不能完全与生存的整体一致的欺骗。"（第 197-198 页）即是说，男人在用神话塑造女人形象时，实质是期望在女人身上，寻求自在与自为综合的整体。如前所述，存在主义认为，人作为自为的存在，是虚无，是欠缺，他总欲求通过与自在存在的完满结合来获得自我实现，即实现自为与自在之间的统一。这种企图成为自在与自为综合的整体的欲求即"成为上帝的欲求"，是人不可能实现的，但是人又永远面对这个整体，向着这个整体不断存在，即人有一种萨特称之为的"无用的激情"。所以，在女人这个有着意识但又被当成了自在存在的绝对他者身上，男人希望寻求自在与自为综合的整体的梦想是不可能获得实现的。在此意义上，这种在女人神话中承担这种梦想的实现者的女人就只能是一种"欺骗"，而男人却永远在编织这种不可能实现的梦想，所以她也是一种"永恒的欺骗"。

在波伏瓦看来，女人在神话中被描绘成"神秘"的，也是男人从自身的立场出发，是他为自身的种种利益考虑的结果。"在所有这些（女人）神话中，几乎没有哪一种神话比女性'神秘'这个神话，更牢固地树立在男性的心目中。它带来的好处举不胜举。"（第 256 页）

首先，男人在神话中把女人神秘化可以轻易化解自己对女人无知的尴尬，可以成为其对女人的经验与知识不求甚解的借口。"它（神秘化）允许所有的费解都得到一种简易的解释，'不理解'女人的男人是幸福的，他可以用一种客观的抵抗来替代主观精神的贫乏。他不是承认自己的无知，而是辨认出一个外在于他的'神秘'：这确实马上可以成为吹捧懒惰与虚荣的一种借口"。（第256 页）即是说，本来是男人对女人不了解的无知，男人却用女人是客观存在于他之外的"神秘"存在为借口来掩盖，这实质上反映其主观精神上的贫乏与故弄玄虚的虚荣。其次，把女人神秘化也让男人可以推卸自己对女人的责任。比如，当女人饱受爱情折磨之时，男人不是去承担伤害她的责任，去体谅她所受的情感之苦，而会说这个女人是任性的，她的话是愚蠢的，"那么这种神秘有助于原谅这一切"。当男人看到女人深受生理命运之苦时，他会说"这是大自然有意安排的"，巴尔扎克就曾经总结过男人对女人的态度，他这么写道："不要理睬她的抱怨、她的哭叫、她的痛苦；大自然造就女人就是为我们服务的，就是为了让她承受这一切：由男人引致的孩子、悲哀、打击和痛苦。不要谴责你自己心狠。在所有所谓文明国家的法典中，男人都在律法里对女人的命运写下这样残忍的铭文——Vae victis（悲哉，失败者）！弱者活该造孽！"如此一来就轻而易举卸掉了所有对女人生理上的负担应做出补偿的责任。波伏瓦指出，这是"男人把它们作为进一步加深女性命运之神秘性的借口来利用"。（第256页）在《一种模棱两可的伦理学》一书中，波伏瓦早就批判了这种用自然命运作为借口对他人进行的压迫，她认为，这是压迫者为了避免反抗惯常使用的伎俩，是压迫者对被压迫者的欺骗。"为了阻止这种反抗，压迫的策略之一就是把自己伪装在自然境况之后，因为毕竟人是不能反抗自然的。"①最后，正是女人被视为神秘的存在，才能使男人的主体性不受威胁，从而使得两性等级关系得以永恒维系。"多亏有了这种神秘性，那种消极的关系才能得以永恒。"（第256页）因为与一个活生生的神秘人物在一起的时候，她不会挑战男人作为主体的自由，所以，"男人仍然是孑然一身，他单独和他的梦想、他的希望、他的恐惧、他的爱情和他的虚荣心在一起"。因此，在波伏瓦看来，对许多男人来说，这样一种与"神秘"的人在一起的虚幻关系，"是一种和人的本真关系更为诱人的体验"。（第256页）因为人与人之间的本真关系是自由主体之间的关系，在没有经过"友谊、慷慨与爱"的道德转化之前，可能充满着超越与反超越的矛盾与冲突。

波伏瓦指出，人作为意识的存在，他的主体性只有其自身才能从其内在方面来把握与认识。从这个意义上来说，任何他者都是不可能被把握与认识的，所以都是神秘的。"每一个人仅仅对他自身才是主体；每一个人仅仅只能从其内在性中才能把握自身：从这个观点出发，他者总是神秘的。"男人不可能通过任何"同感"来体验到女人的身体感受，如女人的性快感、经期的不适以及分娩的痛苦等。同样的道理，男人的身体体验对女人来说也是"神秘"的，是女人无法"感同身受"的。所以，"实际上，双方都是神秘的：作为男性的他者，每个男人也有一种内在的自我只在他自身呈现，是女人无法穿透的"。但是，男人却只把女人说成是神秘的，并且还被看成是"本质上就是神秘的"，这是男人对"相互性"的"误解"。这种"误解"是男人一贯的做法，"他们用以思考世界的那些范畴，是根据他们的观点，作为绝对确立起来的；和在所

---

① Simone de Beauvoir. The Ethics of Ambiguity［M］.Translated by Bernard Frechtman. Secaucus：Citadel Press，1948：83.

有的地方一样，他们在这里也是误解了相互性。由于女人对男人是一种神秘，她才被男人看成是她的本质就是神秘"。（第 257 页）

在波伏瓦看来，因为根本没有"女人本质"这一说，所以"女人的本质就是神秘的"这种说法根本就是荒谬的。"一个生存者，除了他所作所为以外什么都不是，可能不会超出现实，本质也不会先于存在：在纯粹的主体性中，人什么都不是。"（第 257 页）所以，男人把女人视为本质上是神秘的，是根本性的错误观点。波伏瓦指出，在现实生活的一些特例中，可以看到女人若是拥有了经济与社会的特权地位，这时"神秘发生了逆转"。这说明"它（神秘）不是属于这个性别或那个性别，而是属于一种处境"。而在男权社会中，"对相当多的女人来说，超越的道路是封闭的：因为她们什么都没有做，也就无法造就自己。……女人处在这个世界的边缘，她就不可能通过这个世界来客观地被规定，她的神秘性所隐藏的就只不过是空虚"。（第 258–259 页）即是说，并非女人本质上是神秘的，而是男人与男权社会给女人造成的处境，把她造就成了神秘的存在。这种处境让女人无所作为，无法通过自己的行动与自己和世界的关系来塑造自身，她也就没有任何确定的身份与地位，所以女人的神秘性背后隐藏的是女人在男权社会中无所作为的空虚。

波伏瓦进一步指出"神话思想所承认的女性神秘，有着更为深远的意义。事实上，它直接隐含在绝对他者的神话之中。如果承认这个次要的有意识的人，也有明显的主体性，也能进行'我思（cogito）'，那么也就等于承认这个人实际上是有主权的，能够重新变为主要者。为了使所有的相互性都完全成为不可能，必须使绝对他者对其自身也是他者，必须让其主体性受他者性的影响。这种被异化为一种意识的意识，在其纯粹内在的呈现中，就很显然是一种神秘。由于它对自身也是一种神秘，从其本身就是神秘而言，它是一种绝对的神秘。"（第 259 页）即是说，男人把女人神话为神秘的，背后隐藏的是要在神话中把女人建构为绝对他者存在。倘若男人承认女人是有意识的人，是一个与他有着同样主体性的人，也能进行"我思"，就等于承认了女人可以重新获得主权，变为主要者存在，这将威胁到男人的主体性，这当然是男人不愿意看到的。因此，为了使两性之间所有的"主体与他者"转化的相互性成为不可能，男人必须让女人对自身也是他者，让女人的主体性受他者性的影响。这样，女人的主体性就被异化了，呈现为一种不能被其他意识所把握的"神秘"；由于女人失去了主体性，她对自身也只有他者性，不能进行"我思"，不能形成自我意识，那么她就不只是相对于他人的一种神秘，而且对自身也是一种绝对的神秘。

三、五位作家的"女人神话"

波伏瓦特意选出了五位男性作家描绘出来的女人神话作为例子，来证实她对女人神话实质的分析。这五位作家分别是蒙特朗（Montherlant）、劳伦斯（D. H. Lawrence）、克洛代尔（Claudel）、布勒东（Breton）和司汤达（Stendhal）。她认为，这些男性作家无疑都是通过他们的文学作品来刻画心目中的理想女性，他们造出了林林总总的外表各异、性格不同的女人形象，但是她们背后的精神实质却是一致的，她们都是为男人的绝对他者存在。

蒙特朗笔下的理想女人大多是，头脑简单但极具身体诱惑力，很卑微，但又很顺从，甚至是可以任男人羞辱，时时刻刻准备接受男人的主宰，但对男人从来没有要求。而他笔下的男主人公个个都野心勃勃，具有冒险精神，甚至是有些英雄主义，他们"依恋女人，或者说是把自己归附于女人，这都不是使她快乐，而是使他自己快乐：作为绝对劣等者，女人的存在正好在信仰中反映出男人那根本的、本质的和牢不可破的优越性"。（第205页）波伏瓦指出，"要评判蒙特朗对待女人的态度的正当性，最好还是仔细考察他的伦理观"。（第209页）她一针见血地指出，这是一种蒙特朗对女人的"傲慢和方便的伦理观"，反映了他的"自恋"，和在自我崇拜中企图逃避自我的倾向，他重弹的是尼采的"女人是英雄的消遣"的老调。

波伏瓦指出，劳伦斯与蒙特朗正好相反，他并不把男性作为精神的化身高高置于女性作为肉体的存在之上，而是把男女两性关系还原为生命的真实。这个真实不是在意志之中，而是在人的动物性中。正是在人的动物性上，他就把男性置于女性之上了。他企图用"阳具崇拜"代替"大母神崇拜"，他狂热地相信男性的高贵。所以，他笔下的女人都是对"阳具"充满着热烈的渴望，并且屈从于它所代表的宇宙精神和活力。在他的刻画中，女人作为母亲，会克己自制，宽宏大量，把全部温情都献给孩子；作为情人，她会臣服于男性的阳刚之气，把他奉为神明，对之绝对忠诚。波伏瓦说，劳伦斯的小说被称之为"妇女指南"就毫不奇怪了。因为他塑造的女人就是绝大多数男人心目中"真正的

女人",即"她是服从者,毫无保留接受自己被界定为'绝对他者'"。(参见第 224 页)

法国诗人与剧作家克洛代尔是个虔诚的天主教徒,他笔下的女人都有一种明确的献身于神圣的英雄主义,她是拯救男人的工具,而男人却不是拯救女人的工具,女人是男人眼中的"绝对他者"。并且,波伏瓦指出,克洛代尔是以现代的诗意的方式表现了天主教的传统,即男人在上帝面前敬重女人,在尘世却把她当成奴婢对待,女人越是绝对服从,就越是能够走上得救之路。"献身于孩子、丈夫、家庭、家族、教会,这就是她的命运,也是资产阶级派给她的命运。男人付出行动,女人付出人格。以神的名义将这一秩序神圣化,就能够保证永不变更,持续永存。"(第 231 页)

同样是诗人的布勒东笔下的女人却是"孩子般的",她天真又多情,柔美又动人,单纯又可爱,为了爱情可以不顾一切,可以使每一个男人都得到拯救,她本身就是一首诗。他解释道:"我选择孩子般的女人并非为了把其他女性置于相反的一面,因为我觉得,在她身上,也只有在她身上,才能在绝对透明的状态下找到另一种可见的光谱。"波伏瓦评论道,"她本质上是诗,这是直接对男人而言的;但没有人指出,她对自己而言是否也是诗。布勒东从未把女人作为主体来谈论。……她是真、美、诗,她是一切:一切再次处于'绝对他者'的形式之下,唯独没有她自己"。(第 237 页)

表面上来看,司汤达与前面几位作家不一样,他好像希望他的女主人公有才智、有教养,在精神上和行为上都很自由,是与他般配的女人。这种女人似乎是与男人有着相互性的"他者"。但是,波伏瓦指出,这仅仅只是因为司汤达不像前面几位那么傲慢,比他们"清醒"一些罢了。他是个"外交家"或"智者"一般的作家,他的浪漫主义和人道主义背后实质还是追求为男人而存在的女人。只是必须把他笔下的描写"颠倒过来看",我们就可以明显看出,他要求女人不要坠入严肃的事物,凡是重大的事情都非女人能及;女人不要有冒险精神,要天真纯朴,对男人慷慨大度。换言之,司汤达要求的女人虽然看上去自由,看上去有与男人一般的精神品质,这些都是假象,是他颠倒的描绘,她们根本谈不上是与男人真正平等的主体存在,若一定要说她们是自由的,那也是自由地为男人的存在。

　　波伏瓦指出，这些作家编织女人神话的方式各不相同，他们的理想女人似乎也迥然各异，但他们实质上是一致的，都是描绘女人作为"绝对他者"的神话，只是他们自身的梦想与趣味的差异，导致了这些神话中的女人面目似乎是千差万别而已。"他者是按照此者为树立他自己而选择的独特的方式而被独特地界定的。每个作家都肯定了自己的自由与超越，但他们对这些字眼赋予的含义却各不相同。"（第248页）蒙特朗的女人是为了让她的男人感到自己雄壮强大而存在的。劳伦斯的女人放弃自己的梦想，以便使男人实现梦想。克洛代尔的女人不仅是上帝的女仆，也是男人的女仆。布勒东的女人背负沉重的救赎责任：只有付出她全部的爱，才能拯救她的男人，否则那男人注定要毁灭。司汤达的女人满怀激情、挺身而出，甘冒生命危险去拯救情人，使之免于毁灭、监狱和死亡。

　　在波伏瓦看来，这些女人的共同特征是，都被要求忘掉自我、拒绝自我，或者以某种方式否定自我。所以，这些理想女人其实"都注定处于被限定的内在性的存在中……是以特权的绝对他者出现，通过她，主体实现了自己；她就是男人的工具之一，是他的抗衡，他的拯救、历险和幸福"。（第248页）对于这些男性作家来说，这些理想女性身上都被投射了他们的梦想与渴望，是反映他们的自我和实现他们的自我的最确切的"他者"。蒙特朗这位大男子主义者，他在女人身上寻找纯粹的动物性；劳伦斯这个阳具崇拜者，他希望把女人归结为性的存在；克洛代尔把女人界定为灵魂姐妹；布勒东珍爱扎根于自然的梅露辛，把他的希望寄予孩子般的女人；司汤达希望他的情妇聪明又有教养，是与之在各方面相当的女人。"为这样的好伙伴、孩子般的女人、灵魂姊妹、作为性存在的女人、雌性动物保留唯一尘世命运的总是男人！不管什么样的自我都可以通过她寻找到，只要她愿意充当他的严酷考验，她就能找到自己。"（第251页）

　　最后，波伏瓦指出，这些作家的作品反映出来的是他们性别上的伦理观念，就是一种双重标准的伦理观：他们期待女人秉持"利他主义"，希望女人是为男人服务的，为男人所用的，完全奉献给男人的。这恰恰反映的是他们自身利己主义的伦理原则，"每一个作家在描写女性之时，都亮出了他的伦理原则和特有的观念；在她的身上往往不自觉地暴露出他的世界观与利己主义梦想之间的裂痕"。（第252页）

四、"女人神话"与女人现实

波伏瓦指出，男人炮制的女人神话不仅为男性特权做出正当性辩护，而且这些神话对现实生活中的女人也影响深远。因为它们是一种无形的观念，可以渗透到每个活生生的女人心中，让现实生活中的女人身不由己地按照这些观念的要求去塑造自身，以符合男人与男权社会对她们的期待。"毫无疑问，大多数神话都源于男人对他自己生存及对他周围世界的自发态度。但是，超出经验、朝向超越的理念，被男权社会蓄意用来做自我辩护。通过这些神话，男权社会以生动有力的方式，把它的法律和习俗强加于个人。正是在神话的形式下，群体命令经过灌输，渗入到每一个人的心中，通过宗教、传统、语言、寓言、歌谣和电影之类的中介，这些神话甚至渗透到受着物质现实的极严酷奴役的生存者心中。"（第 260 页）

波伏瓦指出，这种女人神话还具有很强的欺骗性，它虚构了一种所谓的"真正的女性"或"女性气质"的理念，让现实中的女人都去按照这种理念规范自身，使其完全失去了作为主体存在用自身的行动来塑造自身的可能性。"女人神话是一种静止的神话……它把一种直接体验的、在经验的基础上概念化的现实，谋划到柏拉图的理念王国，用一种超时间的、不可变更的、必然的超越理念，取代了事实、价值、意义、知识和经验法则。"于是，"神话思想使唯一的、不变的永恒女性，同现实女人的分散的、偶然的、多样化的存在相对立"。（第 253 页）即是说，男人在观念上无一不把女人建构成为永恒的绝对他者的理念存在。这种用永恒不变的理念来代替活生生的现实的做法，是一种用静止的、不变的眼光看待女人的方式，是一种在女人问题上的本质主义。这种本质主义与波伏瓦的存在主义立场是相悖的，她一再强调她的这种立场："我反对本质先于存在的理论，这是对的；我早就认识到，人们可能怎样滥用如'斯拉夫人的民族性''犹太人的特性''原始意识'或'永恒的女人'等一连串抽象概念。"[1]因为，在现实生活中，男人用这样一种永恒不变的理念来规定女人，即女人都应当具有一种女性气质，这种女性气质就是作为绝对他者存在的本性，一种固有的不变的特质，如顺从、柔弱、被动等。"所谓具有

---

[1]西蒙·波娃.盛年：西蒙·波娃回忆录［M］.谭健，等，译.南京：江苏文艺出版社，1992：183.

'女性气质'，就是显得软弱、无用和温顺。"（第336页）"有着'真正的女性气质'的女人是轻浮、幼稚和无责任感的，具有顺从优点的女人。"（第xxvii页）若现实中的女人与此理念不相符合，不具备这些性格特征，他们不会认为是这些理念本身有问题，而会认为是现实中的女人不符合"真正的女性"的规定，不能称之为"真正的女性"。于是，现实中本来应该有着多种可能性存在的女人，只能按照男人神话中不变的、永恒的女人气质去规范自身，于是，使得女人只能"对她做主体、做人的所有体验都予以否定"。（第253页）

波伏瓦指出，根本没有这种所谓的女人与生俱来的、由她的性别本性决定了的"女性气质"，现实生活中的女人之所以具备这种"女性气质"，是男人与男权社会通过这种"女人神话"对她从小进行改造的结果。"若说在青春期以前，有时甚至从小女孩子开始，对我们来说，她似乎就已经被她的性别所决定了，那不是因为有什么神秘的本能在直接注定她是被动的、爱卖弄风情的、富于母性的，而是因为他人对这个孩子的影响几乎从一开始就是一个要素。她从小就受到灌输，要完成女性的使命。"（第268页）与"女性气质"一样，波伏瓦认为，"真正的女性"这种神话也是男人与男权社会建构出来的理念，再通过各种方式强加给女人的要求，"'真正的女性'是文明所创造的人为产物，正如阉人是被造出来的一样。她在卖弄风情、温顺方面的所谓'本能'是被灌输的，正如男人对生殖器的自豪感是被灌输的一样"。（第408页）在波伏瓦看来，"女性气质"也好，"真正的女性"也罢，都是男人编造出来的"女人神话"，是男人与男权社会虚构出来的理想女人的模式。男人却把这种理念说成是女人的性别所决定了的本质，是自然的，是女人的天性，这实际上是对女人的一种欺骗，它们无疑都对现实生活中的女人造成了极大的智力与道德上的伤害。

波伏瓦指出，在当今的现实生活中，有人提出"女人不见了。女人在哪里？今天的女人根本不是女人"。（第261页）这种提问的方式，本身就是一种男性视角的本质主义在现实生活中的反映。因为，对男人来说，或者对那些以男人眼光来看待自身的女人来说，一个"女人"仅仅生理上有着女性的特征与功能是不够的，她还必须符合男人对女人的规定，即做一个"绝对他者"，才是他们心目中的"真正的女性"。"要做一个'真正的女性'，她就必须承认自己是绝对他者。"（第262页）在现代社会中，女人有了一些做人的基本权利，如工作权、财产权等，但是在私人领域中，人们仍然要求女人做"绝对他者"，要求她们做所谓的真正的女性。"这让女人痛苦不堪。在整体上，他们（男人）愿意承认女人是自己的同类，是一个平等的人，但他们仍然让她做次要者。对她来说，这两种命运是不可比的。她在是做这种人还是做那种人之间犹豫不决，无所适从，因此失去了平衡。在男人身上，公共生活和私人生活之间并不存在裂痕：他在行动和工作中越是证实他对世界的把握，就越是显得有男子汉的气魄。人的价值和生命的价值在他那里是结合在一起的。而女人的独立成功却和她的女性气质相矛盾，因为，要做一个'真正的女性'，就必须使自己成为客体，成为绝对他者。"（第262页）即是说，现代女性在公共生活领域整体上可以有做人的权利，可以通过行动来证实自身是自由自主的存在；但在私人领域，男人们仍旧让她做为孩子存在的母亲、为男人存在的妻子，让她做一个次要者、一个绝对他者。而女人作为一个超越的主体性存在的人与男人要求她的做一个绝对他者之间是有冲突的。因为女人若成为一个超越的、独立的人，男人就会认为她不具备"女性气质"，她的女性身份就受到了质疑，她就将成为一个失去性别的人，她就不是一个"真正的女性"。而男人却没有这样的问题，他们无论在公共领域，还是在私人领域，都可以作为超越性的主体的人存在，他做人的价值标准与他做男人的价值标准是一致的。

最后，波伏瓦指出女人神话反映了男权社会与男人的价值观。"社会和个人常常把自身所坚持的制度和价值投入所选定的神话"，而男权制社会的价值观就是，女人只能作为绝对他者，只能待在家庭，所以把她神话为"感性的、内向的和内在的"。而波伏瓦认为，"所有的生存者都既是内在的，又是超越的。当一种制度没有给生存者提供任何目标，或阻止他达到任何目标，或不许他取得胜利时，他的超越性就会徒劳地陷入过去，就是说，重新陷入内在性。这便是男权制派给女人的命运"。但是，波伏瓦指出，"这绝不是一种天命，就正如受奴役不是奴隶的天命一样"。即是说，女人本来是与男人同样的，既有内在的一面，又有超越的一面，但由于男权制没有给女人提供超越的机会，让她陷入了内在性之中，给她制造了一种人为的"命运"，这绝不应该是女人与生俱来的"天命"。这使得女人受到了不公平的对待，所以这种制度是不平等的，不公正的。这其实是对女人的一种压迫，是"为了以她的奉献精神来保障男人的绝对权利，这是在强迫女人服从的一种绝对命令"。（第255页）

波伏瓦认为，在现代社会中，女人虽然得到了与男人同样的部分法律权利，但是这些抽象的权利并没有完全保证两性的平等地位，歧视女性的习惯势力依然存在。这种习惯势力通常是通过这种"真正的女性"的神话来贬低与排斥那些希望借助工作来获得自身独立与自由的女性。因为男人构造的"真正的女性"是一种绝对他者的存在，这与女人作为自由自主的人的存在是有矛盾冲突的。现代女性有了一些机会通过自己的行动来证明自己的价值，获得了一些独立与尊严，但这时男人与男权社会却用他们的"真正的女性"标准来衡量她，让她有失去性别身份的困惑。因此，女人通常会在做一个独立自主的人，还是遵从男人安排给她们的命运之间矛盾与挣扎，甚至让她们失去心理平衡。"毫无疑问，让女人既承认她们作为自主的人的身份，又承认她们的女人命运，在今天也是非常困难的。这是造成失策与不安的根本原因，而这种失策与不安有时又是让人们认为她们是'失去性别的人'。"（第263页）

波伏瓦揭穿了这种"女人神话"的欺骗性，实质上是撩开了男权制为掩盖自身压迫女人的真实目的而制造的意识形态的神秘面纱，正如女性主义学者德布拉·贝格芬（Debra B. Bergoffen）所正确指出的："波伏瓦是在运用现象学原理为男权制神话'祛魅'。"①她让人们看清楚这种美妙面纱背后的不道德的企图，及其他对女性带来的伤害，这无疑对女性的解放有着深远的意义。

波伏瓦指出，只有当女人自己把自身树立为主体，坚持自己是与男人同样的超越性的自由存在，"女人神话"才可能消失，女人才不会是神秘的、矛盾的、不可思议的"绝对他者"，只会以与男人平等的、有着相互性与对称性的"他者"的面目出现。"也许女人神话有一天会销声匿迹，女人越坚持自己是人的存在，绝对他者的不可思议的特征越会从她们身上消失。"（第142页）而要让女人能完全与男人平等，对女性的歧视要完全消除，"绝对他者"完全不存在，也只有在民主的、平等的社会主义国家才有可能。"社会主义意识形态坚持人人平等，它现在和将来都不允许任何类别的人成为客体或偶像：在马克思宣布的真正民主社会中，没有给绝对他者留下任何空间。"（第142页）

---

① Debra B. Bergoffen. The Philosophy of Simone de Beauvoir: Gendered Phenomenologies, Erotic Generosities ［M］. Albany: State University of New York Press, 1997: 143.

第五章

超越"绝对他者",走向本真存在

　　波伏瓦认为,在男权社会中,女人被男人造就成了绝对他者存在,无论在家庭生活,还是在社会生活中,她们都没有自我实现的机会,她们寻求超越的道路几乎都被堵死了,所以无法为自身的生存做出辩护,无法找到自身存在的理由与意义,无法证成自身的存在。但是,本身是作为自由自主的主体的人的存在,与男人一样,女人也会有一种"确认自身是主体性存在的道德冲动",她会以各种方式去寻求自我实现,做出自我拯救,期望获得自身的生存之辩。但是,波伏瓦指出,女人在寻求自身的解放、谋求生存的正当性辩护时,首先应当弄明白什么是本真的自我实现,什么是真实的解放,然后去辨明在寻求解放的道路上会有哪些障碍与困难,才能真正找到如何走出困境、摆脱受压迫的境遇的出路,才能真正超越绝对他者存在,走向本真存在。

第一节 ｜ "自欺"的生存之辩

　　波伏瓦认为,人只有自己设定目标去行动,自由谋划自身的未来,才能超越人的内在性,显现人的超越性,才能冲破境况的局限性,打开自由发展的空间,从而获得自身的证成,得到自身的解放。她指出,从本体论来说,"在各种形式下,自欺①与过度严肃的陷阱——非本真的诱惑,同样多地在等待着男

————————

① 在"自恋"这一节中,波伏瓦多次用了"自欺(mauvaise foi)"(参见法文版第463、474、476页),英文版的《第二性》中被翻译成了"insincerity"(第639、641页)或者是"self-deception"(第633页),事实上,我们认为翻译为"bad faith"更为贴切。

女两性；内在的自由在两者身上都同样具有"。但是，在男权社会的现实生活中，"单单女人实际上的自由仍然是抽象的、空洞的，她便只有在反抗中运用自由，这是没有机会做任何建设性事情的人们所面临的唯一出路"。这种境况中，女人"必须抵制她们境况的种种限制，努力开辟未来的道路。听天由命只能意味着退让和逃避，对女人来说，除了谋求自身的解放，别无他途"。波伏瓦指出，要谋求自身的解放，女人首先必须辨明何种道路才是真实的解放之路。然而，"过去与现在都有女人想通过个人努力去谋求个人的拯救。她们想在内在性之中证明她们生存的正当性——想在内在性之中实现超越性"。在波伏瓦看来，这只是虚幻的解放方式，是"受监禁的女人想把牢狱变成荣耀的天堂的终极努力"，这种努力有时是可笑的，更多的时候却是可悲的。（参见第627页）这种"自欺"的自我拯救典型地体现在某些自恋的女人、陷入非本真的爱情中的女人和修女身上。波伏瓦用她辛辣、略带讽刺的文笔，颇具深切同情的语气，形象地为我们描绘了她们在此种努力中演绎的种种悲剧性的戏剧化场景，分析了她们为什么会选择这些方式来企图获得自我拯救，以及最后又为何都无一例外以失败而告终。

一、"自恋"之幻象

在《第二性》中，波伏瓦很少用下定义的方式来解释她想阐明的概念。在女人"自恋"问题上，她却在这一章的一开始，就给出了一个"自恋"的定义，即自恋是一种"异化（alienation①）的过程"，在这一过程中，"自我被看成是一个绝对目的，主体从自身遁入其中"。即是说，自恋是指在自我外化、对象化成"非我"在对象身上，来获得自我认同的过程中，把自我本身当成了绝对对象，来获得自我身份的确认，从而逃避了自我的自由。

在萨特看来，人"是其所不是，不是其所是"，人没有所"是（being）"，人是所"变成是（becoming）"的。换言之，人是一个生成的过程，人没有固

① 法文版多次出现的这个词在英文版中都被意译成了"identification"，我们认为，译为"alienation"比较恰当，以下我们遇到这个词直接参照法文版，中文译为"异化"。参见法文版第459、563页。波伏瓦在《第二性》中多次使用这个概念，她没有做出定义，但我们从其语境中，可以看出她所说的"异化"事实上是异己化、对象化、外化的意思，不完全等同于马克思在《1844年经济学哲学手稿》中的"异化"的含义。

定的本性，所以没有固定的身份，只能靠自身的行动不断地去造就自身，从而获得自我认同、取得个人身份。换言之，人的身份取决于人的行动即人不断进行的自由选择的谋划。在这一问题上，波伏瓦与萨特的立场是一致的，她也主张人是开放性的超越性的自由存在，人是虚无的存在，所以，人不得不用自己的行动不断地去造就自身，创造自我。如前所述，与萨特不同的是，她认为，并非所有的行动，所有的"做"，都是意识意向性的超越活动，都能为人的生存做出辩护。她认为，只有那些在公共生活领域的人的行动如生产劳动、政治活动等等，才能不断打开自由的空间，创造有意义的价值，因此，才能为人的生存给出理由，做出辩护。所以，在她看来，自恋的人内向地把自我当成了绝对目标，当成了对象性的完满的存在（being），企图达成"自在"与"自为"的综合，满足自身本体论上的"存在的欲望"，从而获得生存之辩，注定是不会成功的。

　　波伏瓦之所以在这里要先给"自恋"下一个明确的定义，是因为"把这一概念推得太宽泛会破坏它的本义"，如拉·罗斯福科（La Rochefoucauld）把所有的人都看成是自我中心的，从而也是自恋的。并且，在日常生活中，人们也有时坚持认为所有的女人通常是自恋的，或者说，自恋是女人的常态。波伏瓦指出，事实上女人的确容易自恋，与男人相比较而言，容易转向自我，把爱献给自己，但这是境况造成的结果，是"一种对她无事可做之悲哀的补偿"。（第629页）

　　女人的这种境况就是，在男权社会生活中，她没有途径可以进行外向性的自我谋划，用行动来造就自身，获得自我认同，得到自我实现。所以，女人很容易走上自恋之途。波伏瓦指出："所有的爱都要求一个主体和一个客体这种二元性。女人沿着把这两条路线合一的途径导向自恋。"（第629页）即是说，女人的自恋是把主体与客体合二为一的爱的方式，或者说，是作为主体的自我把自身又当成客体来爱恋。

　　女人为什么会容易走上这样一条爱的歧路呢？波伏瓦做出了详细的解释。她认为，从小到大，女人的主体性总是受到挫折。小时候，她缺乏男孩子的阴茎可以作为"他我（alter ego）"来确认自身，以获得自我认同。再长大一点，由于女孩子从小就被灌输在性方面她是客体，要消极被动的观念，她的性欲从来没有获得过攻击性的满足。更为重要的是，作为一个与男人一样的自由自主的人，她却没有从事与男人同样的超越性活动的机会。女人整天虽然忙忙碌碌，做妻子、母亲和主妇，但是，在波伏瓦看来，这些都是重复性、内在性的活动，都没有可能真正作为自由超越的人而获得自我实现。"男人的现实性表现在他建房，他伐木，他治病；但女人却不能通过谋划和目标实现自我，她只能从她自身的内在性去寻求她的现实性。"即是说，男人通过自身的自由行动来获得自己的身份，获得自我认同；而女人却没有超越性活动的机会，无法通过外向性的超越行动来确认自我，获得身份的认同，所以只好返回自身，转向内在性的自我，把自我当成最重要的目标来追求，求得自我生存的辩护。"男人在行动中必然能估量自己。女人由于行动无效和孤僻隔绝，既无法找到自己的位置，也无法对她自己进行估量；她之所以认为自己是最重要的，是因为没有一样重要东西是她可以接近的。"（第 630 页）

波伏瓦认为，自恋的女人通常会有如下表现方式。

首先，在身体上，自恋的女人会在幻想中，把自己的身体既看成主体又看成客体来满足性爱欲望。她注视自己的身体、抚摸自己的身体时，是用情人的眼光和双手。在她单独获得自身的快感满足中，她可以把自己分成男性主体和女性客体。比如，有些女人会对自己说"我要爱自己"，或者是"我要让自己怀孕"，甚至更为激情地说"我要和自己性交"，等等。波伏瓦指出，"事实上，让一个人的自我真正成为他者，而又让他有意识地确认自己是客体，这是不可能的"。（第 630 页）所以，这种试图把自我当成他者来获得性爱体验的方式纯粹属于"梦幻"，是"自欺"。

其次，自恋的女人会非常注重自己的外在形象，相信镜子的魔力，企图把镜子中的自我影像当成反映她的自我的"他者"来获得自我认同。这种女人会对镜孤芳自赏，深深为镜子中的自我影像陶醉，企图通过镜子造成"双我"，来求得梦幻般的"自我"与"他我"的"双我"如"自在"与"自为"一般的综合。波伏瓦指出，男人对镜子中的自我影像不感兴趣，因为他知道自己的身体不是"欲望的客体"；而女人却知道自己是客体，并且有意使自己变成客体，所以"她相信通过镜子确实能够看到她自己。作为被动的既定事实，这种反映，如她自身一样，也是一种物的存在"。（第 631 页）即是说，女人在镜子中想寻求的"双我"其实是"自在"与"自在"的综合，所以无法达到"自在"与"自为"的完满境地。

再次，自恋的女人都有表现欲，她们可能会通过衣服、谈话，甚至是戏剧、绘画、雕刻和文学等艺术手段来表现自己。她试图通过服饰来表现自我的魅力，引起自我崇拜与他人的注意。通过对话或者是自言自语，她妄图能够展示自己的内心。这实质上与试图在镜子中想寻求自我实现是一样的，只不过这里的镜子换成了她自己的内心和他人的眼睛。总之，她寻求到的还是虚假的自我实现。至于戏剧、绘画等艺术形式，在自恋的女人那里就更是不可能让她寻求到真正的自我实现了，因为这些全都是"要求进行艰苦的基础训练和付出个人努力的学科"，而这些自恋的女人由于"太爱自己了"，以至于不可能对艺术有真正的爱。这些女人只是把自我看成是绝对目的，没有为艺术献身的精神，她们的心思在自我崇拜上，而不可能在艺术上，所以，她们不可能有一种为艺术而艺术的忘我奉献精神，也就不可能通过艺术来超越自我，达到自我实现。

最后，自恋的女人往往都深信自己有一种优越地位，但是又苦于没有办法在世界面前表现出来，常常只好通过某个男人做中介，来实现自己表达优越感的愿望。"这样的女人将不会借助于自由谋划去瞄准自己的价值，她希望把既定的价值附着在自我上，所以她转向有影响和名望的男人，希望自己认同于他们。"（第636页）即是说，这些自恋的女人不是通过自由谋划去创造自我价值，而是把名望与影响力作为既定的价值作为自我的目标来追求，由于自己无法直接获得这些价值，所以企图通过与有影响和名望的男人的同一，来间接满足这些欲望。但是，波伏瓦尖锐地指出："这种欲望没有客观目的，仅仅热衷于窃取别人的超越性。"（第636页）窃取别人的超越性并不能使自身真正获得超越，所以，她们实质上并不可能达到目的。

既然这些自恋的女人要去"窃取"有名望与影响力的男人的超越性，就要引起这些男人的兴趣，与他们发生亲密爱恋关系，才能有可能做到。于是，她们会想方设法把这些男人网罗到自己身边，她衡量成功的标准一般就是网罗到自己队伍中的男人的数量和价值。在某种意义上，这也可以说是把男人当成了工具，当成了客体，但是，"她并没有因此从他（男人）那里获得解放，因为她要牢牢抓住他，就必须取悦于他。……她只有通过男人，才能得以装扮、生活和呼吸"。（第641页）所以，她仍旧是依附于男人而生存的。

从另一方面来说，她们追求这些男人是为了获得自身的优越感，而这种优越感需要通过众人的仰慕来获得，因此最终取决于公众的评价。所以，波伏瓦认为，她们仍然不是独立的、自由的。"如果说她避开了单个男人的专制，那么她却接受了公众舆论。她与他人的关系没有相互性的意味，因为，若她想通过他人的自由评价来获得承认，而同时又认识到这种评价只有通过行动达到目的，那么她便会不再是一个自恋者。"换言之，若她与他人有着相互性的关系，并且通过自身的行动来获得他人的自由承认，她就是一个向外追求超越的主体，而不再是一个自恋者。然而，自恋的女人做不到这点，她们只能通过男人间接获得他人的认可，但"他人的认可是神秘而任性的非人力量，任何想得到这种认可的人都必须通过魔力"。实际上，这些女人最终的确不得不求助于魔力。所以，自恋的女人不仅得不到自我拯救，还常常会弄得精神失常，鬼迷心窍，最后只好隐藏在"自欺"的黑暗之中。（参见第 641 页）

这种精神失常与心理紊乱，在自恋的女人身上经常可见。不要说那些企图与自己发生性关系的自恋女人，也不用提那些对镜孤芳自赏的女人，就是向外寻求男人爱慕的女人也常常如此。因为她们企图通过男人的爱恋来达到自我的被崇拜、被神化的目的，很少有男人会去满足她们这些过分的要求。由于自恋，这些女人就要"善于向自己隐瞒失败。善于让自己相信她们有不可抗拒的诱惑力"。她们甚至认为"要承认别人不钟情于她是不可能的；如果说她已证实自己未受到崇拜，她立刻会认为自己是被嫉恨的。她把一切批评都归之于嫉恨。她的挫折都是由罪恶阴谋造成的，从而她更坚定地认为自己是举足轻重的。她容易滑入狂妄自大或其反面，即滑入被迫害的幻觉。她由于成为她自己的宇宙中心，由于对其他宇宙一无所知，她变成了世界的绝对中心"。波伏瓦指出，"表演自恋这部喜剧只能以牺牲现实为代价，想象中的角色要有想象中的观众来崇拜。一个迷恋于自我的女人完全失去了对真实世界的控制，她不关心与他人建立任何真实的关系"。（第 637–638 页）因此，自恋的女人最后不但得不到生存之辩，还会失去真实的生活，把自己封闭在她用幻想构筑的"自我"与"他我"合一的、"自在"与"自为"合一的虚幻之境。

在"自恋"这一节的末尾，波伏瓦用了一句话来结束对自恋女人的评论，这就是"挽救生活的人将会失去生活"[①]。也就是说，女人企图通过自恋来挽

[①] 法语版《第二性》第 467 页，英文版把挽救"sauver"一词译为"findeth"是不准确的，findeth 是"发现、找到"之意，没有"挽救"的意思。

救自己无望的生活，为自己的生活做出正当性辩护，最终却只能迷失在虚幻的想象世界之中，从而失去真实的生活，失去真实的自我。

二、"情人"之假象

如果说，自恋的女人是把自我当成绝对，当成最高目标来追求，那么，波伏瓦认为，恋爱的女人很容易把她所爱的男人当成最高价值和绝对目标来追求，如同信徒对上帝的膜拜，"她通过她的肉体、她的情感、她的行为，将会把他当成最高价值和现实加以尊崇；她将会在他面前把自己变得像在上帝面前一样卑微（aneantirq①）。爱对于她变成了宗教"。（第 643 页）她指出，这种把自己完全奉献给情人，把情人作为绝对目标，当成神一般来膜拜，其实是一种非本真的爱情。而"本真的爱情应当是建立在两个自由人的互相承认的基础之上；这样情人们作为既是自我又是他者而体验自身：既不会放弃超越，也不会受到损毁；他们将共同揭示世界的价值与目的。对这一方与那一方，爱情都会由于给予自我来揭示自我，并丰富这个世界"。（第 667 页）即是说，本真的爱情应该是互为自我与他者，相互体验对方与自身的存在，相互承认对方的自由与超越，共在于世界之中，共同朝向世界，共同超越于自我与世界之上，共同揭示世界的价值与意义；通过相互给予自我来丰富与完善自我，从而丰富与完善世界。

在波伏瓦看来，爱情这个概念，通常对于男女两性有着完全不同的含义。在爱情观上的差异也是两性之间引起严重误解乃至分裂的原因之一。她认为，拜伦与尼采都极为正确地表达了这种差异，如拜伦说："男人的爱情是与男人的生命不同的东西；女人的爱情却是女人的整个生存。"尼采也指出，女人的爱情是整个身心的奉献，她无条件的爱使之成为信仰；男人爱女人是为了得到女人的爱，若他可以为爱抛弃一切欲望，那就不是男人了。（参见第 642 页）

波伏瓦进一步指出，这种两性之间爱情观的差异是他们的不同境况造成的。"男人是主体，他就是他自己，他若有朝向超越的大无畏倾向，他就会竭尽全力拓展对世界的把握：他是有抱负的，他是行动的。但一个次要者在她的

---

① 英文版中把法文版的"aneantirq"一词译为"nothing"是不准确的，所以我们遵从法文版的原文，译为"在上帝面前的卑微"。参见法文版第 478 页。

主观性之中无法感觉自身是绝对；一个注定是内在的存在无法在行动中找到自我实现。由于被关闭在相对性的领域中，由于从小就注定要属于男性，由于习惯于认为他是一个她不可能与之平等的超人，若她不曾压抑她对作为人的权利要求，她就会梦想向着这些优越的存在（being），向着可以把她混同于主权主体的存在，去超越她的存在。对她来说，除了把她自己，把身心失落在他那里，没有别的出路，他在她面前代表绝对，代表主要者。既然无论如何都注定是依附的，她就宁可为一个神服务，也不愿意去服从暴君——父母、丈夫或保护人。"（第643页）即是说，男人可以作为主体，通过自身的行动来超越自身，来获得自我实现；女人却从来就没有同等的条件来获得自我实现，但作为人的存在，她在本体论上仍然有一种"存在的欲求"，既然不能像男人那样，通过超越性的行动实现它，她就可能把男人作为她所欲求的存在，当成绝对目的，当成神一般的最高存在来追求，从而"自欺"地获得这种欲求的满足。

波伏瓦指出，这种试图通过"自欺"的、非本真的爱情获得自我证成的女人，通常会有一些共同的特征与表现。

首先，她的这种欲望通常只能在比她优越的、能使她产生崇拜感的男人那里才会得到满足。男人的智慧、财富、修养、权威和社会地位等方面的优越会对她有极强的吸引力，她若有机会与这样的男人相遇，她可能会不顾一切把自己献给他，来拯救自己。这种情形在一个对自身生活非常失望的已婚妇女身上常常能见到。波伏瓦指出，这是因为女人在传统派给她的命运中，看不到拯救自身的希望。由于不是自主的选择，所以丈夫、孩子和家庭都可能让她深深失望，并且让她感到生活的无望与孤寂。"在向她开放的目标中，任何其他目标都没有价值，爱情成了她们的唯一出路。"所以，一旦"她们看到有机会把生活献给某个优越的人，以拯救令人失望的生活，就会不顾一切地向这种希望屈服"。（第644页）

其次，这种女人通常会要求情人去证实她的自我价值，去赞美她的一切。波伏瓦指出，"在所有宗教中，对神的崇拜都同教徒与个人获得拯救的关系联系在一起"。（第646页）当女人把爱变成了宗教时，也是如此。她把自己完全奉献给她的情人，也会希望他来拯救她的一切，给予她存在的理由，为她的生活做出辩护。所以，她会希望她的情人赋予她崇高的价值，给她一种被尊崇的感觉，希望对方作为她的价值的见证人，赞美她、欣赏她。波伏瓦指出，一些深谙女人这种心理的男人，很快就能完全征服她们，这就可以解释“为什么懂得如何去迎奉女人虚荣心的又有威望的男人，将会引起热情的依恋，即使他们的身体完全没有魅力。他们由于具有崇高的地位，成为法律与真理的化身：他们的感知力揭示了一个无可置疑的现实。被他们欣赏的女人，觉得自己变成了无价之宝”。（第647页）

再次，这种把爱情当成宗教，把情人当成神来膜拜的女人，她会在肉体与精神上完全付出给对方，完全把身心失落在她所爱的男人那里。她忘我地去爱对方，纵情地沉迷于对方的世界，甚至以情人的名义对自己实施专制。“她扮演的所有角色，她生活的每一分钟，都必须献给他，这样她们才有自己存在的理由。”（第650-651页）这甚至导致受虐狂的心态，“她想把每一次心跳、每一滴鲜血以及她的骨髓都奉献给他；而在殉道的梦想中表现的正是这一点：她想把自我奉献扩展到这一步，以致想去受折磨，想去死……”。（第651页）

波伏瓦指出，这种女人表面上看上去好像是，为了爱可以忘却自我，为了情人可以牺牲自己的一切，事实上，她们是希望通过情人来获得自我拯救，获得她们自己生存正当性的证明。但是，“这种盲目崇拜的爱的矛盾之处就在于，她在试图拯救自己的同时，最后完全否定了自己”。（第650页）她完全抛弃了自我，放弃了自我的超越，成了为情人的存在。所以，她注定不可能得到拯救，不可能获得自我实现。若她一定要说自己在情人身上找到了自己的生存理由，找到了一种最高的存在感，那只能说是她的“自欺”。

波伏瓦进一步指出，这种把情人奉为神明的女人的“自欺”还表现在另一方面，即她把情人当成神来膜拜，拒绝以人的尺度去看待他。她一厢情愿地把自己所爱的男人看成是战无不胜、攻无不克的英雄，看成是没有犹豫、没有焦虑的、可以为她遮风避雨的神一般的存在。但是，这种男人在现实生活中实际上是不存在的，他只存在于女人“自欺”的幻想之中。或者说，这种女人爱的是自己幻想之中的“神”，而不是现实生活中的“人”。

在波伏瓦看来，这种“自欺”不仅使女人的生存之辩成为徒劳的空想，还会成为她与情人之间交往的障碍。因为她把情人看成是神，就只看到了他优越、光彩夺目的一面，没有看到他危险、脆弱的一面，因此，就不会理解男人的犹豫迟疑与焦虑不安，不能接受他脆弱与有限的一面。这将使得他们无法成为真正的朋友。他们之间的爱情就不是一种本真的情感。波伏瓦指出，"本真的爱情应当接受他人的偶然性，即是说，接受他的有限性、他的欠缺和他的荒谬"。（第 654 页）这种"自欺"甚至还会导致她对他的专制。由于这种女人把情人看成自己的一切，她对他不顾一切地奉献，但她没有想到她所给予的并非他想得到的，所以，女人的这种过分慷慨的爱"以赠送的形式出现，而实际上却是一种专制。……女人过分慷慨的热情却给男人带来了锁链"。（第 656 页）再者，她把他看成神，看成是一切，就会要求男人成为全部谋划、全部行动的化身，要求拥有男人的一切，这也是男人不堪承受之重，最后只好以逃避的方式来结束这样一种专制的爱。这种爱的破灭，对男人无足轻重，因为他的世界很广阔，没有她，他照样能证明自身的价值；而女人"除了爱什么也不是，当她失去对象时，她便什么都不是了"。波伏瓦指出，她的错误就在于，"一个生存者是所作所为；但是她仅仅为了去'存在（to be）'就逐渐依赖于不属于她自己的意识并拒绝做任何事情"。（第 665 页）也就是说，人是虚无的意识存在，都企图追求存在（being），而人只能靠他的所作所为才能真正存在（to be）。或者说，人没有所"是"，只能靠所作所为，去"是"起来。但是，女人为了去追求自身的所"是"，不是靠自己"是"起来，而是依赖于另一个"是"，所以，一旦失去了这个不属于她的"是"，她就什么都不"是"。其实，任何他人的"是"都不可能成为自我的"是"，人的"是"永远只能是自己去"是"起来，去行动，去超越，才能造就自己的所"是"。因此，这种女人在这个问题上一开始就是错误的，不管她是得到了"情人"，还是失去了"情人"，她都没有使自己去"是"起来，都是一无所"事（do）"，因此，她只能一无所"是（being）"。

所以，这种想在情人身上寻求自身的存在理由，满足自身的"存在的欲望"的女人，最终将一无所获，不仅将失去自我，还会失去情人，甚至失去所有的一切。

波伏瓦指出，男人争先恐后地宣布爱情是女人的最高成就。比如尼采说，女人若是作为女人去爱，她就会更加女人化。巴尔扎克说，男人的生活是名，女人的生活是爱。只有女人使她的生活成为一种不断的奉献，正如男人的生活是不断的行动的时候，她才与男人是平等的。波伏瓦认为，这里面存在着"骗局"，因为"她所奉献的，男人根本不急于接受。男人不需要他所要求的无条件的奉献，也不需要对他的虚荣心加以奉承的盲目崇拜的爱情；他只有在无须满足这些态度所隐含的相互要求的条件下才会接受它们"。即是说，男人虽然需要女人的爱情，但是他并不接受女人对他的爱所产生的责任，所以，一旦女人对他有所要求时，他就会逃之夭夭。这就是这种"骗局"的实质所在，是男人的虚伪之处：他为女人虚构了一个诱人的、动人的天堂，最后，却成了女人万劫不复的地狱。

这里顺便提一下，在《存在与虚无》中，萨特由于对自我与他者的"相互性"彻底否定，所以，对特殊的自我与他者的关系——爱情，他也持有一种悲观主义的态度。他认为，在爱情中，情人们也是在争夺双方的自由与超越，所以，互为主客体的爱是不存在的，爱最后都会导致"虐待"与"受虐"。①

如前所述，由于波伏瓦对自我与他者建构"相互性"的可能性持肯定的态度，所以，她对爱情并不这么悲观，她认为，相互承认对方的自由、互为主客体的爱是可能的，这是一种本真的情感。她指出，在男权社会中，女人被当成了绝对他者，她才不可能有机会作为主体去爱，去与男人建构有着"相互性"的本真的爱情关系。也正是因为男权社会派给两性之间的不平等的命运，导致了女人把非本真的爱情当成了自我拯救的方式，以致使自己最终走入毁灭的地狱，这其实不是渴望爱情的女人本身的错，而是社会造成的不公正所导致的结果。"将来有一天女人很可能不是用她的弱点去爱，而是用她的力量去爱，不是逃避自我，而是发现自我，不是贬低自我，而是确认自我——到了那一天爱将变成为她的，如同为男人的一样，成为生命之源，而非致命的危险。"而在那种平等的互爱的条件出现之前，"爱情是以一种打动人心的形式表现出一种符咒，它沉重地压在被限制在女性世界的女人身上，女人才会是不健全的，对自己无能为力的。无数的爱情殉道者都证明了，这种不公正的命运把贫瘠的地狱，当成最后的拯救来予以提供"。（第 669 页）

除了这两种企图用"自欺"的方式获得自我拯救的女人，在《第二性》的"生存之辩"这一章中，波伏瓦还讨论了一种通过把爱奉献给上帝妄图达到自

---

①萨特.存在与虚无［M］.陈宣良，等，译，北京：生活·读书·新知三联书店，2007：458–516.

我拯救的女人——修女。她指出，在生活中，若是女人没有得到爱情，或者失恋，或者对情人过分苛求以致找不到爱的对象，她可能就会直接把爱奉献给上帝，而不是把男人当成上帝来膜拜。修女与男信徒不一样就在于，她对上帝的感情缺少理智的成分，而更多的是性爱的因素。所以，与自恋的女人和膜拜男人的女人一样，修女对上帝的感情与表现，与前两者有着极大的相似之处，只不过她是把"自我"或者"情人"置换成"上帝"来顶礼膜拜。也正因为她们之间太多的重叠表现，我们在此不再累述。

总而言之，波伏瓦认为，"和爱情乃至自恋一样，神秘主义的热忱也可以与主动和独立的生命并为一体。但是，她们本身的这些尝试必然会失败：要么她是把自己置于一种与非现实存在的关系之中，这种非现实存在是她的双我或者上帝；要么创造了一种与现实存在的非现实关系。在这样两种情况中，她的自由仍然是受挫的：她缺乏对于世界的把握，或者没有摆脱她的主观性"。即是说，作为独立的和有主体性的人，女人也可能有神秘主义的热忱，也可能自恋或恋他人。但是，现在她作为绝对他者，企图通过上帝、非本真的爱情或者自恋来拯救自我，无疑只能导致必然的失败。因为这三种方式，要么是通过与非现实的存在如上帝或幻觉中的自我发生欲求与被欲求的存在的关系，要么是与现实中的情人发生一种非本真的、非现实的关系。在这样两种虚幻的关系中，女人都不是真正自由的，不是作为真正的主体存在的。她缺乏把握世界的机会，才会通过男人与上帝来把握世界；她没有客观去改造世界的机会，才会陷入主观的自我世界中狂热地膜拜。波伏瓦指出，女人要真正自我实现，为自身的生存进行正当性辩护，唯一的道路只能是"本真地利用她的自由，即是说，要通过积极地朝向人类社会的行动去谋划这种自由"。（第678页）而在男权社会中，女人作为依附于男人的存在，正是由于没有这样的自由谋划的机会，她才会妄图通过自恋、爱情和宗教来拯救自身作为人的荒谬性，追求存在（being）的确定性。而这样一些徒劳无益的拯救方式只能加深女人的依附性，不可能让女人获得自我实现，获得自身的解放。"使女人注定成为附庸的祸根在于她不被允许做任何事情，所以她才会通过自恋、爱情或宗教孜孜不倦地、徒劳地追求她的存在（being）。当她成为生产性的、主动的人时，她会通过谋划具体地去确认自身作为主体的地位。"（第679–680页）

第二节 ┊ 艰难的独立之路

通过对上面三种试图靠个人的努力,去获得自身生存之辩的女人的分析,波伏瓦既批判了男权社会给女人造成的不公正,又为女人的自我拯救拨开了迷雾。除此之外,她还警醒女人在迈向独立与自由的路上会遇到种种诱惑与困难,所以这条解放之路绝不是一帆风顺的,路上会充满艰辛与坎坷,女人对此要有心理准备,也只有迈过这些艰辛与坎坷,才能为自己开辟一片新的天地。

一、"自欺"与"同谋"

如前所述,在波伏瓦看来,企图通过上帝、非本真的爱情或者自恋来拯救自我的女人都存在"自欺"的心理。波伏瓦认为,这种"自欺"是女人被境况所逼的"自欺",是特定境况之中的"自欺",是女人特别容易陷入的"自欺"。

但是,与萨特一样,波伏瓦认为,"自欺"还是一种普遍的、人在本体论上都有的倾向,不管是男人还是女人,面对自由带来的责任与焦虑时,都会有的一种逃避自由,把自己当成不自由的物的存在的心理倾向。她说:"确实,与每个个体确认其主体性生存的道德冲动一起出现的,还有一种诱惑,使其放弃自由,变成一个物。"(第 xxxiii 页)这种诱惑就是"自欺"的诱惑,她认为,"在各种形式下,自欺与过度严肃的陷阱——非本真的诱惑,同样多地在等待着男女两性……"。(第 627 页)

"自欺"是人把自身本来是自由的存在当成了不自由的存在,而"过度严肃"即所谓的严肃精神,其实也是一种自欺的表现,是指把外在的某种价值当成了绝对价值来服从,来逃避自身的自由带来的焦虑与责任。在《一种模棱两可的伦理学》中,波伏瓦对这些"非本真"的态度做出了道德批判,她认为,人应该有的人生态度是"本真的",他"抛弃了寻求外在于他自身的对他的生存的保证,他也将拒绝信仰任何挫败他们的自由使之像物的存在一般的价值"[1]。这与萨特反对用任何外在的权威、绝对价值,甚至是上帝来为人的生

---

[1] Simone de Beauvoir. The Ethics of Ambiguity [M]. Translated by Bernard Frechtman. Secaucus: Citadel Press, 1948: 14.

存做出辩护是一致的。

与萨特不同的是，波伏瓦把这些范畴都改造成为道德范畴。她指出，人有自由自主的本真生存的倾向，也有逃避自由、非本真生存的倾向。若选择前者，人就成为一种超越性的自由存在，可以确证自身的主体性，但必须承担自由带来的责任；选择后者让人丧失主体性，成为他人意志的对象，变成了自在的存在，却可以让人避免责任的重负，逃避生存的紧张与焦虑，然而"这条道路很危险，因为他一旦踏上这条道路，就会被引入消极、迷失和毁灭，成为他人意志的造物，其各种价值将会被剥夺。但这条道路也很容易走，人们在这条路上可以避免本真生存所包含的极度紧张"。（第 xxxiii 页）这两种倾向好比两条摆在人面前的道路，选择了前者，虽然艰难，但彰显人作为自由存在者的尊严，所以是道德的；而选择了后者虽然方便、容易，但是，人把自己本来是自由的存在当成了不自由的物的存在，把自己等同于无意识、无自由、无选择、无责任的自在的存在，是对自己本体论上的自由不负责任的表现，所以是不道德的。

因此，女人在寻求自身的拯救与解放时，首先一定要清楚地意识到这种人生存的本体论上的诱惑，自觉地抵制诱惑，不能回避自身的自由，躲避焦虑与否认责任，而应该勇敢地去承受自由引起的焦虑和承担自由带来的责任，才能真正成为自由的超越性的人的存在，而不是依附于男人的、丧失了主体性的绝对他者存在。

其次，波伏瓦认为，女人要走上解放之路，不仅要抵制本体论上的"自欺"的诱惑，还要抵制男人诱使她成为他的"同谋"，诱使她"自欺"。

因为男人企图把女人造就成为绝对他者存在，希望她丧失主体性，成为为男人的存在，成为不自由的、男人意志的造物，那么，他理所当然希望女人顺从他的意志，不要反抗，而要成为他的同谋。"男人一旦把女人变成了绝对他者，就会希望她表现出根深蒂固的同谋倾向。"（第 xxxiii 页）从某种意义上来说，女人又比男人更容易陷入"自欺"之中，容易丧失抵抗力，顺从男人的意志，成为男人造就女人为"绝对他者"存在的同谋。这样，女人能得到很多"实惠"，她不仅能逃避自身自由的形而上的风险，而且也能规避经济上的风险，轻松获得男人"恩赐"的种种其他利益如社会地位与"尊严"等，从而获得男人为她做出的生存正当性的辩护。否则，"拒绝成为绝对他者，拒绝成为交易中的一方，这对女人来说将意味着要放弃同男人这个优越等级结盟的种种好处。男君主会为女臣仆提供物质保障，会为她的生存进行道德辩护。因此，她可以逃避经济上的风险，又可以逃避自由的形而上的风险，因为自由的目的与目标都必须在无助的情况下自己谋划"。（第 xxxiii 页）事实上，波伏瓦认为，人只能靠自己的行动给自己的生存做出正当性证明，这种靠他人来给出自己生存的道德辩护不仅是无效的，而且是虚假的，是一种"自欺"。但是，由于"自欺"对每个自由存在者本身就是一种极大的诱惑，选择本真的生活本身就是一种很艰难的抉择，所以，心理学家弗洛姆才会说人人都有"逃避自由"的心理倾向，存在主义神学家保罗·蒂利希（Paul Tillich）才会告诫人们要有"存在的勇气"。对于女人来说，何况还有男人的诱使，这种"自欺"更是不可抗拒的诱惑了。

再者，因为社会没有别的道路向女人开放，并且从小教育她应该服从男人的意志，让她很容易不自觉地成为男人的同谋，把自己陷入绝对他者存在的境地。波伏瓦认为，这是男权社会对女人"犯下的最严重罪行"，是男人诱使她走这条对自己的生存不负责的道路，"诱使她走容易走的下坡路"。"她所受的教育的主要特征，都联合起来阻止她走上反抗与冒险的道路。……如果一个孩子从小就被教育得懒惰，整天寻欢作乐，不去学习，不去证明自己是有用的，那么长大以后，很难说是他愿意无能和无知的；可是女人就是这么被教育大的，她从来没有对自己的生存必须负责留下深刻印象。所以，她很容易让自己去依靠他人的保护、爱情、帮助和监督，很容易让自己迷恋于自我实现的希望而不去做任何事情。她在屈服于这种诱惑时犯了错误，但是男人不配去指责她，因为是他让她受到了诱惑。"（第 721 页）特别是，当女人在试图通过自己的努力去获得独立与超越而受到挫折以后，她就更是容易受到诱惑，放弃自己的追求，而屈从于男人。这是女性受压迫者与其他受压迫者如黑人的不同之处：黑人因为没有任何补偿，强烈感受到自己所受到的压迫，因此他对自己的境况有一种很激烈的反抗感；而女人却被诱惑成为男人的同谋，被给予种种特权，所以常常放弃了对自己命运的主宰权利。"在黑人与女人之间有着一个重要的差别：黑人在服从时会有一种反抗感，没有任何特权会补偿他们的残酷命运；而在女人面前却有一种同谋的诱惑。……和想获得主权自由的主体的本真要求出现的，还有生存者对顺从和逃避的非本真的欲求。被父母、教育者、书籍与神话，以及女人与男人所制造出来的被动的快乐，似乎很值得少女向往。这种诱惑越来越阴险。当她的超越飞翔撞在更坚硬的障碍物上，她必然更加不幸地屈从于那种快乐。"（第 298 页）男权社会总是让女人从小给她造成一种自由受到限制的境况，总是通过各种手段引诱她成为男人造就她为绝对他者存在的同谋，这使得她不知不觉中甚至是在快乐中，放弃了自己的自主性，甘愿受到男人的奴役。波伏瓦认为，这也是性别压迫与其他种类压迫的不同之处，"男性更多地把女人看成是同谋，这和压迫者对被压迫者的通常看法不一样"。（第 721 页）

在波伏瓦看来，在传统的男权制社会中，在性别压迫制度化、结构化的境况下，作为个体的女人对于自己的境况无能为力，她没有其他途径来获得经济来源，只有靠婚姻、通过男人来获得生存与社会地位，成为男人的"附属物"这种"不道德的存在"。但是，波伏瓦指出，这种责任不应该由女人来承担，而应该由男人与男权社会来承担，是社会制度对两性的权利与义务分配上不公正、不合理的结果，是男人用不道德的方式对待女人的结果。在男权社会中，女人的这种作为"附属物"的存在，不应该是一种"自欺"，这是她对待境况无能为力、别无选择的结果，所以不应当苛求她来承担道德责任。波伏瓦为女人辩护道："一个把男人既当成生活的唯一手段又当成生存的唯一理由的女人，离开了男性的支持又能做什么呢？"（第 604 页）

但是，在现代社会中，女人有了一些选择的自由，可以通过自己的努力获得独立，她就不应该再靠出卖自己来换取生存，成为附庸。她应该清楚地认识到放弃自身的自主性，逃避自由是不道德的，是一种"自欺"，应当意识到丧失了自主性的快乐是一种虚假的快乐，只会使得女人所受的压迫越来越深重。女人应该向其他压迫者一样，有一种主动反抗压迫的意识，坚决拒绝男权社会与男人的诱使，坚决拒绝成为他们的同谋，勇于承受自由带来的各种风险，勇于承担自身作为自由存在者的职责，唯有如此，女人才能成长起来，才能真正得到作为人的尊严，方能显现自身作为自由存在者的价值，最终真正获得解放，走上自由之路。

波伏瓦不是一个书斋中的学究，她不只是在理论层面上来探讨女性解放问题，她更深切关注女人的现实境况，试图为女人的解放提出一些切合实际的建议。她深深地为她所处时代的女人的境况而感到忧虑，因为她那个时代的女人已经有了与男人几乎一样的受教育的机会，有了一些工作的权利，但是，她了解到仍然有不少女人还是通过婚姻或其他方式，通过把自己出卖给某个男人或某些男人，来获取经济上的利益和社会的承认，选择了"自欺"的非本真的存在方式。波伏瓦对这些女人做出了严厉的批评，她认为，这些女人在已经有了选择的情况下，仍然不去靠自己的努力，不去靠自己的辛苦工作来寻求独立，仍然选择依附男人而生活。这是女人没有把自身的"本体论上的自由"转化为"道德自由"，没有用自身的行动去证明自身是自由的自主的存在，因此是对自己不负责的态度，没有把自己当成自为的人的存在。

波伏瓦认为，现代社会给女人提供的境况依然很容易让女人犯这种道德错误。因为社会习俗仍然要求女人承担大部分家务劳动和养育孩子的职责，使得她很难把家庭生活与职业生活协调起来。再者，传统道德仍然鼓励女人通过婚姻获得男人在经济上的资助。在"婚姻是一种比其他许多职业都更有利的职业"的社会条件下，"她自然受到这条坦途的吸引，更何况女人面临的职业常常是令她厌烦的，工资微薄的"。（第431页）总之，"男人在经济生活中的特权地位，他们的社会效益，婚姻的威望，以及男性后盾的价值，这一切都让女人热衷于取悦男人"。（第137页）所以，在这种社会仍然没有完全实现两性的实质上平等的境况中，女人要选择通过自己的艰苦努力，通过自己的工作，来获得自身独立的道路，而不受方便的诱惑，不去出卖自己给男人，这比男人寻求独立自主的道路更需要一种道德上的勇气。"只要这种方便的诱惑存在，即存在有利于某些特定的人的经济不平等的情况，存在女人通过把自己出卖给某些有特权的男人是被认可的权利的情况，她选择独立道路就要付出较男人更大的道德上的努力。"（第137页）所以，她提醒现代女性仍然要认清在寻求自身解放的路上的这些障碍，坚定靠自身的努力使自己走向独立与解放的决心，特别是在寻求超越的途中遇到挫折时，更应该以顽强的意志来抵制"方便的诱惑"，拿出一种卓越的道德勇气，来担当起解放自身的重任。

二、做"人"与做"女人"

波伏瓦认为，女人在走向独立自主、寻求自身解放的道路上，还会遇到一个困难，这就是女人作为真正意义上的人的存在与她的性别身份之间即做"人"与做"女人"之间的冲突，以及所带来的心理与生理上的问题。

如前所述，波伏瓦写作的背景是20世纪40年代末，那个时代女人刚刚走出传统社会的束缚，破除了男人编织的"女人神话"，获得了一些基本的作为人存在的尊严与权利。这时，女人逐步走出家庭、走向社会，不再被完全局限于生儿育女的女性传统角色之中，而是在社会公共生活中能够担当起部分与男人一样的责任。这仅仅只是女性解放的开端，其实女人还远远没有获得与男人同等的自由与权利。但是，就是在这时，马上就有男人感叹道："女人要迷失了，女人要消失了。"（第 xxv）正是这样的背景下，波伏瓦探讨了"女人是什么"的问题。她认为，在男人看来，女人不仅仅是有着女性的生理特征和功能的人，还应该有着"女性气质"，而他们将"女性气质"定义为顺从、柔弱、被动等性格特质，是作为"绝对他者"存在的特质。在现代社会中，女人在某些方面获得了与男人同等的做人的权利，正在逐步走向独立的主体存在，她身上渐渐退去了这些所谓的女性气质，所以男人才会大惊失色地宣称："女人不见了。今天的女人根本不是女人！"

也就是说，女人作为真正的人的存在与她的传统性别身份是相冲突的，是有着某种紧张关系的，而女人要真正走向解放，获得自由，还必须先解决这样一个矛盾。波伏瓦在《第二性》中的"神话与现实"一章中已经讨论过这一问题，她认为这种只有具备了男人定义的"女性气质"的女人才是真正的女人，是男人建构的神话，是男人对女人的存在加以限定的本质主义。在她看来，女人也应该是与男人一样的具有超越性的主体存在，她也是不能被限定的自由存在。但是，在这种女人刚刚可以有机会获得超越性、摆脱内在性的时候，这一问题是她们亟待解决的特殊问题。"她们目前还处在过渡阶段。……从男人那里获得经济自由的女人，在道德上、社会上和心理上还没有和男人一样的境遇。作为女人存在，今天该如何成为一个独立的作为人的个体，这是她们面临的特殊的问题。"（第 682 页）

波伏瓦认为，首先，这一问题的特殊性表现在这是女人独有的问题，而男人根本不存在这一问题，即他们没有做"男人"与做"人"之间的冲突，人们对男人的这两种角色期待是一致的，这也是男人从小到大相对女人而言的优势。男人的这种优势，他从小就感受到了。这种优势是"他作为一个人的使命与他作为一个男性的使命没有任何冲突。由于阴茎与超越性具有同一性，反过来他的社会和精神上的成功又赋予了他男性的威望。他不是分裂的"。然而，对于女人，这两个角色的要求就不一样了：作为人，她是独立自主的；作为女人，她又必须是被动消极的客体，"为了实现自己的女性气质，她必须成为客体和猎物，即是说，她就必须放弃成为主权主体的权利要求"。（第 682 页）所以，她常常是分裂的，无所适从的。

其次，在现代社会中，正在走向解放的女人的身上，这种分裂与冲突尤为显著。"这种冲突使得被解放的女人的境况显得特别突出。她拒绝把自己限制在作为女性的角色中，因为她不接受一种残缺性。"（第 682 页）因为这种走上了解放之路的女人，不再愿意把自己局限在传统的女性贤妻良母、生儿育女的角色范围之内，她的生活也不再只是限制于私人领域、家庭领域，所以她不会接受以往那种被动的、消极的绝对他者存在的残缺性，她要求与男人一样作为一个完整的主体存在。但是，"否认她的性别同样也是一种残缺，男人是有性别的人的存在，女人也是一个有性别的人……否认她的女性气质就等于否认她的部分人性"。（第 682 页）换言之，走向解放的女人不像传统女性那样对自身的命运无能为力，她已经有了某些选择的自由，她已经知道做一个绝对他者是不健全的，她开始拒绝做这样一种残缺的存在了。但是，她也知道她自身是有性别的存在，否认自己的"女性气质"，就会被人们说成"失去性别的女人"，或者说，根本就不是"女人"，失去了她的性别身份，这也是她所不愿意接受的。因为她知道性别是她不同于男人的一个特征，也是形成她的自我的一个构成要素。没有了自己的性别身份，也同样是一种残缺的存在。所以，她才会在面对这个问题时显得很尴尬，很两难。

为了解决这样一个冲突，有男人告诫女人说，倘若你们希望与男人平等就不要用化妆品与指甲油。这就是劝告女人，放弃自己的性别特征，变得和男人一样，才可能与男人平等。波伏瓦指出，这种劝告"纯属胡言乱语"。因为人是有性别的存在，"中性是不可能的"。"女人就是否认女性气质也不会获得男性气质；甚至异装癖也不会让她成为男人——她是一个拙劣的模仿者。"（第 682–683 页）

波伏瓦认为，要缓解女人的这个特殊矛盾，首先，可以改造"女性气质"这个概念。"女性气质"是一个人为建构的概念，女人也可以让它改造得与其做真正的人的标准一致，让它的要求与做人的规范没有冲突，让女人的性别价值与社会价值相协调，使女人自由自在地做"女人"，又可以从容不迫地做"人"。"正因为女性气质这个概念是习俗和时尚人为制造的，它才从外部强加在每个女人头上；她们自己可以逐步改造，直到她们的礼仪规范接近男人所采纳的礼仪规范。"她指出，"女性气质"这个概念之所以深深困扰着正在走向解放的女人，是因为现在"它（女性气质）没有引起根本的变化：女人没有随心所欲改造这个概念的自由。女人若是不顺从就会贬低自己的性别价值，因而贬低自己的社会价值，因为性别价值是社会价值不可或缺的部分"。（第628页）所以，女人才会为此烦恼不已、操心不断。她们既要为其职业操劳，又整天担心自己是否具有女人味，因此，为自己的穿着打扮煞费苦心，而女人的穿着装扮又是极其费事费时费金钱的，这给女人的生活带来了诸多不便，让她分散了自己对于事业的专注度。

其次，走向解放的女人在面对这样一个矛盾时，要注意心理平衡，战胜自卑心理。"她是一个具有独立的主动性的人这样一个事实，在向她的女性气质开战，不过这一点她已经意识到了。独立的女人——主要是考虑自己境况的知识妇女，就会由于自己是个女性而受自卑情结的折磨。"（第685页）她们没有太多的时间去修饰自己的外表以取悦男人，没有充足的精力装扮得万种风情去迎合男人，所以，在对男人的性魅力上，她们可能就会为自己比某些注重外表与善于逢迎男性的女性逊色而忧虑，甚至深感自卑。但是，波伏瓦指出，这不是独立女人的错，应该改变的是男人，他应该去爱一个与之平等的人，而不是去爱一个顺从他的"奴隶"。男人应该让女人自然地发挥她的女性魅力，而非人为的雕饰，这样才会减轻他们的心理压力，于是"女人就不会整天为她们的女性气质烦忧而不能自拔。她们会变得更加自然、质朴，不会再为找回女人的自我而劳神费力，因为那毕竟就是她们的所是"。（第686页）独立的女人自己也应该克服这种自卑心理，协调这种冲突，自信地展现自身作为新女性的魅力。而不应该采取两种极端的态度，要么是去迎合与取悦男人；要么是去挑战男人，与他们作对，与他们唱对台戏。前一种态度会让独立的女人更为心理失衡；后者只会激怒男人而非征服男人。这两种态度对两性的和谐关系的建构都不利。（参见第685-686页）

再者，独立的女人要处理好性爱与感情生活中由于这一矛盾带来的问题。在生理上，独立的女人要与世界做残酷的斗争，也会像男人一样，需要性欲的满足与愉悦以及由此带来的放松和转移。但是，她的欲望绝不可能像男人那么容易得到满足。因为"她在这方面的境况也是与男人不同的。这些差别取决于传统态度，也取决于女性性爱的特殊性质"。（第 686-687 页）传统对于女人性方面的态度是把女人的性满足限制在婚姻中，把在这之外获得满足的女人称之为"轻浮"的。波伏瓦指出，这是混淆了"轻浮女人"与"自由女人"的概念。前者意味着，无抵抗和控制能力的，一种欠缺，一种对自由的否定；后者是凭自己的意志去行动的。（参见第 690 页）"在真正讲道德的性关系中，应该是一种欲望与快感的自由表现……"（第 440 页）所以，社会应该对女人的性自由采取宽容的态度。而女人自身性爱的特殊性质是，她要找到一个与之平等相待，且也不自视优越的男人来体验这种经历很难。因为她一旦主动，就让男人退避三舍；一旦被动，她自己又有屈辱感。波伏瓦指出，"若两个伙伴认为彼此是平等的，就可以避免虐待与受虐；若男女两个都有一点节制和某种慷慨，胜利与失败的想法就会烟消云散：爱情行为就会变成是自由交换"。（第 692 页）

最后，波伏瓦认为，因为这种矛盾对独立女人的婚姻生活也会有影响，所以她要尽量协调好事业与婚姻的关系。独立女人不像传统女性只有结婚一条道路，她可以自立了，不需要靠结婚来维持生计。对是否选择婚姻这一问题上，她就很可能犹豫不决。她既渴望婚姻，又害怕被束缚，担心成为附庸。若拒绝婚姻，她也怕受孤独的惩罚。总之，她在这个问题上是进退两难的。波伏瓦认为，"共同的生活对于两个自由人是一种丰富，每一方都会从对方的职业中得到对自身独立性的保障。自立的妻子把丈夫从婚姻的奴役中给解放出来，而这种奴役是她自己所受奴役的代价"。（第 694 页）只要丈夫体贴入微、善良宽厚，能分担家务，共同抚养孩子，独立的女人就可能得到幸福的婚姻。然而，现实的情况是，在婚姻中的独立的女人"既要成为丈夫的另一个自我，又要成为她自己；既要承担料理他的任务并参与他的成功，又要关心自己的命运——有时更多的是这种关心。由于是在尊重男性优越地位的氛围中成长起来的，她现在仍可能认为应当把男性摆在首位；有时她担心若把自己摆在第一位，会毁掉自己的家庭；在坚持自己的权利和抹杀自我这两种欲望之间，她是被撕裂和被两分的"。（第 695 页）所以，婚姻中的独立女人若不去正视这个矛盾，协调与丈夫的关系，调整好自己的心态，就可能弄得身心疲惫，甚至是精神分裂。

总之，波伏瓦认为，女人在摆脱依附走上独立自主、通向自由之路上，会有种种诱惑、重重困难，她只有对此有一个清醒明晰的认识，有足够的心理准备直面现实，有足够的智慧去解决现实中遇到的问题，才不至于把自己弄得精神备受折磨，最后退缩或者逃避到"自恋"或非本真的"爱情"等"自欺"的陷阱之中。但是，女人要获得解放只靠女人自身个人的努力是远远不够的，因为女人受压迫的问题本身就是一个社会问题，是男人和男权社会强加给她的不平等的境况造成的结果，而不是她的个人问题，或者说，不是靠她的个人努力就能够解决的问题。这一问题最终只能靠整个社会的制度安排、道德风尚等全方位的改变才有可能解决。

第三节 ┆ 本真的解放之途

波伏瓦指出，那些旨在证明男人与女人孰优孰劣的种种比较是愚蠢的，因为他们的境况是截然不同的，"如果比较这些境况而不是比较这些境况中的人，我们就会清楚地看到男人的境况是十分可取的；这就是说，他在世界中有更多的机会去运用他的自由。其结果必定是男人的成就要远远高于女人的成就，因为女人实际上被禁止做任何事情"。（第 627 页）她再三强调女人没有机会"做"任何事情，这是男权社会派给她的"命运"，给她制造的境况，让她没有机会去超越，而被限制在内在性之中。所以，要让女人获得解放，得到拯救，实现自我，证成自身，首先应该给她创造一个与男人一样的，让她有机会去"做"、去行动的境况，即让她有机会去运用她的自由，有自由谋划超越行动的各种条件。而女人只有能够去"做"、去超越、去行动了，她才是真正作为主体的人的存在，而摆脱绝对他者的地位，她才有可能以人的存在去经历她的生活，而非只是作为绝对他者的存在经验她的世界，才能与男人平等地分享世界的丰富性，共同开创一个更美好的世界。

一、合理制度的安排

如前所述，男权社会经济制度的安排是把女人排除在社会公共生活之外，把她限制在私人领域之内，限制在为男人做妻子、做主妇和做母亲的角色之中。然而，波伏瓦认为，女人在这种制度安排下的所有生存活动，都是内在性的活动。女人的这些生存活动，从时间上来说，让她无法突破现在、开创未来，把她的"暂时性"永恒化了，让她本该是延展连绵的时间静止化了；从空间上来说，把女人局限在家庭的小的范围之内，让她无法领略家庭之外的广阔天地，把女人的活动空间狭窄化了；从她与世界的关系来说，把女人限制在与男人的关系之中，让她无法拓展与其他存在者的关系，把她与世界原本是丰富的关系单一化了。概而言之，让她无法作为主体超越自身，把握世界，而深深陷入绝对他者存在的境地之中。

然而，有人提出闺房里的女人比有选举权的女人其实更幸福，主妇其实比女工更幸福。换言之，男权制度的安排其实是给女人带来了幸福，所以不乏合理性。波伏瓦指出，"'幸福'的确切含义是什么并不是很清楚，更不要说它可能标志着什么价值了。根本不存在衡量他人幸福的可能性……"即是说，幸福是一个很难定义的概念，每个人对幸福的理解都不一样，不可能从外部来判断他人是否幸福，所以，不可能把幸福作为道德标准，来衡量一种制度是否正当合理。她指出："我们认为唯一的公益是保障公民个人利益的那种公益，我们将根据向个人提供具体机会时所起的作用对制度做出评判。"（第 xl 页）也就是说，波伏瓦主张，不能根据制度给个人带来的幸福的大小，而应当根据它给个人提供的自由的多少来评定它的善恶。正是由于男权社会的各种制度限制了女人的自由，使得女人没有与男人同等的运用自由的机会，所以，它才是不公平不合理的。因此，要让女人获得解放，首先得变革这种不公平的制度安排。

波伏瓦不是一个理想主义者，她很关注社会现实，所以，她给女性指出的解放之路也不是一种乌托邦似的理想，而是一种植根于她所处的时代与针对当时的现实问题而做出的关于性别平等之构想。她认为，她所处的时代是一个过渡时期，女人虽然正在向传统角色告别，获得了新的社会地位，但是"社会结构并未因为女人的地位发生了变化而有多大的改变；这个始终属于男人的世界，现在仍然保持着他们赋予的形式"。（第 680 页）这是波伏瓦为女性解放指明道路的起点，也是我们理解其构想的一个理论与现实背景。

（一）教育的平等对待

波伏瓦指出，作为绝对他者存在的女人是人类文明精心制作的"产品"，是由她的境况如模子一般塑造出来的。这种对她加以改造，让她成为为男人存在的境况首先就是她的成长环境，从小她就生活在一个与男孩子不一样的境况中，"把少男少女隔开的那道鸿沟，从他们很小的时候就蓄意地展开了；后来，女人就只能是她被造成的那种人，而且那种过去必然要给她一生蒙上阴影"。（第725页）而女孩子的成长环境与男孩子的不一样，首先在于人们从小对他们教育的理念的不同。

人们对于男孩子的教育理念是要把他培养成负责任的、敢于冒险的和勇于探索的主体存在，所以让他去参与身体对抗性的活动，甚至是需要暴力的活动，让他去挑战世界，让他产生作为男人的优越感、自豪感。而对于女孩子而言，人们的教育理念恰恰相反，人们希望她"女性化"，而"作为'女性化'的根本特征的被动性，是一种从她小时候发展而来的特性。……它实际上是教师和社会强加给她的命运"。（第280页）"她所受的教育的主要特征，都联合起来阻止她走上反抗与冒险的道路。社会通常（从受她尊重的父母开始）虚伪地向她赞美爱情、献身、自我奉献的崇高价值，进而向她隐瞒了这一事实，即无论是情人或丈夫，还是她的孩子，都不愿意接受这一切沉重的负担。"（第721页）

所以，要让小女孩子成长为能完成作为真正的人、真正的主体的使命，对她自己作为自由存在者的生存有一种负责任的态度，成为自为的存在，而非为孩子、情人、丈夫的存在，首先要改变这种教育理念，把她培养成为有责任心、勇于探索的主体存在。具体地来说，在养育女孩子的时候，从一开始就应该像对待她的兄弟那样对她，对她有同样的要求，实现同样的奖惩，让她受到同样严厉的对待，享有同样的自由，参加同样的学习，玩同样的游戏，向她许诺同样的未来。把她置于一个两性平等的环境之中，在母亲与父亲有着同样威望的家庭中成长，她就不会感觉这个世界是男性主宰的世界，也使她不会产生"阉割情结"和"恋父情结"。对于男孩子不能灌输优越感，必须让他尊重女人，使得女孩子在他们面前没有自卑感。这样，"小女孩就不会通过自恋和梦想去谋求无结果的补偿，也不会认为她的命运是理所当然；她会对她要做的事情感兴趣，会毫无保留地投身于事业"。（第726页）

波伏瓦指出，这种平等的教育理念不是要把女孩子培养成与男孩子一模一样的人，不是要通过同样的教育消除两性的差异，这是不可能的，也是不明智的。"没有一个教育者能塑造出和雄性人的存在完全同源的雌性人的存在；如果少女得到与男孩子完全同样的培养，她会认为自己是一个怪人，因而把自己确定为一种新的性别。"（第 725 页）这种平等的教育是要消除对两性之间的不平等的社会期待造成的对女性的不平等的结果，使得女孩子在人生之路的起点上得到与男孩子同等的机会。并且，这种对既有的性别不平等予以矫正的教育应该更关心女孩子的成长。比如对少女就应该更注重教育她独立自强，培养她靠自己来把握自身未来的信心。在习俗仍把女人的命运看成是嫁人生子的情况下，少女可能会受影响，在学习阶段就分散精力去注重自己的容貌以吸引异性。"今天让她自己掌握自己的未来，而不是委托给男人，这正在逐渐变得可能。如果她专心学习、运动、职业训练，或参与某种社会政治活动，就不会整天想着男人，她对自己的感情或对性冲突的关注就会小得多。然而，在把自我实现为一个独立的个体方面，她仍会面临比男孩子更多的困难。如我已经指明的，家庭和社会习俗都不会赞成她在这方面的努力。"（第 369 页）所以，学校对少女的教育就应该承担这方面的职责，以弥补习俗对女孩子的不利影响。

其次，在教育制度的安排上，应该实施男女同校制度。波伏瓦认为，"对男女同校制度的种种反对理由，始终暗示着对性禁忌的尊重；但是，这种阻止孩子的性好奇心和性快感的努力是完全无用的；它只能造成压抑、魔念和神经质"。（第 727 页）这种男女同校制度让女孩子与男孩子朝夕相处和公开竞争，以消除女孩子对男孩子的神秘感，让她产生对自身的自尊感与责任感，产生一种与男孩子平等的理念。它让少女"不受反对她为自己的生存负责的影响尤为有利，因为那样她就不会在男性那里去寻找半神，而是仅仅要寻找一个同志、一个朋友、一个伙伴。性爱和爱情将会具有一种自由超越的性质，而不是具有听天由命的性质；她可以感受他们两个是平等的存在者的关系"。（第 727 页）

（二）就业的公平机会

波伏瓦认为，在平等的教育制度与教育环境下，女孩子可以被培育为与男人同样负责、有工作能力和开拓精神的主体存在。这时，社会还应该为女人提供公平的就业机会，使她能够经济上走向独立，而不是靠把自己出卖给男人来获得生存。

波伏瓦对法国大革命以后妇女的就业与参政情况做了深入的社会学调查

后，得出了这样的结论，人们以为法国大革命会改变妇女的命运，这是一种误解。因为法国大革命遵循的是中产阶级的制度和价值，这场革命女人没有参与，她们的社会地位也没有获得任何改变。真正使得妇女的命运发生改变的是19世纪的工业革命，它使女人走出了家庭，在工业生产中扮演了新的角色。

"随着工业的迅速发展，女人的合作成为必然。这是19世纪发生的最重要的革命，它改变了女人的命运，为她开辟了一个崭新的时代。"（第113页）她认为，马克思与恩格斯以及其他社会主义者，都赞同妇女走出家庭，获得解放，这是正确的，并且她认为，也只有在社会主义制度下，男女同工同酬，像苏联的做法，才能使妇女得到真正与男人平等的经济地位，通过给女人工作的自由，使女人获得人格的独立与自由。"只有在社会主义的世界，女人才能够用一种自由获得另一种自由。"（第680页）因为她了解到当时的资本主义国家，如法国、德国和美国，女工与男工同工，但是收入比男工要低很多，工作环境也差许多。女工不仅比男工更受着资本家的压迫，还受着男雇主的性侵犯的威胁。但是，她不赞同马恩经典作家的观点，她认为，"在无产阶级事业和妇女事业之间，并不存在倍倍尔和恩格斯所主张的那种利益一致"。（第116页）这正如美国的黑人劳工问题，受压迫最深的少数民族可能情愿充当压迫者的机器，去反对他们所归宿的整个阶级。只有参加工会活动，妇女才能够既捍卫自身的利益，又不损害整个工人阶级的利益。

在波伏瓦所处的时代，女人由于受教育的程度有限，大多只能进入工厂做工。波伏瓦指出，在社会给女人提供这些工作的机会时，有两个方面的问题需要引起重视。

第一，是让女人在工作中能够得到平等的对待，让她们有一个愉快而自豪的心情来投入工作，能够参与为自己权益斗争的工会活动，对自己的未来充满信心。波伏瓦了解到，有人在某一工厂对女工进行过调查，结果是她们若有选择，宁愿待在家里，也不愿意到工厂工作。因为她们在工厂的工作并没有让她们免于家庭的负担。波伏瓦指出："只有那些有政治信念、在工会积极活动、对她们的未来充满信心的女人，才能赋予默默无闻的日常工作以道德意义。但是由于缺乏空闲时间以及沿袭屈从的传统，女人自然刚刚开始产生政治的和社会的意识。由于在工作中没有得到理应得到的道德和社会的利益，她们自然只

是屈从于工作的约束，而没有任何热忱。"（第 680 页）

若非如此，波伏瓦指出，对年轻的女工、女店员、女秘书或其他女职员来说，她很可能就会受到来自男性对她经济上支持的诱惑，这几乎是一种"挡不住的诱惑"，从而放弃工作而依赖男人。因为女工的收入很低，若要过上比较体面的生活，她靠工资收益远远不够，"她若是满足于靠工资度日，便只会沦为贱民，这意味着粗茶淡饭，衣衫褴褛，被各种娱乐乃至爱情拒之门外"。这时，要奉劝她独立自爱自尊，这无疑是给她鼓吹苦行主义道德，这对她的要求无疑过高，"并非每个人都能把上帝当作情人：如果要成功地过女人的生活，她就只能取悦于男人"。所以，她会接受援助，这是完全可以理解的。这种援助可能让她完全放弃工作，退回到传统女性的命运中去了。她也可能同时保持两种收入来源，每一种或多或少地被当成是逃避另一种的手段，但"实际上她却是在受着双重奴役：工作的奴役和保护人的奴役"。（参见 680–681 页）

第二，是要通过对女人的母职的补偿，社会机构承担部分抚养与教育孩子的职责，来协调她的职业角色与生育角色的矛盾。波伏瓦认为，"女人受着生育功能的奴役是一个根本的事实，这个事实从历史一开始就注定她要做家务劳动，妨碍她塑造世界"。（第 116 页）现代女性因新生殖技术大大减轻了生育的痛苦，基本上摆脱了生殖的奴役。但如何把女人的职业生活与家庭生活协调是摆在新女性面前迫切需要解决的问题。

如前所述，在波伏瓦批判恩格斯对女人问题的观点时，她就已经指出，不能把女人仅仅看成与男人一样的劳动者。她指出，无论从经济角度，还是从个人生活的角度来看，女人的生殖功能和她的生产功能同样重要，有时候前者比后者更为有用，因为"性行为与母性义务不仅涉及女人的时间与体力，而且还有她的基本价值"。再者，孩子的生育与培养对一个国家与社会的意义又是非同小可。所以，"把女人单纯看作一种生产力是不可能的"。（第 59 页）

所以，只有社会制度安排得当，既照顾了母亲的利益，不让她因此而影响其职业生活，也考虑到了孩子的养育对一个社会和国家的重要性，不让孩子的成长受到影响。"在一个组织得当的社会中，孩子基本上由社会机构来管理，母亲得到照顾和帮助，母性对女人将不完全与职业相冲突。"（第 525 页）比如若女人有自由生育的权利，再加上她怀孕期间受到特殊照顾和享有产假，还有儿童福利的保障、日托和全托幼儿园等，这样既可以减轻母性的负担，也可以让孩子得到很好的养育。这样"母性负担就是微不足道的，而且随着劳动条件的适当调整，这种负担可以很容易抵消"。（第 54 页）这也对孩子有好处，"让孩子在别的孩子中间，在同他有着非个人的单纯关系的那些成年人的指导下，完成自己的学习和娱乐，这同样是十分理想的"。这将有益于他的个性健康发展。再者，波伏瓦认为，也只有母亲是一个身心健全的人，是一个通过自己的工作，通过自己和社会的关系，而不是专横地通过子女去实现自我的人，才能够承担好母亲的职责。"能享受最丰富个人生活的女人给予孩子最多，向孩子索取得最少；她若能在努力与奋斗中获得人的真正价值感，将最能恰到好处地把孩子抚养成人。"（参见第 524 页）

　　总之，波伏瓦认为，所有旨在促进两性平等公平的社会制度安排，都应该让女人能够受到良好的教育，把她培养成一个真正的主体存在，让她将来有能力承担起自身作为自由存在者的责任。女人走向社会后，要让她有机会通过工作来获得自身的发展，获得自身生存的正当性证明，获得超越，摆脱绝对他者存在，走向自由存在。与此相反，那些企图把女人关在家庭里，让她给男人做妻子、做主妇，给孩子做母亲的制度之所以不道德，不是因为它们没有给女人保障所谓的幸福生活，而是因为这些制度限制了女人的自由，扼杀了她的个性，阻碍了她的自由全面发展，使得她"不可能通过工作本身获得拯救，让她忙忙碌碌却得不到她的生存正当性证明，要取决于与她相异的另一个自由个人。女人被关在家里不可能形成她自己的生存；她缺乏来确证自身是个人存在的手段，结果她的个性得不到承认"。（第 526 页）

　　在波伏瓦的语境中，公平的制度安排对性别平等的促进是首位的，这其中又首推经济制度的合理安排。我认为，她所言的"制度"既是指正式制度，如法律、政策等等，也是指非正式制度，如道德、风尚、习俗等等，她说："我们不应该认为，只要女人的经济地位发生变化就可以改变她，虽然这一因素在她的演变中，曾经是并且依旧是基本的因素；但是在它引起道德的、社会的、文化的以及它所承诺和要求的其他成果以前，新女性不可能出现。"（第 725 页）

二、女人德性的培育

　　女性要获得解放，走向自由，成为真正的主体存在，除了有赖于外在的公平的制度保障以外，还需要女性自身内在的德性养成。

波伏瓦认为，男权社会的境况把女人造就成了绝对他者存在，把她限制在内在性的活动之中，使得她具有一些与"内在性"相关的特有品质。"我们现在可以明白了，为什么从古希腊到当代，对女人的指控有那么多的共同特征。她的境况经过了表面的变化后维持着同样的条件，正是这种境况决定了女人的所谓'特性'：她'陶醉在自己的内在性之中'，她喜欢与人作对，她世故又小心眼，她对事实和精确性没有判断力，她缺乏道德感，她是卑鄙的功利主义者，她虚伪、做作、追逐私利，等等。"（第597页）波伏瓦也承认对女人的这些"指控"有某些真实的成分存在，但是，她认为："这里所说的各种行为，没有一种是雌性荷尔蒙或女人大脑的先天结构强加给女人的，它们是由她的境况如模子一般塑造出来的。"（第597页）并且，她认为，女人的这些特性有许多的确是不良的品质，是"堕落"的表现，但是"女人的特质没有一种可以证明她的本质或意愿原本就是堕落的：它们是境况的反映"。（第615页）她指出，男人也并不认为，这些品质是女人的美德，所以才会有对女人的"指控"。并且，男人也知道女人的这些缺陷是他们给她制造的境况造成的，但是，由于"他们急于保持两性等级制度，所以怂恿他们的伙伴只具备让他们蔑视的特性"。（第616页）

在《第二性》中，男权社会的境况对女人自由的限制是一条贯穿全书的红线。在其中，波伏瓦专门用了一章"女人的境况和特性"，来详细讨论女人的特殊境况与她所特有的性格特征的关系，来为女人所受的"指控"进行辩护。她没有对女人作为主体存在应该具备哪些道德品质进行过讨论，也没有专门谈到哪些德性有助于女人突破其"内在性"，重塑其作为主体的"超越性"，使女人最终摆脱绝对他者存在，走向自由存在。但是，我们可以把这一章做反向解读，把这些"恶劣品性"的反面来解读成女人作为主体存在应该具备的德性。

（一）道德责任感的培养

波伏瓦指出，人们对女人的首要指责是，她缺乏道德责任感，对自己和整个世界都没有承担责任的意识，像一个"长不大的孩子"。波伏瓦认为，这种指控并不为过，但是塑造女人这种品质的是男人，因为他们没有让她有机会去承担责任，从小就没有培养她具有主动承担责任的精神。他们要求女人具有"女性气质"，而"女性气质"的最本质特征就是"被动性"。这种被动的女人将会消极地服从男人对她的塑造，服从男人的权威，顺从他的意志，成为他的同谋。这当然是男人所希望她具有的"美德"，这与他们造就女人成为"绝对他者"存在的目的相契合，使女人成为他们的"客体"，变成他们的"猎物"。

事实上，女人的确如男人所愿，"女人本人也承认，这个世界就其整体而言是男性的；塑造它、统治它，至今在支配它的仍然还是男人。至于她，她并不认为自己对它负有责任；她是劣等的、依附的，这是可以理解的；她没有上过暴力课，也未作为主体昂首挺胸地站在群体其他成员的面前。她被封闭在她的肉体和家庭，所以她在这些有着人的面目的、树立目标并建立价值的诸神面前，认为自己是被动的。在这个意义上，说她是一个'长不大的孩子'是符合事实的。……女人的命运是体面的服从。在思想中，她也没有把握自己周围世界的现实"。（第598页）男权社会和男人把女人从小培育、造就成为不需要负责任的绝对他者存在，所以他们就没有权利对女人横加指责。但是，女人自己要超越这种境况，获得自身的解放，首先要有一种主动负责任的精神，对自己的生存负责，主动通过自身的努力来改变自身的境况，要越过男人这个"代理人"来直接与世界发生联系，要不依赖于他人（情人、丈夫或者孩子）来为自身做出生存的正当性证明；对自己所处的世界负责，通过自己的行动来改变自身所处的世界，创造一个与男性世界不同的两性和谐的世界，创造自身存在的价值与揭示世界存在的意义。

波伏瓦认为，人们一面指责女人缺乏道德责任感，一面又纵容甚至是有意培养了她的这种品性，甚至授予她这项"特权"，让她享有可以不负责任的"幸福"。小女孩的时候，人们给她布娃娃，让她学会梳妆打扮。少女时代，她被灌输的最多的思想就是迷住男人的心。除了美貌，人们不要求她有其他特长。到了适婚的年龄，人们告诉她，结婚生子是唯一的命运，丈夫保障她的生活来源，孩子可以证实她的存在价值。并且，人们告诉女人，这些都是为了她的"幸福"，为了"保护"她，免去她承担责任的焦虑与痛苦。波伏瓦认为，这其实是女人的不幸。但是，"长期以来人们一直努力在掩饰这种不幸。例如，监护制度虽然早就已经废除了，女人却一直有着'保护人'，若他们被赋予了旧时监护人的权利,这是为了女人本人的利益。不允许她参加工作,让她待在家里,这是为了让她免受伤害,并确保她的幸福。我们已经看到,人们把多么美妙的面纱抛到了她那单调乏味的家务和母性负担上面:她用她的自由换取了'女性化'这笔虚假的财富"。(第720页)正如巴尔扎克生动描述的,男人把女人当成奴隶对待,还要让她感觉自己像皇后一般有特权。波伏瓦讽刺道:"和快活地抓着身上的跳蚤的无所顾忌的穷人一样,女人享有那种无可比拟的特权,即没有责任感。免于麻烦的负担和操心,她明显有'更好的部分'。"(第720页)

波伏瓦认为,男人之所以能在这个世界上顶天立地,改天换地,对这个世界有影响,在这个世界有造化,首先就是他们承受了对这个世界的责任,伟大的男人更是勇于肩负重任,敢于担当道义的人。"那些被我们称为伟大的男人,他们以这种或者那种方式肩负了世界重任;他们干得或好或坏,可能重建世界,也可能被推翻;但首先他们已经承受了这一巨大的负担。这是任何女人从未做到过的,也是任何女人无法做到的。"女人之所以无法做到,不是她不想去做,而是境况不允许她去做,去担当,"她处处感到压抑,以及把她压倒的整个传统,使她无法产生对这个世界的责任感,而这正是她平庸的根本原因"。(第713页)

从这里,也从波伏瓦的存在主义伦理学立场,我们可以合乎逻辑地推断,她主张女人具有的首要德性就是"道德责任感"。如前所述,波伏瓦认为,人是自由的存在,没有固定的本质,必须自我造就,必须靠自身的超越性行动来为自己生存的正当性进行辩护,所以应该对自己的自由行动承担道德责任。女人若要成为真正意义上的人,而非绝对他者,她也应该有一种负责任的人生态度,自己造就自身的存在,而非被男人造就;主动地来承担人自身生存的风险,而非"自欺"地把自己当成不自由的物的存在,逃避自由带来的焦虑;主动地为自己的生存做出道德辩护,创造自身作为人的价值与意义,而非企图通过"自恋"、爱情或上帝来拯救自身。这才是人作为一个道德主体对待人生的本真的态度,一个女人作为真正的人的存在应该具有这种道德责任感,也唯有如此,女人才能成就自身为一个自由的存在者。

（二）主体性人格的养成

在传统社会中，女人普遍缺乏道德责任感，其实是她没有塑成主体性人格的结果。只有一个有着主体性人格的人才可能主动承担起对自身与他人的责任，而有着道德责任感的人才可能称其为主体。这是一个问题的两面。波伏瓦认为，女人在男权社会中被造就成了绝对他者存在，失去了主体性，只具有"他者性"。那么她的人格必然是依附的，而非独立的；必然是被动的，而非主动的；必然是消极服从的，而非积极挑战的；必然是因循守旧的，而非勇于创新的。那么要恢复女人的主体性，摆脱绝对的"他者性"，女人除了需要培养自身的道德责任感，还需要养成一种独立自主和敢于创新的主体性人格。这是我们从波伏瓦的逻辑，也是从她的文本中，解读到的她对于新女性的期待。

人们指责女人是依附于男人的，经济上依靠他，感情上依恋着他，甚至整个生存都靠他来证成，她总是在消极等待着男人给予的一切。"在某种意义上，她的整个生存都是在等待……她在等待男人的效忠和认可，她在等待爱情，她在等待丈夫或情人的感激和夸奖。"波伏瓦认为，这是情有可原的，只要经济上女人不是独立的，她就不可能不成为男人的附庸，不可能不形成对男人的一种依赖性。"她在等待男人出现，因为她在经济上的依附性使她任他处理；她只是男性生活中的一个因素，而男人却是她的整个存在。"（第610页）如前所述，女人没有独立性，就不可能获得生存的正当性证明，她于是很可能转向自我、情人或上帝来作为证成自身的绝对保证，波伏瓦指出这些方式都是非本真的自我拯救，真正要获得自我实现，获得自由，还必须是女人的经济地位的改变。"这种解放必须是集体的，它首先要完成女人经济地位的演变。"（第627页）

波伏瓦指出，女人的解放必须是集体的，也就是说，女人必须作为一个性别群体有与男人平等的工作机会，才可能形成一个与男人相对的，与他们有着相互性的独立的女人的世界，去为女人争取权利，去破除男性的"女人神话"，这是女人作为同一个性别的"类"的主体意识的培育。在波伏瓦看来，女人从来没有形成过与男人世界相对应的"女人世界"。"她们是人类群体不可分割的一部分，总是受男性的支配，她们在群体中处于从属地位。她们的联合只是基于她们相似这一单纯的事实的机械团结，但她们缺乏那种成为每个统一共同体之基础的有机团结。"（第597页）这并不能苛责女人，因为她们被封闭在自我或家庭之中。所以，"她既不能感受到团结的吸引力，也不能体验到团结带来的利益，因为她完全奉献给了自己的家庭，处于与世隔绝的状态之中。因此，人们几乎不可能指望她可以超越自己，朝向普遍的福利超越她自身"。（第605页）在人类历史中，女人总是处在弱势群体的地位，她们没有形成一种基于女人的共同利益之上的群体，积极地去对抗来自男性世界对她们的定义、改造和压迫。因此，女人应该走出家庭，走向社会，在社会生活中形成广泛的联系，形成女人共同的利益，共同的追求，形成作为同一个性别的类的主体性，才有可能超越被压迫的境况，成为与男人平等分享世界的作为主体的群体存在。

作为个体存在的女人更应该培育一种主体性人格。在存在主义者波伏瓦看来，人若失去了主体性，失去了能动性、超越性、否定性的一面，那么人就不再是自为的存在了，只能是自在的存在。在男权社会中，女人之所以被造就成绝对他者存在，正是因为她沦为了客体，沦为了对象性的存在，她丧失了自身的主体性，她的人格是依赖的，不独立的。所以，女人作为个体的人的存在，若要获得解放，必须重塑自身的主体性人格。

从波伏瓦的视角看，女人主体性人格的养成包括这样几个方面。

首先，在小女孩成长的时期，就应该培育她的主动性，鼓励与激发她的开拓精神，不能让她感觉自己是消极被动的客体存在。如前所述，波伏瓦认为，在男权社会中，小女孩就是被环境和教育造就成了被动的绝对他者存在，逐渐失去了她的主体性。小男孩则从小就被鼓励坚持他作为主体的自由，让他参加一些身体对抗性很强的活动，让他从中感觉"他的身体是支配自然的工具，是战斗的武器"。从而让他从小养成一种敢于挑战的主体性人格。小女孩却被要求被动消极，她被当成活的布娃娃，被动性是人们希望她具有的人格特质。"于是，形成了恶性循环，因为她认识、把握和发现周围世界的自由越少，她对自身资源开发就越少，因而就越不敢肯定自己是主体。"所以，要把女孩子培养成主体存在，应该反其道而行之，让她参加男孩子同样的体育活动，鼓励她把自身当成探索世界的主体。"假如她在这方面受到鼓励，她会表现出和男孩子同样的活力、同样的好奇、同样的开拓精神、同样的坚强。"（第280页）

其次，在成年生活中，女人应该养成独立性的品格。作为自由存在的主体，人都是独立的个体，只能靠自身的超越性行动来证成自身的存在，自己造就自身成其为人。在男权社会中，女人是被男人和男权社会造就的，她不得不靠男人、孩子来证明自身的存在价值，所以她不可能有一种独立自主性。经济上她靠男人来生存，靠他来养活她；精神上她顺从男人的意志，如泥一般任男人揉捏；感情上她依赖男人赐予她爱情，把他当成唯一的偶像来尊奉。"她放弃了独立的批判、调查和判断，把一切留给了那个优越的等级。她因而觉得男性世界仿佛是一种超越的现实，一种绝对。"（第 600 页）所以，女人要成为主体，应该有一种独立自主的意识，懂得靠自己的行动去证明自己的价值，而非等着他人来给出自己生存的理由。波伏瓦告诫女人，男人是女人的平等的伙伴，孩子是独立于她的个体存在，不能把男人、孩子作为自己的存在理由，失去自己的独立性，失去自我。在现实生活中，女人之所以容易产生怨恨心理，成为怨妇，是因为她把自己完全奉献给了家庭、男人和孩子，最后发现自己一无所有。"怨恨是依附的另一面：当一个人把一切都奉献出去时，这个人永远不可能得到足够的回报。"（第 606 页）

最后，应该让女人通过从事有创新性的事业培育她的主体性人格。在波伏瓦看来，传统社会中的女人忙忙碌碌，做妻子，做主妇，做母亲，什么都没有"做"，因为这些家务劳动都是重复性的、内在性的活动，没有任何创新，所以才会养成因循守旧、墨守成规、不敢冒险、没有反抗精神的恶习。从波伏瓦的存在主义的视角来看，人作为主体存在，是自由，是虚无，也就是一种可以虚无化一切存在的力量，是一种从虚无到存在再回到虚无的永恒的创造性的存在。所以，我们由此可以推断，她最看重的人作为主体的品质就是创造性。

人们通常指责女人很容易墨守成规，波伏瓦为女人辩护道："时间没有给她带来任何新鲜的成分，它不是一种创造性的流动；她注定要重复，她的未来只不过是过去的复制。"因为女人干的是家务活，不是搞技术发明，她的这些事情注定是翻来覆去地重复的；女人生的是孩子，不是生产产品，她没有真正创造婴儿，是婴儿自己在她的身体里自我创造，注定也不是一种自由创造活动。传统女人的命运永远是做妻子、做主妇和做母亲，所以她看不到自己有超越这些角色的可能，看不到自己与她母亲有什么不一样的未来，看不到明天会有怎样的与今天不同的前景，她是被封闭在了她的家庭、她的生育功能之中，女人失去了超越性，时间对她来说就是一种静止。因此，她也就不可能具备创造性。波伏瓦接着指出："只有自由的主体才能够表明自己是超越时间延续性的，才能制止一切衰败……若是未来向她开放，她就不会死守过去。一旦她们在谋划中看到自己的利益，她们就会和男人一样大胆英勇。"也就是说，女人只有拥有创造、谋划的自由，投入到具有创建性的事业之中，才可能培育出一种勇于创新的精神品质。

人们责难女人是世俗的、平庸的、基本上是功利主义的、毫无超越性、毫无创造力，波伏瓦说："那是因为她被迫把自己的生存奉献给了做饭和洗尿布——她无法取得一种崇高感！承担单调重复的生活，处在无知无觉的实在性之中，这是她的义务。自然女人要重复，要永无创新地重新开始，要觉得时间仿佛是漫无目的地转来转去。她忙忙碌碌却永远什么都没有做成什么，所以她认同于既定的物。这种对物的依赖性是男人让她保持的那种依赖性的结果……"在这种境况下，波伏瓦反问道："人们怎么能期望她表现得大胆、热情、无私和崇高呢？"因为"这些品质只有在自由人奋勇地穿过开放的未来、远远地超越了既定的现实时才可以出现"。女人要摆脱这种境况，要具备一种富于创新、敢于挑战、勇于探索的精神，只有"让未来向她开放，那样她才将不会再被迫徘徊于现在"。（第 604 页）只有让女人走出厨房，走向工厂；走出客厅，走向实验室；走出自我，走向世界，去从事与男人一样的自由的超越性的事业，才能打破重复的循环，开放封闭的空间，打开各种可能性，在创造性的事业中，成就她富于创造性的主体性人格。

总而言之，在波伏瓦看来，女人只有从事超越性的活动，才能获得主体性人格，成为富有创造力的、负责任的真正的自由主体存在。"当她成为生产性的、主动性的人时，她会重获她的超越性；她会通过谋划具体地去确认她作为主体的地位；她会去尝试认识与她所追求的目标、与她所拥有的金钱和权利相关的责任。"（第 680 页）

三、性别伦理的建构

波伏瓦认为，现代女性的解放不仅需要改变不公正的男权社会制度和培育女性的主体德性，更需要两性共同努力建构和谐的性别关系。因为女性受压迫，被造就成为劣等性别，不仅仅是男权制度的不合理，也不只是一个女性的主体德性缺失问题，还在于性别之间的敌意。倘若不消除这种相互的敌意，消除这种本体论上相互对峙的深刻动机，就是在一个制度安排非常合理的社会中，也不能排除这种普遍的两性之间相互排斥的现象。

女性解放不仅仅让女性单方面获得自由，其实也是让两性双方能够得以从互相束缚中解脱出来。实质上，女性解放问题也是两性共同获得解放的问题，所以两性双方都应该为此而进行努力。在波伏瓦看来，通过两性平等地相互承认彼此的"他者性"与"主体性"，承认双方都是内在性与超越性、自我与他者、肉体与精神的模棱两可的存在，通过慷慨、友谊和爱来消除这种来自性别之间的敌意，两性便有望走出相互冲突，建构和谐的性别关系。我认为，波伏瓦实质上是提出了一种相互承认的性别政治伦理建构的问题。

（一）性别压迫的本体论根源

如前所述，波伏瓦认为，人是意识的存在，意识的超越性具有相互冲突的性质。所以，从本体论上来说，人与人的关系并不是基于团结与友谊的伙伴关系，而是如黑格尔所言"在意识本身当中有一种对其他所有意识的敌意"。任何有着某方面相异性的个体或群体存在都会相互做出"自我"与"他者"的区分，人作为主体都会把自己树为主要者，把他人看成与之对立的他者、次要者、客体，通过他者来反映自我和确认（承认）自我。一般而言，"他者"也会对"自我"主张相应的权利要求，"自我"和"他者"是有着相互性的存在。

波伏瓦认为，在男权社会中，女人沦为绝对他者存在，从根本上来说，就是由于男人对于女人的这种本体论上的敌意，成为他压迫和支配女人最为深刻的动机。"支配的诱惑是所有存在的最为普遍的、最不可抗拒的诱惑。"（第465页）他主张自身的主体权利，却不承认女人的主体权利，他把自身看成绝对的主体，不承认自身的"他者性"。他不把女人看成伙伴或人类共在中的一员，造成了一种让女人没有机会确认自己的主体性的境况，使性别之间的"自我"与"他者"关系失去了相互性，所以，造成了对女人的压迫。

再者，波伏瓦认为，人是虚无的存在，在本体论上，都有一种寻求自在与自为的综合，即成为"上帝"之"存在的欲望"。虽然这是不可能实现的欲望，但是，男人企图把自身看成自为的存在，把女人当成自在的存在，是一种客体、作为物的存在，通过占有女性的肉体，非本真地实现他这种本体论上的欲望，即用女性自在的肉体存在去填充男性作为虚无的自为存在以求得自在与自为的综合。这样，就造成了男人对女人的扭曲的承认，即只承认女人的作为客体、作为肉体的内在性的一面，不承认她的作为主体、作为意识的超越性的一面。这也是男人对女人的压迫的另一个本体论上的根源。

在波伏瓦看来，人还有一个本体论上的倾向，即生存者有一种通过把自身异化（外化）到对象（他者）身上，然后又在这些对象中来找回自我，获得自我认同，获得自我确认、自我实现的本体论上的倾向。虚无的意识通过异化（外化）来看到自己，显现自己并认同自己。换言之，人（意识）通过使自己异己化、陌生化、异在化来展开自己、认识自己、实现自己、返回自己，以达到与自身的同一，获得自我认同。这其实还是来源于黑格尔的思想，精神通过外化自己、异化自己，来展开自己，实现自己，最后达到新的完成了的自己，使自己由自在存在上升为自在自为的存在。

波伏瓦认为，这也可以解释男性对于女性压迫的本体论上的根源。她说："女人追求屈从的梦，男人追求异化的梦。……所谓压迫应当解释为生存者通过异化自己于他人（最终他压迫他人），来逃避自我的倾向。今天，这种倾向在每一个作为个体的男人身上还存在，而且大多数人还屈从于这种倾向。丈夫通过妻子，情人通过情妇，发现自己具有永久不变的偶像形象，他要用她去寻找他的男子气、他的主权地位、他的即刻实现的神话。"（第719页）即是说，压迫是生存者异化自身到他者身上，来逃避自我是自由的存在的倾向。男人不仅异化自身在物（财产）上，还异化自己到女人身上，来逃避自身的自由。男人把自身异化（对象化）到女人身上，想从女人那里寻求自己形象完美的反映，希望女人把他当成偶像来确认，是一种非本真的自我认同。他希望女人承认他的超越性的一面，而把自身的作为肉体存在的、内在性存在的一面谋划到了女人身上，而只承认女人作为肉体的一面。所以，男人创造了各种女人绝对他者存在的神话，制造出各种消极的、被动的女人形象，让女人在这些低劣的、卑贱的形象中获得自我认同。女人顺从了男人的意志，内在化了这种自我形象，自欺地接受了男人对她的谋划。这是一种不平等的相互承认的方式，它拔高了男性的形象，贬低了女性的形象，所以是对女人的压迫。这样，两性都是用一种"自欺"的方式获得自我认同，男人的自我认同是其超越性存在的一面，而女人的自我认同是其内在性存在的一面，都没有本真地承认双方既是超越性又是内在性的模棱两可的存在。

波伏瓦对性别之间压迫的本体论上根源的解释可以归结到一点,那就是男性对于女性的扭曲承认,造成了女性形象的歪曲,女性自我认同的非本真化,从而导致了对女人的压迫。男性在女性那里寻求自身完美形象的认同,也是寻求承认的一种非本真的方式。在此意义上,两性之间都是一种扭曲的相互承认,都没有本真地获得自我认同,所以不可能在此基础上建构和谐的两性关系。

波伏瓦这种试图用两性互相扭曲的承认来解释性别之间的压迫,与查尔斯·泰勒(Charles Taylor)的"承认政治"对压迫的解释有着某种相似性。后者的逻辑简单地说就是,我们的自我认同部分得由他人的承认构成;如果得不到他人的承认,或者只是得到他人的扭曲的承认,不仅会影响我们的自我认同,而且还会造成严重的伤害。社会建立在一种对话关系之上,如果一个社会不能公正地提供对不同群体和个体的承认,它就构成了一种压迫的形式。① 这两者的思想都来源于卢梭和黑格尔,不同的是,泰勒关注的是不同文化之间的相互承认问题,而波伏瓦则是开了性别之间的"承认政治"的先河。

(二)相互承认的性别伦理

波伏瓦认为,从古到今,两性之间一直是纷争不断、冲突不已。有些男人如蒙田认为,"争斗与争端"将永远不会停止,博爱根本就不可能实现。对此,"事实上,今天男女彼此都感到不满意"。(第716页)因为,实质上,在这种性别的冲突中,受害的不仅仅是女性,实际上从某种意义来说,男性也是受害者。

波伏瓦认为,造成这种状况的原因不在于两性生理上的差异,"生理学命运并没有把永久的敌意强加在雌雄两性身上"。它也不是由于精神分析学解释的,女性对男性的阴茎嫉妒造成的敌意注定了两性之间的争斗。她指出,两性争斗的戏剧活动"并不是在性的层面上展开;而且在我们看来,性的特征不能决定命运,本身也不能为解释人的行为提供重要线索,而只能帮助表现它所规定的境况的整体。两性之间的斗争并不直接含有男女解剖结构有差别的意味"。因为这种争斗的形式是随着历史境况的不同而呈现不同的表现形式。总的来说,性别斗争有两种形式:"这种重大斗争,相应于两种不同的历史关头,毕竟

---

① 查尔斯·泰勒.承认的政治 // 汪晖,等.文化与公共性 [M].北京:生活·读书·新知三联书店,1998:290–337.

有着两种完全不同的形式。"（第 717 页）

　　这两种性别斗争的形式之一是，在传统的男权社会中，女人被封闭在内在性的牢笼之中，她会极力把男人拖进牢笼里面，她与男人唱对台戏，拒绝接受他的真理与价值。她只有通过摧毁男人的优越地位，才能消除自身的劣等性。这是女人的自卫反击战。"一切压迫都会引起战争"，性别压迫也不例外。被看作次要者的生存者，不能不要求重新树立她的主权地位。（参见第 717 页）

　　在波伏瓦所处的时代，这种性别斗争又有了一种新的形式，逐步获得解放、重获超越性的女人不再把男人拖进内在性的王国，而是自己显示出超越性；不是希望把男人囚禁起来，而是在逃避他。但是男人的态度却造成了新的冲突：他不愿意把她松开。他非常愿意继续做一个主权的主体，绝对的优越者，一个主要者；他拒绝承认他的伙伴在任何具体方面是一个和他平等的人。而女人则用进攻性的态度来对待男人的不信任。现在的战争就是两种超越的存在的面对面的形式，而不再是内在性存在反抗超越性存在的形式了，这是因为"自由的每一方都不想承认对方，并且都想支配对方"。（第 717 页）

　　波伏瓦指出："只要男女彼此不承认对方是同等的人，也就是说，只要女性气质照这样永久化下去，这种争端就会持续下去。"（第 719 页）她指出，虽然女人现在正在从这种女性气质中得到解放，却还梦想着保持它带来的"特权"如可以对生存采取自欺的、不负责任的态度；另一方面，男人则仍然不愿意破除女性气质的神话，希望把女性囚禁在其中。所以，双方仍在战争之中。男人还继续在女人那里寻求自身的偶像形象，女人也仍在寻求顺从之梦。男女双方都仍然是受害者：男人受其自身的偶像形象所累，时刻要保持一副重要和优越的面孔，"很做作，也很危险"；而女人还在"女性化"的神话中享受它带来的"好处"，"她用她的自由换取了'女性化'这笔虚假的财富"。（第 720 页）他们都是在"自欺"中获得自我认同，并都在指责对方给自己带来的不幸，"本真性的欲求没有得到满足：每一方都在屈从于方便的诱惑时，指责对方引起的不幸；男女彼此都讨厌对方使自己的自欺和卑鄙遭受到了毁灭性的打击"。（第 719 页）所以，只要两性没有本真地相互承认，两性之间的战争还将会再继续。

　　实质上，两性关系是特殊的自我与他者的关系。如前所述，波伏瓦认为，自我与他者有一种相互争夺自由的冲突性。相互冲突的自我与他者若不能平等地承认双方都是模棱两可的存在，就会构成一种压迫关系，形成对他者的暴力，比如："暴君把自身确立为一种超越性的存在，把他人视为纯粹的内在性的存在，这样他就可以傲慢地认为他有权把他人当作牲口处置。我认为他对于自己行为的诡辩是以此为基础的：所有人的存在都是模棱两可的，但他为自身仅保留超越性的一面来证成自身；另一方面，他认为他人是偶然的、不能证成自身的内在性存在。"①在《一种模棱两可的伦理学》中，她论证了自我与他者有建构一种相互性关系的可能。在《第二性》中，她仍然坚持此种观点。她指出，自我的自由需要他者的自由来确认，但是"这种自由不是属于我的，因为它在确认我的自由的同时，也与它相冲突"。然而，"若每个人都能够坦率地承认他者，将自己和他者互相看成既是客体又是主体，那么超越这种冲突便会成为可能"。（第140页）

波伏瓦认为，这种可能性就在于把本体论上的相互敌意"转化"为相互承认的"本真的道德态度"。男人压迫女人的深刻动机在于，本体论上的"存在的欲求"，即企图把女人当成自在的存在，通过占有女性，来实现自在与自为的综合。如前所述，在《一种模棱两可的伦理学》中，波伏瓦认为，人可以把这种欲求悬置起来，即通过现象学的还原，把"存在的欲求"用括弧括起来，通过人的自由谋划来获得超越，从而使得世界和自身的意义得以揭示，获得自身存在的证成。通过这种"转化"，自我与他者也可以互相承认双方都是模棱两可的存在，承认对方的自由与超越，不把对方当成自在的存在来占有，而是建构一种共同朝向世界、解蔽其中的意义的有着相互性的共在关系。在男人对女人压迫的动机上，也可以通过这样一种"转化"，使男人放弃这种存在的欲望，放弃占有的欲望，不把女人当成客体来占有，承认女人的主体性，从而使两性相互本真的承认，从而建构和谐的共在关系。在《第二性》中，她称这种欲望为"纯粹存在"的欲望，把这种"转化"称之为"本真的道德态度"，"若每个人都能够坦率地承认他者，将自我和他者互相看成既是客体又是主体，那么超越这种冲突便会成为可能。……如果放弃了纯粹存在，因而承担起一个生存者的职责，男人便会有一种本真的道德态度；通过这一转化，他放弃了一切占

---

① Simone de Beauvoir. The Ethics of Ambiguity [M]. Translated by Bernard Frechtman. Secaucus: Citadel Press, 1948: 102.

有，因为占有是追求纯粹存在的一种方式”。（第 140 页）

（三）相互承认的伦理原则

波伏瓦认为，通过把本体论上的“存在的欲望”转化为“本真的道德态度”，就可以实现一种相互承认的和谐的性别伦理关系。具体来说，这种和谐的性别关系是以“慷慨”地相互承认作为伦理原则的。

在《一种模棱两可的伦理学》和《第二性》中，波伏瓦都多次提到“慷慨”的概念。“慷慨”的基本含义是指，把自我的主体性向他者开放，把自我当成一种“礼物”不求回报地奉献给他者的一种道德态度。因为从本体论上来说自我与他者有着一种相互争夺自由、争夺主权地位的紧张关系，而通过这种道德态度对待他者，就可以建构一种自我与他者的相互性。并且，这种道德态度也是以自我与他者相互地慷慨对待对方作为前提。但是，由于自我与他者都是自由的存在，人又有一种逃避自由的倾向，对他者慷慨地开放自身的主体性，就很容易让自我逃避到他者那里，完全放弃自身的主体性的风险。波伏瓦认为，必须警惕这种没有相互性的慷慨，即自我完全放弃自身的主体性，做出自我牺牲，彻底奉献给他者，把他者当成绝对目的，当成自身的生存正当性辩护。这等于是一种“自欺”的存在方式，而非本真的慷慨态度。如前所述，在《一种模棱两可的伦理学》中，她批判了这种持有非本真的生活态度的人，认为这种人是一种道德异化，而非持有本真的慷慨态度。在《第二性》中，她批判了男权社会强求女人慷慨地向男人与孩子奉献，造成了女人被迫的牺牲自我的境况。“她的依附性不允许她有超脱的态度，但是，从那口强迫她自我牺牲的井中，有时能汲取真正的慷慨。她忘我地支持她的丈夫、她的情人、她的孩子；她不再考虑自己，她是纯粹的礼物，纯粹的贡品。”（第 706 页）在缺乏相互性和平等的境况中，这种慷慨的“礼物”不但不能使自我获得生存辩护，还可能因为强加于对方而对他者构成侵犯，成为有暴力倾向的“礼物”。比如把自己的一生都奉献给女儿的母亲，她希望从女儿身上获得自我实现，却最后造成对女儿的控制，导致相互的敌对。“一个母亲要是想通过孩子的生活得到充实，不至于变成他们的暴君或受他们折磨的人，就必须把慷慨和超然这两种态度结合起来，虽然这几乎是不可能的。”（第 589 页）

波伏瓦认为，作为调节特殊的自我与他者的关系即性别关系的伦理原则的慷慨，也应该是相互承认的慷慨，而非单方面地放弃自身的主体性，完全失去了自我的慷慨。具体来说，这种慷慨是指，两性相互平等地承认双方都既是自我又是他者，而非只有一方是他者；都既有主体性又有他者性，并非一方才具有他者性；都既是肉体的存在又是意识的存在，绝非一方沦为了肉体的存在。也就是说，两性都应该向对方开放自身的主体性，都应该承认自身对他者也是有他者性，都应该承认双方都是一种模棱两可的存在，而非在男权社会中的"单向度的存在"，即男人谋划自身成为只有意识的超越性的一维存在，女人却被造就成为只有肉体的内在性的片面存在。

波伏瓦认为，在性爱经验中，两性用最动人的方式解蔽了双方存在的模棱两可性，"性爱的经验是一种对人的存在的模棱两可性的最动人的解蔽方式；在这种经验中，他们既作为肉体又作为精神，既作为他者又作为主体来体验自身"。（第 402 页）所以，她用两性在性爱关系中的相互承认来阐述性别伦理的慷慨原则。这正如她在论述自我与他者的一般关系的时候，把自我与他者的共同在世存在的"解蔽"作为构成他们超越"冲突性"，建构"相互性"的基础的逻辑是一致的。在性爱关系中，两性若能通过这种激情体验到双方存在的模棱两可性，把占有对方、主宰对方的欲望消除在这种灵与肉的共存中，克制在共同投入一种纵情忘我的经验中，才会有一种和谐共处的性关系。换成现象学的话语，即是说，把占有对方肉体的欲望放在括号中，把主宰对方的念头悬置起来，在激情中体验一种双方的模棱两可性，共同解蔽自身与性爱的意义，从而建构一种以慷慨地相互接纳、相互承认为原则的性伦理关系。

首先，这种慷慨地相互承认的性伦理原则要求在性爱的激情中的双方不把对方当成肉体来占有，非本真地实现自身的"存在的欲望"。在《一种模棱两可的伦理学》中，波伏瓦在论述自我与他者的关系时，就批判了一种企图通过占有来获得存在欲望的满足的"富于激情的人"，她说这种人是"在我们称之为威胁的激情中，这种激情与慷慨的激情是相区别的，自由没有找到它本真的形式。富于激情的人寻求占有，寻求获得存在"。①因为这种人把他者当成了自在的存在来占有，这是一种非本真的自我实现方式。但是，这种激情可以通

---

① Simone de Beauvoir. The Ethics of Ambiguity ［M］. Translated by Bernard Frechtman. Secaucus: Citadel Press, 1948: 64.

过一种在激情之中的"转化"来实现本真的自由,"一种转化能够在激情本身中开始"。①这种"转化"就是在激情之中的两性互相解蔽自我与他者都是自由的存在,"作为某种陌生的、被禁的、自由的存在,这个他者作为一个他者被解蔽。本真地爱他就是在他的他者性中和在他所逃避的自由中爱他。这样,爱就否弃了一切占有,一切混乱。……而且,这样一种慷慨无论如何不能以任何对象的名义施加。一个人不可能在独立性与分离性中爱一个纯粹的物,因为物的存在不具有积极的独立性"。②所以,这种慷慨是两个自由人之间的相互承认,它是一种有着相互性的感情关系,而非把他者作为物来占有。

其次,这种慷慨地相互承认的性伦理原则要求在性爱的激情中的双方接受对方的他者性,承认对方的相异性,消除两性之间的本体论上的敌意,放弃把自身厌恶的惰性的、内在性的一面谋划到对方身上的欲望。如前所述,波伏瓦认为,由于从小被造就成被动的、消极的绝对他者存在,女人在性欲方面很难得到满足,相反得到的是一种羞耻感与恐惧感,还有一种被制服、被迫屈从、被征服中经验到的屈辱感。她认为,如果女人在男性身上既满足了欲望又获得了尊重,这些消极的感觉就会变成积极的体验。"如果男人在渴望占有她的肉体的同时能承认她的自由,她就会在让自己变成客体的同时觉得自己是主要者,她的整体性就会是完整的。她在同意顺从时仍然是自由的。"(第401页)因为,在这种性经验中,要获得一种双方的同等快感满足,必须双方都承认对方的自由,接受对方的他者性和相异性,这样才不会造成一种"给予"与"接受"、"主动"与"被动"、"征服"与"被征服"之分,使得女人成为单纯的被动的体验者,男人变成片面的进攻者,最后甚至沦为"虐待"与"被虐待"的关系。总之,"在对他者和自我的最敏锐的意识中,在具体的和肉体的形式下,存在着自我与他者的相互承认"。这是一种两性和谐关系的实现,它靠的不是性技巧,而是"灵与肉的相互慷慨给予"。但是,在现实的性爱关系中,这种和谐的性关系很难得以实现,因为"这种慷慨,在男人那里常常受虚荣心的抑制,在女人那里则受胆怯的抑制"。即是说,男人若不开放自身的主体性给女性,坦

① Simone de Beauvoir. The Ethics of Ambiguity [M]. Translated by Bernard Frechtman. Secaucus: Citadel Press, 1948: 66.

② Simone de Beauvoir. The Ethics of Ambiguity [M]. Translated by Bernard Frechtman. Secaucus: Citadel Press, 1948: 67.

诚自身也是肉体的被动性存在，女人若是不敢行使自身的主权地位，勇敢地去确认自身的主体性，就不可能达到一种相互慷慨地承认的和谐性关系。（参见第 402 页）

再次，这种慷慨地相互承认的性伦理原则并不是要取消性别之间的"相异性"，达到一种"同一性"；不是要消灭两性之间差异的平等，而是一种和而不同的和谐的性关系。有人认为，在性经验中，女人会感觉插入自己身体里的男性器官是自己身体的一部分，男人会有一种自己就是他插入的女人的感觉。波伏瓦指出，这种说法肯定是不正确的，因为"他者的这个维度与相异性依然存在。然而，相异性不再有敌对的意味却是一个事实，两个完全分离的身体的这种结合感，的确赋予性行为以情感的特性。作为两个存在者，这一点更为压倒一切，即两个对各自的界限既否认又坚持的人，在他们结合中既相似又相异。这种往往把他们隔开的相异性，在他们的结合时却成为令他们陶醉的原因。女人在男人的雄性躁动中，看到了她被动狂热的反面，男人的性能力同时也反映了她施加于他的力量。……男性气质与女性气质的所有瑰宝相互反映着对方，于是形成了一种永远变动的、欣喜若狂的同一"。这种既有相异性又有同一性，既有差异又平等承认对方的性关系就是一种"灵与肉的相互慷慨给予"。（第 401 页）

最后，这种慷慨地相互承认的性伦理原则要求双方都本真地承认对方的模棱两可性，而非把自我厌恶的部分谋划到对方身上，从而扭曲了对方的形象。如前所述，波伏瓦认为，在男权社会中，男人把自身异化（对象化）到女人身上，想从女人那里寻求自己形象完美的反映，希望女人把他当成偶像来确认。这是通过把自身的作为肉体存在的、内在性存在的一面谋划到了女人身上，而只承认女人作为肉体的一面，来非本真地获得实现的。这种扭曲了的承认方式在性爱的关系中表现得最为明显，这也使得两性的激情关系成为一种争夺自由的斗争关系。"在他们认为相互对抗的那些斗争中，实际上每一方都在同自我做斗争，都在把自己所厌恶的那部分自我投射到对方当中；每一方都不是在体验他们处境的模棱两可性，而是在想让对方容忍那可怜的地位，把尊严留给自我。"然而，若是双方能够以克制的态度来接受这种模棱两可性，相互都保持本真的自尊，他们就会和睦地去体验他们的性爱戏剧。因为事实上"两性当中表演着同样的肉体与精神、有限与超越的戏剧；两性都在受着时间的侵蚀，都

在等待着死亡，他们彼此对对方都有着同样的本质需要；而且他们从自身的自由当中可以得到同样的荣耀"。（第 728 页）

波伏瓦用在性爱中慷慨地相互承认作为性别伦理原则，并不排斥这样一个原则能运用到没有身体关系的两性关系之中。"人和人之间的直接的、自然的、必然的关系是男女之间的关系。……从这种关系的性质就可以看出，人在何种程度上成为并把自己理解为类存在物、真正的人；男女之间的关系是人和人之间最自然的关系。因此，这种关系表明人的自然的行为在何种程度上成了人的行为，或人的本质在何种程度上对他来说成了自然。"这是马克思的观点，波伏瓦非常赞同，并把它放在《第二性》的结尾，她评论道："对这种情况不可能有更好的阐述了，即是说，要在给定的世界中建立一个自由的领域。要赢得至高的胜利，男人和女人就必须依据并通过他们的自然差异，去毫不含糊地肯定他们的手足关系。"（第 732 页）因为这正说明了两性关系是人与人之间一切关系的基础，它是一种最自然的关系，若能把这种最自然的关系建构为最超越自然，最能彰显人的自由超越性的关系，就打破了自然的给定的世界，从而建构了一个通过人、属于人、为了人的自由的世界。

《第二性》之后

波伏瓦的《第二性》自从 1949 年在法国出版，便持续影响着当今世界各个学科的性别平等的争论与思考。特别是最近几十年的重要的、关键的女性主义思想家，例如露丝·伊利格瑞（Luce Irigaray）和朱迪斯·巴特勒（Judith Butler），都承认自己在思想上受益于波伏瓦的著作，尽管她们自己对于性别的研究各自朝着不同的方向。"很难想象，一个女权主义思想的分支没有受到西蒙娜·德·波伏瓦的影响；该著作要么带来了启发，要么引起了争论。该书在 1949 年问世以来，女权主义有了很大的发展，但是当代女权主义者的许多主张都源自该书的观点。"①《第二性》由于其历史性与全球性的影响力，因而对于性别研究、酷儿（queer）研究和女性主义批评来说，具有非常重大的意义。

在波伏瓦 1986 年去世之后，特别是在 1999 年《第二性》出版五十周年之际，她的作品又得到了新一波的强烈关注。这是由于两方面的原因：第一，人们对波伏瓦著作的认真重读，获得新的理解与认识，使得她的思想的原创性和持续相关性得到承认；第二，女性主义方法对于哲学、文学理论、历史和社会科学等学科的广泛影响。

性别是建构的，而非自然的、先天的"事实"身份这一概念，已深深嵌入第二波女性主义思想之中，因而已成为女性主义概念框架的一部分，正如女性主义史学家唐娜·哈拉维（Donna Haraway）所说："尽管存在重要的差异，所有现代女权主义所理解的性别都植根于波伏瓦的'女人不是先天生成的'。"②

---

①拉凯莱·迪尼.解析西蒙娜·德·波伏瓦《第二性》［M］.杨建玫，译.上海：上海外文教育出版社，2020：61.

②厄苏拉·提德.导读波伏瓦［M］.马景超，译.重庆：重庆大学出版社，2014：142.

在 21 世纪，《第二性》被认为是现代女性主义的一个基础性的必读文本，尽管露丝·伊利格瑞和克里斯蒂瓦（Julia Kristeva）等人，对波伏瓦的论点提出了批判，然而倘若没有波伏瓦的著作，英美和法国的第二波女性主义是无法想象的，并且她持续影响到女性主义主要的理论家，如法国哲学家米歇尔·勒杜弗（Michelle Ledoeuff），性别理论家朱迪斯·巴特勒，以及女性主义理论家和文学批评家托丽尔·莫伊。

波伏瓦的思想在法国有着持续的影响，因为新的女性主义思想家持续关注她的著作，而且法国学术界的跨学科的女性主义方法持续发展。有人认为，波伏瓦为 1968 年后的法国女性主义运动提供了理论工具，并认为《第二性》是其中最重要的理论作品。在此语境中，精神分析作者伊丽莎白·罗丁内思科（Elizabeth Roudinesco）将波伏瓦视为第一位将性经验问题与政治解放联系起来的思想家。

而在法国之外，波伏瓦则影响了弗里丹（Betty Friedan）、米利特（Kate Millett）、格里尔和费尔斯通（Shulamith Firestone）等英美女性主义思想家。与波伏瓦对于性别的理解一致，这些英美激进唯物主义女性主义都反对生物决定论和本质主义，认为性别差异是由于社会不平等所导致的。[1]从 20 世纪 70 年代以来，波伏瓦推动了美国和加拿大妇女研究中心的创建。她的观点对性别社会学有重要的影响。该学科出现于 20 世纪 50 年代中期，旨在研究人们如何指认男性气质和女性气质，以及性别是由我们的身体决定的还是被我们受到的教育强加的。20 世纪 70 年代，在性别社会学中，女性主义方法得到了进一步发展，这种方法越来越多地采用波伏瓦的"性别是文化建构的"这一观点。性别研究在 20 世纪 90 年代应运而生，旨在解决跨文化领域的性别认知。性别理论家探究社会化对性别的影响，而他们的工作主要得益于波伏瓦的观点。[2]

作为"最漫长的革命"的女性解放运动，若从 1792 年沃斯通克拉夫特（Mary Wollstonecraft）的《女权辩护》算起，迄今已有 200 多年的历史。从某种意义上来说，女性解放运动的目的就是要解决"女人问题"。"女人"为什么成了"问题"？"女人问题"的实质是什么？如何才能得以解决？这是每一个女

---

①厄苏拉·提德.导读波伏瓦［M］.马景超，译.重庆：重庆大学出版社，2014：142-143.
②拉凯莱·迪尼.解析西蒙娜·德·波伏瓦《第二性》［M］.杨建玫，译.上海：上海外文教育出版社，2020：57.

性主义者乃至每一个有反省意识的女人所不能回避的问题。可以说，女性解放的历程就是解决"女人问题"的历程，在其中，"女人问题"不断提出，又不断得到某种程度上的解决，然后又在另一个新的层面上提出，又通过寻求新的途径加以解决，如此这般，以致"女人"不再成其为"问题"。虽然，女性解放运动已经取得了卓越成效，但是，坦白地说，在今天，"女人"仍然还是一个"问题"。换言之，今天的"女人"并没有获得完全的解放，并没有真正做到能自己决定自身的存在、谋划自己的未来、做回她"自己"，她的存在的很多方面仍然是"被造就、被主宰与被谋划"的，只不过"造就、主宰与谋划"她的权力与话语、背景与语境改变了而已。

在艰巨而漫长的女性解放史中，波伏瓦作为自由知识女性的典范，作为对自己所信奉的哲学身体力行的存在主义者，作为一个 20 世纪 70 年代女性主义者的符号，无不以其无穷的榜样力量激励着无数女性勇敢地挣脱重重枷锁，走上独立自主的自由之路；她保持了与萨特五十年无婚姻却又情深意笃的情侣关系，成为一种自由浪漫的"爱情神话"，被无数向往自由情感关系的女性视为她们心神向往但又可遇不可求的"爱情乌托邦"；作为第二波女性主义"圣经"的《第二性》更是承继了第一波女性主义的传统，又开启另一个女性主义的时代，为女性解放提供了扎实深厚又切近实际的理论武器，引领广大女性不仅仅只是争取与男性平等的抽象的法律权利，更带领她们在经济、道德习俗、文化等领域追求自身的具体的权利与自由，从而打开了女性解放的更为宽广的空间，使广大女性在解放之路上走得更远更踏实。概而言之，波伏瓦与《第二性》的影响早已渗透到女性解放运动的方方面面，她与《第二性》的名称已经成为一个时代的标识。

当今社会从"现代"已经走进了"后现代"，女性主义也随着时代的转换和文化的承转而进入所谓的后结构主义时代。这一时代的女性主义的变化之大以至于让人们不禁感叹"女性主义今非昔比了"（美国当代著名女性主义领袖米莎·卡夫卡 Misha Kavka 语）①。因为波伏瓦时代的第二波女性主义有明确的主体，即女人；有明确的目标，即改变女人的从属地位；有明确的定义，即

---

① Elisaberh Gronfen, Misha Kavka. Feminist Consequences: Theory for the New Century [M]. New York: Columbia University Press, 2001: viii.

女人反对男权压迫的政治斗争。然而，在今天的后结构主义时代，所有这些构成女性主义的基本要素几乎都被解构掉了。当今法国女性主义的舞台也已经被另外一些鲜活的名字与人物如茱莉亚·克里斯蒂娃（Julia Kristeva）、埃莱娜·西苏（Hélène Cixous）、露丝·伊蕾格瑞等所占据。当代女性主义已经走到了第三波即以后结构主义为主流的女性主义时代，法国女性主义也已经进入"后波伏瓦时代"。然而，波伏瓦和《第二性》并未过时，她对女性主义解决"女人问题"有如下卓越的贡献，她的思想仍然影响着当代女性主义的发展，当代女性主义仍然以不同的方式讨论着她提出的议题。

第一，从她研究的出发点来说，她从现实生活中提炼出"女人问题"，提出要解决"女人问题"首先必须从"女人是什么"这样一个最为根本的问题开始讨论，将"女人问题"上升到了哲学的层面加以探讨。更进一步说，她并非从既定的前提出发，而是从一系列问题出发，来考察"女人问题"，这反映了她这种未经反省不加任何判断的哲学的反思与批判精神，也正是这种批判精神使得她的女性主义伦理思想更具有思辨色彩与思想深度，使其理论建立在一个坚实的基础与可靠的前提之上。在波伏瓦所处的时代，由于第一波女性主义运动的成功，"女人"开始抛弃传统角色，参与到公共生活之中。这时，人们开始质疑女性的性别身份，认为当时的"女人"已经不成其为"女人"了，"女人"已经成为"问题"。波伏瓦指出讨论"女人问题"，首先要追问"女人是什么"这样一个根本性的问题，然后才能追问"问题是否存在？若是存在，是个怎样的问题？"，才能进一步追究"做女人将会怎样影响我们的生活？""女人实际上已经有了什么机会？哪些机会被阻拦了？她们将向何处去？"等等下一层次的问题，这使得她的理论层次分明，逻辑性强，使一个女性主义的问题变成了一个具有哲学普遍性意义的问题，使她最终对"女人应该是什么"这一伦理学问题的解答建立在一个相对可靠的前提之上。正如女性主义学者南希·鲍尔（Nancy Bauer）所正确指出的，波伏瓦这种处理"女人问题"的方式，既丰富了哲学，因为以往的哲学在问"人是什么"的问题时，实质上是在问"男人（man）是什么"，即是说以往哲学是以男人作为参照系；也加深了女性主义理论，因为当时的女性主义更多的是从经验层面来考量现实生活中的性别不平等的问题。所以，波伏瓦把"女人问题"放在哲学层面来考察，既是对哲学的贡献，也是对女性主义理论的发展。

第二，从她的研究方法来说，她首先运用了历史与逻辑一致的方法，从宏观层面，考察了女性在人类历史中被沦为"绝对他者"存在的起源，追溯了女性受压迫的历史发展脉络，并且深刻地剖析了这背后的经济、制度、文化，还有本体论上的根源。这反映了她研究"女人问题"所具有的历史维度与本体论维度，因而使得她的理论既富有深刻性，也能根植于一定历史现实的土壤之中，具有很强的历史感与现实意义。更为重要的是，从微观层面，她还运用了存在主义现象学的方法，考察了作为个体存在的女人的生活史，用现象学的方法描述了女人在不同的处境中不同的存在体验，让女人一生中逐步被男人与男权社会造就成"绝对他者"的过程得到"活生生"的呈现。特别是，她用现象学的方法描述了两性身体体验上的差异，深刻揭示了这种差异背后的意义，即男女两性身体塑成心灵即缘身化的过程中的性别差异是导致性别之间不平等的原因之一。这是在梅洛－庞蒂身体现象学的基础上，发展出的一种"性别差异现象学"。它具有女性主义方法论上的意义，使当代女性主义者在此基础上发展出了一种注重描述女性独有的身体体验的现象学方法，成为批判性别之间不平等的一种理论路径。

第三，从她研究的内容来说，她首先研究了几乎整个人类历史中作为群体存在的女人的受压迫的境况，也研究了作为个体存在的女人在成长经历中不同阶段的不同受限制的境况，还分析了男权社会给女人提供的各种社会角色对女人的自由的局限与伤害。然后，她研究了男人为自己造就"绝对他者"存在的女人而做出正当性辩护的几种主要理论，对它们一一加以驳斥。再者，她研究了男权社会和男人制造的各种"女人神话"，揭露了他们制造这些神话背后的不道德的目的，从而对男权社会的意识形态进行了深刻的批判。最后，她研究了现实生活中女人在寻求解放的道路上可能遇到的种种诱惑和可能采取的不当方式，也分析了她们可能碰到的一些障碍与困难，并且最终给女性指明了摆脱绝对他者存在、走向自由存在的方向与道路，即挣脱"被造就、被主宰、被谋划"的"命运"，走向自由地造就自身、主宰自身和谋划自身的本真的解放之路。在这其中，她运用了生理学、心理学、历史学、人类学、文学等等学科知识，她研究的范围之广，涉猎的学科之多，包括的容量之大，至今没有哪部女性主义著作可以企及。按照美国当代著名女性主义伦理学家艾莉森·贾格尔所概括的，当代女性主义伦理学的三大目标：首先，对使压迫妇女永久化的行为和实践做出道德批评；其次，对抵制这些行为和实践的道德上可证明是正当的途径提出建议；最后，对推动妇女解放的道德上的抉择进行展望。①在她的研究中，波伏瓦从存在主义伦理学的视角都一一给出了她的答案。所以，我认为，波伏瓦的女性主义伦理思想是迄今为止内容最丰富、覆盖面最广的女性主义学说之一。在她之后，无论哪个流派的女性主义者都能从中找到她们需要的资源，如精神分析学派的女性主义者从波伏瓦对弗洛伊德的批判中得到启发，而著名的女性主义著作《性政治》一书的作者凯特·米利特在波伏瓦对五位男性作家所描绘的"女人神话"中找到了女性主义文学批评的资源。波伏瓦的《第二性》是1949年出版的，20年以后的第二波女性主义运动中的领军人物找到了这样一本蕴含丰富女性主义伦理思想的著作，并把它奉为她们的"圣经"。她们中间受波伏瓦影响的除了凯特·米利特，还有《性的辩证法》的作者舒拉米斯·费尔斯通、《女性的奥秘》的作者贝蒂·弗里丹等，她们都感谢波伏瓦对她们的启示，她们都一致地认为正是"波伏瓦的著作让她们开始'上路'"②。

第四，从她提出的观点来说，她提出的几个女性主义伦理学观点都具有原创性意义。在《第二性》中，她提出的最主要的观点即"在男权社会中，女人被男人和男权社会的境况造就成为绝对他者存在"，这在女性主义史上尤为重要，甚至在某种意义上，正因为这个观点的提出，使《第二性》成为女性主义的经典之作。③她从历史的维度与女人的个人存在史的角度对她的观点做出了令人信服的论证，并分析了男权社会造就"为男人存在"的女人的各种方式，驳斥了他们为此种造就做出的种种道德上的辩护，从而有力地批判了男权制给女人制造的自由受限制的境况的不公正性。她认为，正是男权社会给女人造成的境况使得女人不能按照自己的意愿自由谋划自己的存在与未来，使女人不能真正成为她"自己"，而变成了"为男人的存在"，这导致了女人被造就成为绝对他者存在，使得女人成为他人意志的造物，从而造成了性别之间的不平等。这一观点的提出具有非常革命性与挑战性的意义，无论对女性主义理论，还是

---

① 肖巍. 西方女性主义伦理学：访艾利森·贾格尔教授 [J] . 哲学动态，1997（2）.

② Dijkstra Sandra. Simone de Beauvoir and Betty Friedan：The Politics of Omission [J] .Feminist Studies, 1980, 6（2）：290–303.

③ Shira Tarrant. When Sex Became Gender [M] . New York：Routledge，2006：166.

对女性主义运动的实践，都产生了深远而且广泛的影响，它让女人认识到了自己受压迫的根源不在于自身生理上与男人的差异，而是在于男权社会给女人制造的不公正的境况，也使得男人为自己的性别优越性而制造的种种辩护都得到有力的反驳。在当时来说，用"生物决定论"来证明女性的低能，因而把女性排除在一些重要的职位之外是相当普遍的做法。在此背景之下，波伏瓦这样一个观点的提出无疑具有十分重要的革命性意义。她的这一个观点被当代女性主义政治哲学视为了一个解释性别不平等的最为根本的原因，"从原则上讲，最深刻的性别不平等的问题在于，女人没有与男人'相似的处境'"[1]。她的这一思想也因此而成为女性主义身份政治的一个重要源头。

　　她这一观点实质上是提出了一个性别差异是后天文化建构的，而非先天的生理差异决定的问题。这一观点的另一种表达即"女人不是天生的，而是逐渐变成的"，这是《第二性》中最为著名的一句话，也成为第二波女性主义运动的一个响亮的口号。但是，它并不仅仅只具有口号的宣传和号召作用，它更具有女性主义理论的方法论上的意义。波伏瓦认为，女人的第二性地位、她的劣等性不是由女人的生理特征即性（sex）决定的，而是由男权社会的文化建构而成的。虽然，波伏瓦没有用"gender"这个后来由美国女性主义者最先使用的概念，用来指称"社会性别"，表示"'文化构造'的一种方式，它表明社会造就了男女不同的角色分工。性别（gender）一词还可能追溯到男女两性主体认同的社会根源的方式。从这个意义上来讲，性别是强加于某一男性或女性身上的一个社会范畴。随着对性、性生活研究的不断深入，性别似乎成为一个有特别意义的词，因为它提供了一种区分男女两性不同性行为和社会角色的方法"。[2]但是，显然，波伏瓦在《第二性》中的这一观点与论证已经清楚地表达了"性别是由后天的社会文化造就"这样一个思想与分析方法，所以，她是把"性别"与"性"区分开来，并使之成为女性主义分析性别不平等现象的一种方法的先驱之一。[3]

---

① 威尔·金西卡.当代政治哲学［M］.刘莘，译.上海：上海三联书店，2004：681.

② 李银河.妇女：最漫长的革命：当代西方女性主义理论精选［M］.北京：生活·读书·新知三联书店，1997：156.

③ Shira Tarrant. When Sex Became Gender［M］. New York：Routledge，2006: 166.

　　波伏瓦提出的一些其他的女性主义伦理学观点，可能没有前面这一个观点那么有影响力，论证可能也没有展开，论据可能还不够充分，但也都具有原创性的意义，并且成为当代女性主义伦理思想的重要源头。比如她试图用两性互相扭曲的承认来解释性别之间压迫的最为深刻的本体论根源，并试图通过道德转化，把本体论上的"存在的欲望"转化为"本真的道德态度"，以一种两性相互"慷慨"地承认双方存在的模棱两可性作为性别关系的伦理原则，从而建构性别之间的和谐共在关系。她的这一思想开了女性主义"承认政治"的先河。再比如她指出的男性通过各种微观权力对女性的身体加以塑造，从而使女性的自由受到了限制，这一观点也成为后来的女性主义身体政治思想的源头之一。

　　事实上，女性主义学者玛格丽特·A.西蒙斯（Margaret A. Simons）和杰西卡·本杰明（Jessica Benjamin）在 20 世纪 80 年代末就对《第二性》做出了如下相当公允的评论："波伏瓦在《第二性》中对妇女受压迫原因的分析，引起许多批评。有人批评该书的理想主义，认为作者只是专注于分析神话和妇女形象，而没有为妇女解放实践提供可行的策略。还有人批评书中的种族中心主义和男性中心主义的观点，认为波伏瓦有把欧洲资产阶级妇女的经验普遍化的倾向；她把这些经验看成所有妇女的经验，而这又导致她刻意强调妇女在历史上的无所作为。尽管如此，我们还必须看到，还从来没有一种理论资源像这本书这样范围广阔，它激励我们在如此之多的领域——文学、宗教、政治、工作、教育、母亲身份和性——分析我们作为妇女的处境、无情地质疑这一处境。《第二性》提出了很多问题，当代理论家继续对这些问题的探讨，我们从其中可以看到，在某种意义上，所有女性主义的对话都伴随着和西蒙·德·波伏瓦的对话；和波伏瓦的对话可以成为一种方式，它使我们能够找到我们自己在女性主义的过去、现在和将来这一历史过程中的位置。"①我认为，波伏瓦提出的"女人是什么"和"女人应该是什么"的问题，归根结底还是一个"人是什么"和"人应该是什么"的问题，"女性解放"也不仅仅是解放女性的问题，也是解放男性的问题，所以，它最终还是一个"人的解放"的问题。因为女人不成

① 罗斯玛丽·帕特南·童.女性主义思潮导论［M］.艾晓明，译，武汉：华中师范大学出版社，
　2002：255.

为真正的人，男人其实也难以成为真正的人，或者说，女人不成为真正自由的人，男人也不会是真正自由的人。这就像黑格尔说的主奴关系一样，奴隶不自由，奴隶主也不自由；只有解放了奴隶，奴隶主也才会获得自由。

人是一个开放性的存在，人的解放也是一个无限敞开的过程，"人是什么"和"人应该是什么"这些缠绕着人类的根本问题永远没有确定无疑的答案，对它们的讨论也不可能有终结之时。从这个意义上来说，"人是什么"和"人应该是什么"的问题没有过时之说，那么，"女人是什么"和"女人应该是什么"也就是一个永恒的问题，既没有终结之时，也无确定的答案。所以，在《第二性》中，波伏瓦提出的这些问题就具有永恒的意义与价值。

参考文献

一、西蒙娜·德·波伏瓦著作的中译本

［1］西蒙娜·德·波伏娃.第二性［M］.陶铁柱,译.北京:中国书籍出版社,1998.

［2］西蒙·波伏娃.第二性［M］.李强,译.北京:西苑出版社,2004.

［3］西蒙娜·德·波伏娃.第二性［M］.郑克鲁,译.上海:上海译文出版社,2011.

［4］西蒙·波娃.闺中淑女:西蒙·波娃回忆录(一)［M］.谭健,等,译.南京:江苏文艺出版社,1992.

［5］西蒙·波娃.盛年:西蒙·波娃回忆录(二)［M］.谭健,等,译.南京:江苏文艺出版社,1992.

［6］西蒙·波娃.时势的力量:西蒙·波娃回忆录(二)［M］.谭健,等,译.南京:江苏文艺出版社,1992.

［7］西蒙·波娃.清算完毕:西蒙·波娃回忆录(二)［M］.谭健,等,译.南京:江苏文艺出版社,1992.

［8］波伏瓦.人都是要死的［M］.马振骋,译.北京:外国文学出版社,1985.

［9］波伏瓦.他人的血［M］.葛雷,齐彦芬,译.北京:外国文学出版社,1987.

［10］西蒙娜·德·波伏瓦.美丽的形象［M］.范荣,译.合肥:安徽文艺出版社,1997.

［11］波伏瓦.名士风流［M］.许钧，译.桂林：漓江出版社，1991.

［12］西蒙娜·德·波伏瓦.女客［M］.周以光，译.合肥：安徽文艺出版社，1994.

［13］西蒙娜·德·波伏娃.越洋情书：上；下［M］.楼小燕，高凌瀚，译.北京：中国书籍出版社，1999.

［14］西蒙娜·德·波伏瓦.波伏瓦美国纪行［M］.何颖怡，译.海口：海南出版社，2004.

［15］西蒙娜·德·波伏瓦.模糊性的道德［M］.张新木，译.上海：上海译文出版社，2013.

二、西蒙娜·德·波伏瓦著作外文版

［1］BEAUVOIR D S. The Second Sex［M］.Translated by H M Parshley. London：Penguin，1972.

［2］BEAUVOIR D S. Le Deuxième Sexe［M］. Paris：Gallimard，1976.

［3］BEAUVOIR D S. The Ethics of Ambiguity［M］. Translated by Bernard Frechtman. Secaucus：Citadel Press，1948.

［4］BEAUVOIR D S. America Day by Day［M］.Translated by Patrick Dudley. London：G. Duckworth，1952.

［5］BEAUVOIR D S. The Long March［M］. Translated by Austryn Wainhouse. New York：World Publishing Company，1958.

［6］BEAUVOIR D S. Women and Creativity［M］. In French Feminist Thought：A Reader, Edited by Toril Moi. New York：Basil Blackwell，1987.

［7］BEAUVOIR D S. Letters to Sartre［M］. Translated and Edited by Quintin Hoare. New York：Arcade，1991.

［8］BEAUVOIR D S. Pyrrhus et Cineas［M］. Paris：Gallimard，1944.

［9］BEAUVOIR D S. Diary of a Philosophy Student［M］. Urbana：University of Illinois Press，2006.

［10］BEAUVOIR D S. Old Age［M］. Translated by Patrick O'Brian. New York：Pantheon Books，1984.

［11］BEAUVOIR D S. Philosophical Writings / Simone de Beauvoir［M］. Chicago：

University of Illinois Press，2004.

三、与西蒙娜·德·波伏瓦相关的著作

[1] MARSO J L，MOYNAGH P. Simone de Beauvoir's Political Thinking [M]. Urbana：University of Illinois Press，2006.

[2] SIMONS M A. The Philosophy of Simone de Beauvoir：Critical Essays [M]. Bloomington，IN：Indiana University Press，2006.

[3] HOLLAND A T，RENE L. Simone de Beauvoir's Fiction：Women and Language [M]. New York：Peter Lang，2005.

[4] SCARTH F. The Other Within：Ethics，Politics，and the Body in Simone de Beauvoir [M]. Chicago，Md：Rowman & Littlefield Publishers，2004.

[5] TIDD U. Simone de Beauvoir [M]. London，New York：Routledge，2004.

[6] CARD C. The Cambridge Companion to Simone de Beauvoir [M]. New York：Cambridge University Press，2003.

[7] HEINAMAA S.Toward a Phenomenology of Sexual Difference：Husserl，Merleau-Ponty，Beauvoir [M]. Lanham，Md：Rowman & Littlefield Publishers，2003.

[8] ARP K.The Bonds of Freedom：Simone de Beauvoir's Existentialist Ethics [M] Chicago：Open Court，2001

[9] BAUER N. Simone de Beauvoir，Philosophy，Feminism [M]. New York：Columbia University Press，2001.

[10] O'BRIEN W，EMBREE L. The Existential Phenomenology of Simone de Beauvoir [M].Dordrecht; Boston：Kluwer Academic，2001.

[11] EVANS R. Simone de Beauvoir's the Second Sex：New Interdisciplinary Essays [M].New York：Manchester University Press，New York：Distributed in the USA by St. Martin's Press，1998.

[12] FULLBROOK E，FULLBROOK K. Simone de Beauvoir：A Critical Introduction [M]. Malden，Mass：Polity Press，1998.

[13] BERGOFFEN D B. The Philosophy of Simone de Beauvoir：Gendered Phenomenologies，Erotic Generositie [M]. Albany：State University of New York Press，1997.

［14］MAHON J. Existentialism, Feminism, and Simone de Beauvoir［M］.New York: St. Martin's Press, 1997.

［15］LUNDGREN-GOTHLIN E. Sex and Existence: Simone de Beauvoir's The Second Sex［M］. Translated from the Swedish by Linda Schenck. London: Athlone, 1996.

［16］VINTGES K. Philosophy as Passion: The Thinking of Simone de Beauvoir［M］. Bloomington: Indiana University Press, 1996.

［17］MOI T. Simone de Beauvoir: The Making of an Intellectual Woman［M］. Oxford, Cambridge: Blackwell, 1994.

［18］CROSLAND M. Simone de Beauvoir: The Woman and Her Work［M］. London: Heinemann, 1992.

［19］SIMONS M A. Beauvoir and The Second Sex: Feminism, Race, and the Origins of Existentialism［M］. New York: Rowman & Littlefield, 1999.

［20］FULLBROOK E, FULLBROOK K.Simone de Beauvoir and Jean-Paul Sartre: The Remaking of a Twentieth-Century Legend［M］. New York: Basic Books, 1994.

［21］EVANS M. Simone de Beauvoir: A Feminist Mandarin［M］. London: Tavistock, 1985.

［22］JO-ANN P.Philosophy Becomes Autobiography, In Writing the Politics of Difference［M］. NY: SUNY Press, Albany, 1991.

［23］KRUKS S. Situation and Human Existence: Freedom, Subjectivity, and Society ［M］. London: Unwin Hyman, 1990.

［24］SCARRY E.The Body in Pain［M］.Oxford: Oxford University Press, 1985.

［25］O'DONOVAN M M. Situating Simone de Beauvoir: A Re-Reading of The Second Sex［D］. Boston College, A Dissertation of Doctor's degree, 2004.

［26］TARRANT S. When Sex Became Gender［M］. New York: Routledge, 2006.

四、其他著作

［1］马克思, 恩格斯.马克思恩格斯选集：第 1 卷［M］.中共中央马克思恩格斯列宁斯大林著作编译局, 译.北京：人民出版社, 1972.

［2］马克思, 恩格斯.马克思恩格斯选集：第 2 卷［M］.中共中央马克思恩格斯

列宁斯大林著作编译局，译．北京：人民出版社，1972.

［3］马克思，恩格斯．马克思恩格斯选集：第3卷［M］．中共中央马克思恩格斯
　　　列宁斯大林著作编译局，译．北京：人民出版社，1972.

［4］马克思，恩格斯．马克思恩格斯选集：第4卷［M］．中共中央马克思恩格斯
　　　列宁斯大林著作编译局，译．北京：人民出版社，1972.

［5］马克思．1844年经济学哲学手稿［M］．中共中央马克思恩格斯列宁斯大林著
　　　作编译局，译．北京：人民出版社，2000.

［6］马克思，恩格斯．马克思恩格斯全集：第46卷［M］．北京：人民出版社，
　　　1995.

［7］黑格尔．精神现象学［M］．贺麟，译．北京：商务印书馆，1997.

［8］查尔斯·泰勒．黑格尔［M］．张国清，朱进东，译．南京：译林出版社，
　　　2002.

［9］万俊人．萨特伦理思想研究［M］．北京：北京大学出版社，1988.

［10］爱丽丝·史瓦兹．拒绝做第二性的女人［M］．顾燕翎，等，译．北京：中国
　　　友谊出版公司，1989.

［11］杜小真．萨特引论［M］．北京：商务印书馆，2007.

［12］倪梁康．现象学及其效应：胡塞尔与当代德国哲学［M］．北京：生活·读
　　　书·新知三联书店，1994.

［13］考夫曼．存在主义［M］．陈鼓应，孟祥森，刘崎，译．北京：商务出版社，
　　　1987.

［14］萨特．存在与虚无［M］．陈宣良，等，译．北京：生活·读书·新知三联书
　　　店，2007.

［15］杨大春．语言·身体·他者：当代法国哲学的三大主题［M］．北京：生
　　　活·读书·新知三联书店，2007.

［16］莫里斯·梅洛–庞蒂．知觉现象学［M］．姜志辉，译．北京：商务印书馆，
　　　2001.

［17］雅克·科莱特．存在主义［M］．李焰明，译．北京：商务印书馆，2004.

［18］高宣扬．当代法国思想五十年［M］．北京：中国人民大学出版社，2005.

［19］理查德·坎伯．萨特［M］．李智，译．北京：中华书局，2002.

［20］威廉·巴雷特．非理性的人——存在主义哲学研究［M］．段德智，译．上

海：上海译文出版社，1992.

［21］加里·古廷.20 世纪法国哲学［M］.辛岩，译.南京：江苏人民出版社，
　　　2005.

［22］武天林.实践生成论人学［M］.北京：中国社会科学出版社，2005.

［23］佘碧平.现代性的意义与局限［M］.上海：上海三联书店，2000.

［24］约瑟夫·弗莱彻.境遇伦理学——新道德论［M］.程立显，译.北京：中国
　　　社会科学出版社，1989.

［25］莎莉·J.肖尔茨.波伏瓦［M］.龚晓京，译.北京：中华书局，2002.

［26］李清安，金德全.西蒙娜·德·波伏瓦研究［M］.北京：中国社会科学出版
　　　社，1992.

［27］福柯.规训与惩罚：监狱的诞生［M］.刘北成，杨远婴，译.北京：生
　　　活·读书·新知三联书店，1999.

［28］汪晖，陈燕谷.文化与公共性［M］.北京：生活·读书·新知三联书店，
　　　1998.

［29］威尔·金里卡.当代政治哲学［M］.刘莘，译.上海：上海三联书店，2004.

［30］李银河.妇女：最漫长的革命：当代西方女性主义理论精选［M］.北京：生
　　　活·读书·新知三联书店，1997.

［31］罗斯玛丽·帕特南·童.女性主义思潮导论［M］.艾晓明，译.武汉：华中
　　　师范大学出版社，2002.

［32］玛丽·沃斯通克拉夫特，约翰·斯图尔特·穆勒.女权辩护，妇女的屈从地
　　　位［M］.王蓁，汪溪，译.北京：商务印书馆，1995.

［33］凯特·米利特.性政治［M］.宋文伟，译.南京：江苏人民出版社，2000.

［34］贝尔·胡克斯.女权主义理论：从边缘到中心［M］.晓征，平林，译.南
　　　京：江苏人民出版社，2001.

［35］约瑟芬·多诺万.女权主义的知识分子传统［M］.赵育春，译.南京：江苏
　　　人民出版社，2003.

［36］钟雪萍，劳拉·罗斯克.越界的挑战：跨学科女性主义研究［M］.上海：上
　　　海社会科学出版社，2003.

［37］梅里·威斯纳－汉克斯.历史中的性别［M］.何开松，译.北京：东方出版
　　　社，2003.

［38］约翰·麦克因斯.男性的终结［M］.黄菡，周丽华，译.南京：江苏人民出版社，2002.

［39］大卫·科珀.存在主义［M］.孙小玲，郑剑文，译.上海：复旦大学出版社，2012.

［40］米歇尔·盖伊.哲学家波伏娃［M］.赵靓，译.福州：福建教育出版社，2013.

［41］杨大春.20世纪法国哲学的现象学之旅［M］.北京：社会科学文献出版社，2014.

［42］厄苏拉·提德.导读波伏瓦［M］.马景超，译.重庆：重庆大学出版社，2014.

［43］切斯瓦夫·米沃什.米沃什词典：一部20世纪的回忆录［M］.西川，兆塔，译.桂林：广西师范大学出版社，2014.

［44］莎拉·贝克韦尔.存在主义咖啡馆：自由、存在和杏子鸡尾酒［M］.沈敏一，译.北京：北京联合出版公司，2017.

［45］安德鲁·利克.萨特［M］.张锦，译.北京：北京大学出版社，2019.

［46］拉凯莱·迪尼.解析西蒙娜·德·波伏瓦《第二性》［M］.杨建玫，译.上海：上海外文教育出版社，2020.

五、主要论文

［1］ALTMAN M.Beauvoir, Hegel, War［J］.Hypatia, 2007, 22（3）：66–91.

［2］DIETZ M G. Introduction：Debating Simone de Beauvoir［J］. Signs：Journal of Women in Culture & Society, 1992, 18（1）：74.

［3］SIMONS M A. The Silencing of Simone de Beauvoir：Guess What's Missing from The Second Sex［J］.Woman's Studies International Forum, 1983.

［4］VINTGES K. Simone de Beauvoir：A Feminist Thinker for Our Times［J］, Hypatia, 1999, 14（4）：133–144.

［5］SANDRA D. Simone de Beauvoir and Betty Friedan：The Politics of Omission［J］. Feminist Studies , 1980, 6（2）：290–303.

［6］RODEGERS C. Elle et Elle：Antoinette Fouque et Simone de Beauvoir［J］. Modern Language Notes, 2000, 115（4）：741–760.

［7］肖巍.西方女性主义伦理学——访艾利森·贾格尔教授［J］.哲学动态，1997（2）：34-36.

［8］沈珂，许钧.《第二性》在中国的译介历程［J］.江海学刊，2009（4）：199-206.

［9］成红舞.《第二性》在中国大陆的译介：基于性别研究视角的考察［J］.济南大学学报（社会科学版），2013（5）：31-36，91-92.

［10］昝朦.重访《第二性》：波伏娃的"模糊性"［J］.法国研究，2018（2）：34-41.

［11］栾荷莎.在相似中平等：波伏娃的女性主义伦理［J］.哈尔滨师范大学社会科学学报，2018（6）：115-119.

［12］栾荷莎.普遍主义、差异主义与后现代女性主义：法国三代女性主义思想之观照［J］.中华女子学院学报，2019（3）：98-103.